Inszenierte Kriegsbegeisterung und ohnmächtiger Friedenswille

W0265267

JÖRG BOHSE

# Inszenierte Kriegsbegeisterung und ohnmächtiger Friedenswille

*Meinungslenkung und Propaganda im Nationalsozialismus*

J. B. METZLERSCHE VERLAGSBUCHHANDLUNG
STUTTGART

CIP-Titelaufnahme der Deutschen Bibliothek

*Bohse, Jörg:*
Inszenierte Kriegsbegeisterung und ohnmächtiger Friedenswille:
Meinungslenkung u. Propaganda im Nationalsozialismus/
Jörg Bohse. – Stuttgart: Metzler, 1988
ISBN 3-476-00647-6

ISBN 3-476-00647-6

Dieses Werk einschließlich aller seiner Teile ist urheberrechtlich geschützt. Jede Verwertung außerhalb der engen Grenzen des Urheberrechtsgesetzes ist ohne Zustimmung des Verlages unzulässig und strafbar. Das gilt insbesondere für Vervielfältigungen, Übersetzungen, Mikroverfilmungen und die Einspeicherung und Verarbeitung in elektronischen Systemen.

© 1988 J. B. Metzlersche Verlagsbuchhandlung
und Carl Ernst Poeschel Verlag GmbH in Stuttgart
Einbandgestaltung: Willy Löffelhardt
Satz: Satzherstellung Karlheinz Stahringer, Ebsdorfergrund
Druck: Gutmann & Co., Heilbronn
Printed in Germany

Den Kundgebungen des Regimes
Folgen wie Schatten
Die Gerüchte.
Die Regierenden brüllen.
Das Volk flüstert.

Bertolt Brecht

# INHALT

# EINLEITUNG

»Am Anfang war das Wort«, – so lautete das Motto eines Bildes, das in einer der letzten Jahresausstellungen vor dem Zweiten Weltkrieg im Münchner »Haus der Deutschen Kunst« starken Zulauf hatte. Man sah darauf in legendärer Verbrämung A. Hitler als Volksredner der zwanziger Jahre in einem Kreis bis zu sichtlicher Erschütterung hingerissener Zuhörer. Die inhaltliche Botschaft des Exponats, durch Anlehnung an den christlichen Schöpfungsmythos noch mit besonderem kulturellen Vertrauenskredit ausgestattet, gehörte von Anbeginn zum obligatorischen Inventar der offiziellen Selbstdarstellung des NS. Im Eingangspassus der Mehrzahl der Hitlerschen Reden – der sogenannten »Parteierzählung« – wurde der politische Aufstieg der NSDAP stets als Sieg einer neuen Idee, die sich vor allem über das Medium der öffentlichen Rede Geltung verschafft habe, dargestellt. Auch Goebbels trug schon früh zur Ausschmükkung und Verbreitung dieser Vorstellung bei: so fügte er beispielsweise in seinen Jugendroman »Michael – ein deutsches Schicksal in Tagebuchblättern« noch nachträglich eine Episode ein, in welcher der Held in München einem Redner begegnet, der vor einem ergriffen lauschenden Publikum »Quader auf Quader zu einem Dom der Zukunft auftürmt« und so die Menschen zu neuem Glauben an die politische Zukunft Deutschlands begeistert haben will.

Wurden die Anfangserfolge der »Bewegung« noch mehr oder weniger an die »Zauberkraft des gesprochenen Führerwortes« gebunden, so wird die Machtübertragung an Hitler später zugespitzt auf den Triumpf der nationalsozialistischen Weltanschauung, der sich mittels einer auf allen Stufen der gesellschaftlichen Kommunikation präsenten und in der Form variantenreichen Propaganda eingestellt habe. Was die nationalsozialistischen Propagandisten in Massenreden beispielhaft zu praktizieren versuchten, die Formierung von Handlungsbereitschaft durch Überredung, wird von ihnen gleichzeitig in internen Ansprachen zur Formierung der Funktionsträger als wirkungsmächtiges Herrschaftsmittel beschworen: »Ich verwahre mich dagegen, daß die Propaganda etwas Minderwertiges sei«, läßt Goebbels zwölf Tage nach seiner Ernennung zum Propagandaminister die im ›Haus des Rundfunks‹ zum Rapport bestellten Intendanten und Direktoren der Rundfunkgesellschaften wissen, »denn wir säßen heute nicht in den Ministersesseln, wenn wir nicht die großen Künstler der Propaganda gewesen wären« (zit. nach *Heiber* 1971, 95).

Nun dürfte es heute kaum Schwierigkeiten bereiten, den selbstpropagandistischen Zweck dieser, den Kern der nationalsozialistischen Selbstdarstellung schlaglichtartig beleuchtenden Beispiele zu erkennen; auch die Ablenkungsmöglichkeiten, die sich aus der idealistischen Stilisierung des politischen Programms und der rational angeblich nicht erklärbaren Wirkung seiner Verkünder (der Propagandist als Künstler!) ergeben, dürften unschwer zu benennen sein. Schwierig und umstritten aber ist bis heute die Einschätzung der tatsächlich eingetretenen Wirkungen der intendierten ideologischen Formierungseffekte auf die Massen, sowie eine präzise Bestimmung des objektiven Stellenwertes von Propaganda innerhalb des Ensembles spontan wirkender und/oder bewußt inszenierter Integrationsprozesse. Die eminente Bedeutung von Propaganda für die Politik des »Dritten Reiches« wird dabei von keiner Seite infrage gestellt. Der Streit geht vielmehr um die Wirkungsursachen.

Im Vordergrund der Diskussion standen lange Zeit Positionen, die sich eng an die metapropagandistische Darstellung der Nationalsozialisten hielten. Schon für Zeitgenossen war dadurch so etwas wie ein »Mythos von den überredeten Massen« entstanden. Im Banne dieser Vorstellung blieb nach dem Krieg aber auch der überwiegende Teil der die öffentliche Meinungsbildung bestimmenden Meinungsführer aus Politik, Publizistik und Wissenschaft. In einem Teil der nach 1945 erschienenen Literatur über den Faschismus, zumal jener Texte, die sich mit dem kulturellen Bereich und speziell mit der Rolle der Propaganda für den Aufstieg und die Herrschaftsphase des Nationalsozialismus beschäftigte, blieben die Topoi von der »Macht der Rede« und der »Allmacht der Propaganda« lebendig. Ausdrücklich wurde die ausschlaggebende unmittelbare Bedeutung dieser Faktoren betont, zustimmend das Selbstverständnis der bekanntesten Redner gesammelt, zitiert und als beweiskräftig ausgegeben. Lassen derartige Passagen, in denen sich die Sprache der Kritik mimetisch ihrem Gegenstand anähnelt, bereits vermuten, daß der prätendierte Anspruch der Autoren, Faschismus zu erklären und den Stellenwert der Integrationswirkung von Propaganda im nationalsozialistischen Herrschaftsgefüge zu bestimmen, nur unzulänglich eingelöst wird, so konnten auch jene Ausführungen, in denen explizit auf wissenschaftliche Erklärungsmodelle rekurriert wurde, so lange nicht vom Gegenteil überzeugen, wie sie sich lediglich Erkenntnissen der LeBon'schen Massenpsychologie und einer personalisierenden Geschichtswissenschaft bedienten. Die in dieser Wissenschaft herrschende Auffassung vom NS, die in der Bundesrepublik wie in anderen westeuropäischen Ländern und den USA bis in die Mitte der sechziger Jahre nahezu unbestritten galt, könnte man etwa folgendermaßen resümieren: ›In der Weimarer Republik gab es einen Wahnsinnigen namens Hitler, der mit dämonischen Kräften und der Magie des Wortes eine derart unwiderstehliche Anziehungskraft auf die Massen ausübte, daß sie gegen ihren Willen und ihr besseres Wissen in einen Rausch gerieten, aus dem sie erst im Abgrund der Katastrophe wieder erwacht sind‹. Wenngleich diese unhaltbare Position auch in der bundesrepublikanischen Geschichtsschreibung zu Beginn der sechziger Jahre großenteils ausgeräumt wurde (vgl. etwa *Nolte* 1963), so blieb sie doch konstitutiv für die Theorien über die Sprache des NS. Der Nationalsozialismus erschien in ihnen nach wie vor personalisierend als die Tat einzelner »Männer, die Geschichte machen«, oder als historischer Unfall, als das ganz Andere, Diskontinuierliche im Kontinuum der Geschichte. Schon die Formulierung von der »Sprache des NS« suggerierte zumindest, wo sie es nicht sogar ausdrücklich behauptete, eine Vorstellung vom ebenso schlechthin anderen der Sprachgeschichte, das den Bereich der deutschen Sprache 1933 okkupierte und 1945 wieder verließ. Titel wie *Vokabular des Nationalsozialismus (Berning* 1964*), Lingua Tertii Imperii (Klemperer* 1970*)* oder ins Moralische gewendet *Aus dem Wörterbuch des Unmenschen (Sternberger/Storz/Süßkind* 1957*)* und *Aus dem Lexikon der Mörder (Wulf* 1960*)* machten dies augenfällig. Nicht, daß die These von der Einmaligkeit in der hier polemisch verkürzten Reinheit durchgefochten wurde, stellte sie doch das implizite Ausgangsmodell der Untersuchungen dar und blieb, bei allen Einschränkungen, die das analysierte Sprachmaterial dagegen erzwang, die einheitsstiftende Theorie der Sprachuntersuchungen.

Seit nun einerseits der phänomenologische Blick auf Details der NS-Herrschaft erweitert wurde und andererseits die totalitarismustheoretisch verengte Sicht auf die politischen und gesellschaftlichen Machtstrukturen des »Dritten Reiches« seit Mitte der sechziger Jahre durch ideologiekritische Arbeiten (vgl. *Kühnl* 1966a, *Haug* 1967) aufgebrochen und durch eine im Zuge der Studentenbewegung breit einsetzende faschismustheoretische Debatte belebt wurde, waren die gesellschaftstheoretischen Prämissen der Sprachforschung nicht länger haltbar. Das »Ende der Theorien über die Sprache des Nationalsozialismus« (*Voigt* 1974) schien im wesentlichen aus drei, die Methoden dieser Forschungsrichtung betreffenden Gründen unabwendbar: erstens wurde die Kennzeichnung von sigmatischen, semantischen und syntaktischen Sprachmerkmalen als »faschistisch« nicht aus einem systematisch angelegten sprachgeschichtlichen Vergleich gewonnen; zweitens wurde bei der Analyse der Sprachzeichen die pragmatische Dimension ausgeblendet. Die Zwecksetzung sprachlicher Zeichen wurde zumeist nur intentional erschlossen, ohne sie funktional auf die soziale Praxis zu beziehen; drittens wurden Wirkungen hypostasiert, die weder auf einer ausreichenden theoretischen Erklärung beruhten, noch empirische Nachweise enthielten, die das Behauptete wenigstens evident hätten erscheinen lassen.

Daß man die politische Verführungskraft des »Wortes« so hoch unmöglich schätzen konnte wie die Wortforscher, zeigt indes ein Blick über die Grenzen dieser rein geisteswissenschaftlich orientierten Forschungsrichtung. Parallel zur Wortforschung interessierten sich schon früh andere Zweige der Kultur- und Geschichtswissenschaften für ideologische und organisatorische Einzelheiten der Massenlenkung im Nationalsozialismus. Zu erwähnen sind hier vor allem Untersuchungen aus dem Bereich der Publizistikwissenschaft, an deren wegweisende Überblicksdarstellung *Publizistik im Dritten Reich (Hagemann* 1948) sich eine Reihe von Einzeluntersuchungen anschloß (*Schmeer* 1953; *Epping* 1954; vgl. auch *Markmann* 1951 und *Thate* 1954). Diese in den fünfziger Jahren angefertigten Arbeiten sind heute lediglich wegen der Fülle an Details noch lesenswert. Dasselbe gilt für später entstandene Studien und Dokumentationen zu einzelnen Aspekten der Propagandamaschinerie. Sofern diese nicht nur die organisatorisch-instrumentelle Seite – Aufbau des Propagandaapparats, Techniken der Presselenkung usw. – zum Gegenstand wählten (vgl. z.B. *Hano* 1963; *Abel* 1968; *Hagemann* 1970; *Bramsted* 1971), sondern auch Ansätze zu sprachlich-rhetorischen Analysen zeigten (vgl. z.B. *Kotze/Krausnick* 1966; *Klöss* 1967; *Heiber* 1971/72), kamen sie über einen unsystematischen, oberflächlichen Katalog rhetorischer Mittel, in welchem sich formale und inhaltliche Kriterien bunt mischten, kaum hinaus. Neben methodischer Beliebigkeit in der Herangehensweise an den Gegenstand wurde Propaganda in der Regel isoliert von anderen Bereichen des politischen Herrschaftsprozesses untersucht. Einzelne Arbeiten berücksichtigten zwar den gesellschaftlich-historischen Hintergrund der analysierten herrschaftstechnischen Konkreta (vgl. z.B. *Balle* 1963; *Vondung* 1970; *Grieswelle* 1972), stellten den Zusammenhang von Propaganda und Politik, sowie die Abhängigkeit der Politik von sozioökonomischen Strukturen entweder garnicht oder als voluntaristischen Determinationszusammenhang dar. Die sozialen Bewegungsmomente der Geschichte tauchten so lediglich bruchstückhaft als Versatzstücke eines schillernden Hintergrundtableaus auf. Die Diskussion um die politische Verantwortung für die gesellschaftlichen Entwicklungen vom Beginn der Weltwirtschaftskrise bis zur Befreiung vom Nationalsozialismus 1945, die in der Rechtfertigungsliteratur noch einhellig der Dämonologie eines Führers angelastet wurde, erfährt jetzt bestimmte Modifikationen und Akzentverschiebungen. Dominant wird von nun an ein Erklärungsraster, das Reinhard Kühnl einmal wie folgt zusammenfaßte: »Wirtschaftskrise, Massenarbeitslosigkeit und Verelendung, die nach 1929 über Deutschland hereinbrachen, bewirkten, daß der Einfluß von Vernunft und Mäßigung auf das Verhalten der Menschen nachließ, daß Emotionalität und Irrationalismus an Boden gewannen. In diesem Klima konnten dann politische Demagogen und Heilslehren die Massen radikalisieren, konnte der Radikalismus von links und rechts Massenanhang gewinnen und schließlich die Demokratie zerstören« (*Kühnl* 1980a, 123). Was an dieser Variante der Faschismusdeutung gegenüber der frühen Rechtfertigungsliteratur auffällt, ist – bei Aufrechterhaltung des Verführungstheorems – die Verlagerung der »Schuldfrage«. War man unmittelbar nach 1945, angesichts der antikapitalistisch sich artikulierenden Massenstimmungen offensichtlich noch zurückhaltend in der Schuldzuweisung an die Massen – sie hätten schließlich auf einer offenen Diskussion der noch allzu lebendigen Handlungsanteile der »Ankläger« selbst insistieren können, so wurde aus der Distanz von mittlerweile zwanzig Jahren, nach gelungener Umpolung des Antifaschismus der ersten Nachkriegsjahre in den Antisozialismus als ideologischen Stimmungsfaktor der politischen Kultur des CDU-Staates, angesichts brüchig werdender Legitimationsmuster im Zusammenhang mit der ersten einschneidenden Rezession und den Erfolgen einer rechtsradikalen Partei, aus aktuellem Anlaß wieder freimütiger über politische »Verführbarkeit« der Massen nachgedacht. Trotz einer längst intensiv geführten wissenschaftlichen Debatte um den sozialen Herrschaftsinhalt des Faschismus und um die Einschätzung derjenigen Formen, in welchen er historisch durchgesetzt wurde, bewahrte sich ein Teil der Geschichtsschreibung seine sozialwissenschaftliche Unschuld. Diese zeigt sich z.B. darin, daß in Kommentaren zu historischen Dokumentationen inzwischen zugängliche, der Aufdeckung des gesellschaftlichen Kausalkomplexes dienliche Erkenntnisse einfach vernachlässigt werden und man in das simplistische Schema von »suggestiven Führern« und »vernunftwidrigen Massen« zurückfällt, wobei der Wertungsakzent jetzt deutlich zuungunsten der letzteren ausfällt. Im Vorwort zu einer Edition der Reden J. Goebbels' heißt es in diesem Sinne etwa: »›Schuld‹ [...] waren die Menschen, die Goebbels so gern glauben wollten und ›Schuld‹ war die Zeit, in der das geschah. Sie und weniger seine obschon bedeutenden Fähigkeiten haben ihm den Erfolg beschert, haben den Rattenfängereffekt erzeugt« (*Heiber* 1971, XXXIII). Dem »Wort« der Führer korrespondiert nach wie vor ein gläubiges, dem Gefühl und nicht der Vernunft zugängliches Volk. Am nachhaltigsten wurde diese Ansicht, die ganz dem Geist des eingangs erwähnten Gemäldes verhaftet bleibt, durch Joachim C. Fests Schrift über Hitler sowie durch dessen Film »Hitler, eine

Karriere« in der deutschen Öffentlichkeit wiederbelebt. Wo aber ein Nachempfinden der Bilder von gestern den Aufklärungsstand von heute repräsentiert, kann von einem Fortschritt der Erkenntnis kaum die Rede sein.

Gleichwohl konnte der Perspektivenwechsel von den Taten der Führer auf die Verhaltensweisen des Volkes die Aufmerksamkeit auf Quellen lenken, die historisch konkrete Propagandawirkungen überhaupt erst zu analysieren erlauben. Differenzierbar und korrigierbar wird das in der Rechtfertigungsliteratur wie in den Propagandamanifestationen des NS geprägte Bild von den Massen durch jene Dokumente, Berichte und Untersuchungen, die sich auf empirisch nachweisbare Wirkungen der Politik des Faschismus (einschließlich seiner Propaganda) auf die damaligen Adressaten beziehen.

Schon die Publikation von Auszügen des internen Materials der nationalsozialistischen Behörden, die mit der Beobachtung von Einstellungen der Bevölkerung zum NS-System befaßt waren (vor allem die sogenannte »Lebensgebietsberichterstattung« des Sicherheitsdienstes der SS: *Boberach* 1965; Veröffentlichung der vollständigen ›Meldungen aus dem Reich‹: *Boberach* 1984) reichte hin, die verbreitete Vorstellung von den gleichgeschalteten Massen entsprechend zu relativieren. Kommunikationstheoretische Auswertungen (*Droege* 1970), historiographische Untersuchungen (*Steinert* 1970) und wirkungsgeschichtliche Bearbeitungen (*Kershaw* 1980) dieses Materials (und vergleichbarer Paralleldokumente) sowie die Entdeckung der Alltagsgeschichte des NS (vgl. z.B. das Projekt *Bayern in der NS-Zeit* 1977ff. und als historische Informationsquelle ersten Ranges die *Deutschlandberichte* der exilierten Sozialdemokratischen Partei (Sopade) 1934–1940) lassen ein differenziertes, konturenreiches Bild von den Denk- und Verhaltensgewohnheiten der Bevölkerung unter der Diktatur entstehen.

Ausgehend von diesem Quellenmaterial wird in der vorliegenden Arbeit der Versuch unternommen, Propaganda*wirkungen* nicht vornehmlich über die Auseinandersetzung mit Theoriekonzepten (vgl. dazu *Bohse* 1976) zu erschließen, sondern durch Materialanalysen, die sich den Praktiken eines speziellen Bereichs »sekundärer« ideologischer Formierung zuwenden. Wir gehen dabei von der Überlegung aus, daß über Erfolg oder Mißerfolg nationalsozialistischer Propaganda die Untersuchung von Inhalten und Organisationsformen, von Methoden und dem sozialpsychologischen Kalkül der Techniken erst dann hinreichend Auskunft gibt, wenn man sie mit einer *Adressatenanalyse* korreliert. Auch im Hinblick auf Propagandavorgänge war die Bevölkerung nicht ausschließlich Objekt von Herrschaft. Ebensowenig wie die Massen im Faschismus als bloßes »Reaktionspotential« anzusehen sind, ebensowenig begreift man die Durchsetzung faschistischer Herrschaft richtig, wenn man sich die Führungscliquen als mehr oder weniger autonom und »willkürlich« schaltendes politisches »Aktionszentrum« vorstellt. Eine Reinterpretation der Vorstellungen von der »Macht der Propaganda«, von einer »Gleichschaltung der Köpfe« oder von der »Macht über die Herzen des Volkes« wird für das propagandistische Genre *Massenrede* möglich, wenn man zeigt, wie die propagandistische Formierung herrschaftskonformer Meinungen immer auf die Berücksichtigung der aktuellen Zustände des Massenbewußtseins angewiesen blieb. Systematische *Meinungs-Kontrolle* gehörte somit zur notwendigen Voraussetzung einer erfolgversprechenden *Meinungs-Formierung* und hatte nicht lediglich den Zweck, die Verfolgung devianter Meinungen zu ermöglichen; war mithin nicht nur ein Element des Terrors, sondern wesentliche Vorbedingung für das Funktionieren der auf Konsens angelegten Integrationsbemühungen des Systems.

Für die Erklärung und Beurteilung der »ideologischen Mächtigkeit« des Nationalsozialismus läuft dies (vereinfacht ausgedrückt) auf die Hypothese hinaus, daß Propagandaerfolge sich u.a. auch daraus erklären lassen müssen, daß die Agitatoren ein sozusagen »erfahrungswissenschaftlich« abgesichertes Bild von den Vorstellungen, Überzeugungen und Wünschen ihrer Adressaten besaßen.

Um aufzeigbare Diskrepanzen von »Volksmeinung« und offiziell lanciertem »Volksgemeinschaftsgeist«, die sich für die Kriegszeit im beispielhaften Nebeneinander von ohnmächtigen Friedenswünschen und öffentlich inszenierter Kriegsbegeisterung zeigen, nun ihrerseits nicht zu überschätzen, etwa dadurch, daß man sie als Indiz für das Mißlingen von Integration generell ausgibt (die sich einbürgernde Rede von der ›Resistenz‹ im Nationalsozialismus gerät mitunter in die Nähe einer solchen Vorstellung), werden die Formen propagandistischer Formierung immer im Zusammenhang anderer ideologisch-geistiger und ideologisch-praktischer, vor allem aber auch praktisch-terroristischer Integrationsmodi diskutiert. Den Kausalkomplex »Handlungsbereitschaft im Faschismus« auszumessen, scheint uns mit anderen Worten nur dann sinnvoll möglich, wenn man den gewohnten »Zwang« zum *alltäglichen* Arbeitsantritt, die »Normalität« alltäglichen Konformitätsdrucks und die drohende Allgegenwart des Terrors in die Analyse der Formierungsmacht ›*feiertäglicher*‹ propagandistischer Selbstdarstellung einbezieht.

Die Erforschung der präkommunikativen Einstellungen zu den vom Propagandisten in einer bestimmten Kommunikationssituation zu bearbeitenden relevanten politischen und sozialen Themen macht zunächst eine kritische Aufarbeitung der empirischen Materialien, die über Meinungs- und Einstellungsbildungen unter dem Nationalsozialismus vorliegen notwendig. Das *erste Kapitel* konzentriert sich auf die Bearbeitung der für die im Zentrum stehende Propagandakampagne einschlägigen Materialien. Wir beziehen uns im Wesentlichen auf die vom Sicherheitsdienst der SS (SD) gefertigten *Meldungen aus dem Reich* in der vollständigen Edition von Boberach (*Boberach* 1984) und ziehen für die Vorkriegsperiode die Sopade-Berichte heran. Erstere stellen das adäquate demoskopische Pendant zum gewählten propagandistischen Genre (Massenrede mit medial vermittelter reichsweiter Öffentlichkeit) dar und wurden vom Propagandisten Goebbels zur Überprüfung des ›feed-back‹ propagandistischer Steuerung auch nachweislich genutzt (vgl. *Stokes* 1975, 248; *Huar* 1968, XV). Sporadisch werden parallel dazu aber auch andere »vertrauliche Berichte« unterschiedlicher Institutionen sowie Einschätzungen von beteiligten und unbeteiligten Zeitgenossen herangezogen, die sich in Memoiren und wissenschaftlichen Aufarbeitungsversuchen niedergeschlagen haben.

Zunächst wird der herrschaftsanalytisch wie propagandatheoretisch gleichermaßen wichtige kommunikationstheoretische Zusammenhang von *Meinungs-Kontrolle* (Meinungsforschung) und *Meinungs-Formierung* zu klären versucht. Durch eine Skizze des Meinungskontrollapparats werden sodann die spezifischen Formen und Funktionen von Meinungskontrolle im Nationalsozialismus verdeutlicht. Eine Diskussion der inhaltlichen Befunde der »NS-Demoskopie« schließt sich an. Im Kontext der Gesamtuntersuchung kommt diesem Kapitel der Arbeit ein doppelter Stellenwert zu: er ermöglicht zum einen die implizite Korrektur bzw. Differenzierung pauschaler Aussagen über Propagandamechanismen und Propagandawirkungen und bildet zum anderen die Voraussetzung zur Problematisierung der herrschaftstechnisch rationalen Elememte nationalsozialistischer Meinungs-Formierung. Die »Volksmeinung« zu den in der exemplarischen Situation relevanten politischen und sozialen Themen ermöglicht für die Analyse der propagandistischen (inszenatorischen wie rhetorischen) Formierung den Nachweis, daß die Überredung sich auch entscheidend über die inhaltliche Ebene des Kommuniqués vollzieht. Ermittelt werden kann so, welcher Anteil an Wahrheit etwa Auffassungen vom »instinktsicheren Demagogen Goebbels« und von den »um-den-Verstand-gebrachten-Sportpalast-Berlinern« [1] wirklich zugesprochen werden kann.

Im *zweiten Kapitel* werden Strategien der Meinungs-Formierung analysiert. Es wird gezeigt, wie die Propagandisten ihre Kommunikationsinhalte an die Gesellschaftliche Psychologie der Massen rückkoppelten. Es ist interessant zu sehen, daß offenbar auch in einem autoritären System die Strategien der Meinungslenkung auf eine genaue Kenntnis und Berücksichtigung der Massenstimmungen angewiesen waren. Besonders in der

Phase der stagnierenden Expansion und akzelerierenden Krise nationalsozialistischer Herrschaft können auch partielle Erfolge nur noch über das geschickte Ausnutzen von Einstellungen der Adressaten erreicht werden.

Bevor sich nun die Untersuchung der detailierten Analyse dieser Wirkungsbedingungen am Beispiel der Propagandakampagne zum »totalen Krieg« zuwendet, werden – um das Besondere dieser Kampagne hervortreten zu lassen – im Anschluß an den Versuch einer allgemeinen Funktionsbestimmung nationalsozialistischer Propaganda zunächst die Spezifika der vorausgehenden Phasen kursorisch dargestellt.

Im abschließenden *dritten Kapitel* wird dem sozialen Resonanzboden rhetorischer Überredungstechniken an einem ausgewählten Beispiel, der Rede von Propagandaminister Goebbels am 18. 2. 1943 im Berliner Sportpalast nachgegangen. Inhalt und Form der Rede werden auf die allgemeinen und konkreten Rezeptionsbedingungen hin interpretiert, der Akklamationserfolg aus einer rational durchschaubar zu machenden Verhaltensbereitschaft erklärt, die freilich nicht beliebig in das erwünschte Handeln umschlägt, sondern nach Maßgabe zielsicher angewandter rhetorischer Techniken.

Für die Auswahl gerade dieser Rede waren folgende Gesichtspunkte maßgebend:

1. können wir uns für die Phase nationalsozialistischer Meinungsformierung, in der diese Rede gehalten wurde, auf eine breite und gesicherte Quellenbasis stützen. Das gilt sowohl für die propagandistischen Lenkungsorgane und ihre Anweisungsdokumente, als auch für die Materialien zur vorherrschenden Meinungskonstellation;
2. lassen sich in der Phase der stagnierenden Expansion und akzelerierenden Krise faschistischer Herrschaft die Möglichkeiten und Grenzen von Propaganda sowohl hinsichtlich ihrer technisch-organisatorischen, wie inhaltlich-ideologischen Seite besonders deutlich erkennen. Im wieder offenen Aufbrechen der Klassengegensätze manifestiert sich der Durchschlag des objektiven Irrationalismus faschistischer Herrschaft, der auch die Propaganda auf vielfältige Weise prägt. Erzeugt die soziale Praxis durch unzureichende Lebensbedingungen keine ausreichende Legitimation für die Beherrschten, so wächst der Bedarf an ideologisch-manipulatorischer Systemstabilisierung. Propaganda verhält sich zumal in der Krise der Intention nach stets »antizyklisch«, in der Praxis aber kann sie prozyklisch verstärkend wirken. In Krisensituationen ist der Widerspruch von Intention und Wirkung, sind die greifbaren Schwierigkeiten propagandistischer Formierung besonders prägnant zu erfassen. Das gilt auch für den Faschismus: Das Brüchigwerden der aus »individuellem Opportunismus« gespeisten Identifikationen

unter großen Teilen der Mittelschichten zu einem Zeitpunkt als »Geschäftsschließungen« und »Auskämmaktionen« an der Tagesordnung sind, als »UK-Stellungen« abgebaut und auch die »Töchter aus gutem Hause« in die Kriegsproduktion gezwungen werden sollen, läßt die spezifisch auf den Mittelstand zugeschnittenen Agitation (nationale Demagogie, kombiniert mit aus der »Kampfzeit« erprobten antikapitalistischen Attacken, Appellen an die »Einzigkeit« des freien Mittelstands und materielle Versprechungen für die Zukunft) noch einmal deutlich hervortreten. Der »Umdenkungsprozeß« in den Massen nach »Stalingrad« wird mit dem verstärkten Einbau von Klassenkampfelementen in die Propaganda aufzuhalten versucht. Daß all dies ein weiteres Mal nur bewußt inszenierterr Pseudoklassenkampf ist, erhellt aus der propagandistischen Doppelstrategie von »bandagierter Faust« und »Glacéhandschuhen« (Goebbels), von pseudorevolutionärer Mobilisierung der Massen durch Kundgebungen und Massenpresse auf der einen und Beschwichtigung der Herrschenden in der Prestigepresse auf der anderen Seite;

3. wird am Material der Propaganda für den »Totalen Krieg« ein vieldiskutiertes Kernproblem der Faschismustheorie reformulierbar: indem wir die Widerspruchsstruktur propagandistischer Formierung herausarbeiten und konkret-historisch auf die politische und soziale Praxis des NS, als auch auf die Erfahrungen der Menschen beziehen, lassen sich personalistische, aber auch ideologietheoretische Begründungen der »Verselbständigungsthese« infrage stellen und modifizieren;
4. lag der Auswahl auch eine politisch-didaktische Überlegung zugrunde. Die Demontage des »Mythos von den überredeten Massen« setzt m. E. dort am sinnvollsten an, wo das zeitgenössische Fortleben dieses Mythos' sich u. a. immer wieder festmacht: an *der* Sportpalastrede. Auch der Frage, ob das »oratorische Meisterstück« (so Goebbels über Goebbels) oder die von der herrschenden Meinung in der Bundesrepublik als nationales Trauma wachgehaltene Niederlage von Stalingrad dieses Fortleben erklärt, wird implizit nachgegangen. Indem wir die historischen Wirkungsbedingungen gerade dieser Rede untersuchen, können wir also nicht nur einen Beitrag zur historischen Propagandaforschung, sondern auch zur aktuellen politischen Bildung, als deren Teil sich Rhetorik als demokratische Wissenschaft immer begriffen hat, leisten.

# I. FORMEN NATIONALSOZIALISTISCHER MEINUNGSKONTROLLE ALS AUSDRUCK UNGELÖSTER GESELLSCHAFTLICHER KONFLIKTE

Ein wirklich guter Lügner
muß die Wahrheit kennen.

Georg Klaus

## 1. Begründung der spezifischen Notwendigkeit nationalsozialistischer Meinungskontrolle

*Meinungsforschung als conditio sine qua non der Massenkommunikation*

Um die Spezifik der Wechselbeziehungen von Meinungs-Kontrolle und Meinungs-Formierung unter faschistischen Herrschaftsbedingungen bestimmen zu können, müssen zunächst die allgemeinen Gesetzmäßigkeiten dieses Zusammenhangs durchsichtig gemacht werden. Die Tatsache, daß unter den nationalsozialistischen Herschaftstechniken Formen der Meinungs-Kontrolle einzureihen sind, ist bislang tendenziell dahingehend verarbeitet worden, daß meinungskontrollierende Aktivitäten immer schon Stigma totalitärer Verhältnisse darstellten. Eine solche Konfundierung von allgemeiner und besonderer Funktion meinungskontrollierender Aktivität verfehlt aber nicht nur die allgemeine Notwendigkeit der Sozialtechnik Meinungs-Kontrolle, sondern auch die konkrete Kritik an der spezifischen Herrschaftstechnik Meinungs-Kontrolle im Nationalsozialismus als einer besonderen und totalitären Ausformung dieser Sozialtechnik. Um eine tendenziell negativistische Kritik an Formen der Meinungs-Kontrolle zu vermeiden, ist es deswegen notwendig, kurz auf die Dialektik von Meinungs-Kontrolle und Meinungs-Formierung einzugehen.

Hinter der negativistischen Postition steht insofern eine unzulässige Verallgemeinerung, als die relative Spontaneität des Meinungsbildungsprozesses in privaten und lokal begrenzten Kommunikationsnetzen auch zum Ideal des Meinungsbildungsprozesses in der gesamtgesellschaftlichen Öffentlichkeit erhoben wird. Eine gesellschaftliche Organisation der öffentlichen Kommunikation wird daher immer schon, da sie dieses Ideal partiell oder total außer Kraft setzt, als tendenziell totalitär verdächtigt. Diese Position verfehlt aber, vor aller politischen Implikation, auf der Ebene logischer Argumentation die Notwendigkeiten des vielschichtigen Meinungsbildungsprozesses in hochkomplexen Sozietäten. Es ist an dieser Stelle nicht möglich, das logische Schema komplexer gesellschaftlicher Kommunikation historisch-genetisch abzuleiten (auch die marxistische Massenkommunikationsforschung, die solche logischen Schemata wegen ihrer systemanalytischen Vorzüge aus der bürgerlichen Massenkommunikationsforschung übernimmt [1], hat bisher noch keine monographische Studie zu diesem Vermittlungsprozeß vorgelegt). Aber auch ohne diese historische Konkretisierung vermag das abstrakte Modell der Sphären der gesellschaftlichen Kommunikation zu verdeutlichen, daß die gesellschaftliche Organisation der öffentlichen Kommunikation und damit auch ein dialektisches Verhältnis von Meinungs-Kontrolle und Meinungs-Formierung conditio sine qua non dieser Kommunikation ist.

Sphärisch lassen sich die intrapersonale Kommunikation (Kommunikation des Individuums zu sich selbst), die intragruppale bzw. interpersonale (Kommunikation zwischen Individuen in primären und sekundären Klein- bzw. Großgruppen), die intergruppale Kommunikation (Kommunikation zwischen Klein- und Großgruppen), schließlich zwischen kategorialer Massenkommunikation (Kommunikation sozialer Kategorien über Signalkomplexe) und der Massenkommunikation bzw. die »öffentliche« Kommunikation (Kommunikation der Gesamtsozietät zu sich selbst) trennen. [2] In diesem Kontinuum finden nun einerseits unspezifische Überlagerungen und spezifische Vertretungsleistungen statt: als unspezifische Überlagerung könnte der Vorgang beschrieben werden, bei dem eine Sphäre zum Träger für eine andere wird und dadurch ihre eigene Spezifik verliert (z.B. wenn Delegierte gesellschaftlicher Gruppen zwar interindividuell, aber nicht privat kommunizieren); als genetische Vertretungsleistung könnten Prozesse beschrieben werden, bei denen qualitative Sprünge einer Sphäre durch Entwicklungsprozesse einer anderen vorbereitet werden (z.B. qualitativer Wandel der öffentlichen Kommunikation aufgrund ihn antizipierender Entwicklungsprozesse der Intergruppenkommunikation). Die einzelnen Sphären stehen also historisch-genetisch und situationsspezifisch in konkreten Beeinflussungsverhältnissen. Abgesehen von dieser Wechselwirkung wird schon hier deutlich, daß die verschiedenen Sphären in steigendem Maße von der gesellschaftlichen Organisation ihrer Prozesse abhängig sind, wenn es notwendig wird, diese Prozesse nicht nur punktuell und zufällig, sondern kontinuierlich zu gewährleisten. Die (sozial vermittelte) intraindividuelle Kommunikation benötigt zur Aufrechterhaltung ihrer Kontinuität kaum die gesellschaftliche Organisation ihrer spezifischen Prozesse (wenn auch ihrer unspezifischen Voraussetzungen); aber schon die Intergruppenkommunikation ist von einer gewissen Größe und überlokalen Verbreitung der Gruppen an auf Organisationsformen wie zeitliche und örtliche Vereinbarungen sowie geregelte Delegation von Gruppenrepräsentanten abhängig. Die Kommunikation der Gesamtsozietät zu sich selbst in der öffentlichen Kommunikation ist aber per se kaum punktuell, peripher und zufällig denkbar, sondern nur aufgrund gesellschaftlicher Organisation, die sie möglicherweise erst erzeugt, zumindest aber zur Aufrechterhaltung ihrer Kontinuität notwendig ist.

Teil dieser gesellschaftlichen Organisation der Kontinuität öffentlicher Kommunikation müssen einerseits Vorgänge sein, die eine relative Transparenz des Transformationsprozesses zwischen den verschiedenen Sphären der gesellschaftlichen Kommunikation möglich machen und andererseits Vorgänge, welche diese Transparenz im konkreten Einzelfall bestimmter öffentlicher Ereignisse herstellen. Da der publizistische Vollzug öffentlicher Kommunikation kontinuierlich nicht aufrechterhalten werden kann, ohne die Berücksichtigung der Bedürfnisse und Rezeptionsbedingungen der Adressaten wie Träger der öffentlichen Kommunikation, ist die gesellschaftliche Organisation dieses Kommunikationsprozesses auf die permanente Rückkoppelung der Meinungs-Formierung mit einer Meinungs-Kontrolle verwiesen, welche präkommunikativ die Bedingungen und postkommunikativ die Wirkungen von meinungsbildenden Akten der öffentlichen Kommunikation in verschiedenen Sphären zugänglich macht.

Die allgemeine Notwendigkeit von Meinungs-Kontrolle (»Meinungsforschung«) in hochkomplexen Gesellschaften dispensiert nun keineswegs von der politischen Kritik besonderer Typen unter verschiedenen politischen Systemen. Bevor allerdings Funktion und Elemente nationalsozialistischer Meinungs-Kontrolle nach allgemein sozialtechnischen und nach herrschaftstechnischen Charakteristika differenziert werden können, sollen der zentrale Apparat und seine Funktionsweise dargestellt werden.

Mit dem Machtantritt des Nationalsozialismus wurde versucht, unter Ausschaltung aller demokratischen Organisationen durch Terror, die verschiedenen Institutionen der Meinungsbeeinflussung zu einem in der Wirkung einheitlichen Propagandasystem zu integrieren [3], das die gesamte »Lebenswelt« vom Arbeitsalltag über den Bildungs- und Ausbildungssektor bis hin zum Freizeitbereich umfaßte. Auf Betriebsebene (durch Werkszeitungen, Betriebsfeiern) wie im zwischenstaatlichen Bereich (durch Öffentlichkeitsarbeit von Werbe- und Propagandaorganisationen wie z. B. dem »Werberat der deutschen Wirtschaft« und der »Antikomintern«), auf staatlicher Ebene (durch Propagandaabteilungen einzelner Ressorts verschiedener Ministerien und der Wehrmacht) wie in den regionalen Gliederungen der NSDAP und den ihr beigeordneten Massenorganisationen wurden Organe geschaffen, die eine konzentrierte Beeinflussung der Bevölkerung ermöglichen sollten. [4] Durch die sukzessive Verschmelzung aller auf dem Gebiet der Meinungsbildung tätigen Institutionen (auch der Wirtschaft [5] und des Staates, nicht allein der faschistischen Partei) erreichte die Meinungs-Formierung eine bisher noch nicht erzielte Quantität und Qualität.

### *Gegnerbeobachtung und Erfolgskontrolle: Die »Vertraulichen Berichte« verschiedener Dienststellen*

Die Expansion und Intensivierung der *Meinungs-Formierung* implizierte Formen der *Meinungs-Forschung*. Organisationsintern wurden (mehr oder weniger systematisch) Informationen über die Effektivität organisatorischer und ideologischer Steuerung eingeholt. Zentral aber wurde darüber hinaus ein spezifischer Apparat ausgebildet, der die informelle Meinungsbildung, die sich vor allem in der Gerücht- und Witzbildung manifestierte, in ihrem – immer schon gewußten – Gegensatz zur oktroyierten Ideologie zu erfassen suchte, um die Meinungs-Formierung um so gezielter auf die Schlichtung dieses Gegensatzes auszurichten. Bevor diskutiert werden kann, welche Ergebnisse die nationalsozialistische »Meinungsforschung« erzielte [6] und welche Bedeutung ihre Befunde schließlich für die Meinungs-Formierung gewannen, sollen zunächst – um die Dimensionen der Kontrolle zu veranschaulichen – einige Berichtsinstanzen und der zentrale Apparat der Meinungsforschung unter folgenden Fragestellungen skizziert werden: Wann und aufgrund welcher Einsichten der Propagandisten ist der Apparat entstanden; wie ist er ausgebildet worden; durch wen, wie oft und mit welchem Ziel wurde erhoben; zu welchen Themen und Ereignissen wurden die Meinungen der Bevölkerung erforscht? [7]

Zu den Materialien, die der Partei- und Staatsführung Aufschluß über Auffassungen und Meinungen liefern sollten, gehörten *Berichte der Oberlandesgerichte* an das Justizministerium (zweimonatlich und vierteljährlich). In ihnen wurden politische Haltungen der Bevölkerung, soweit sie den Justizbeamten aus Zeugenaussagen erschließbar schienen, weitergeleitet. Gezieltere Berichte wurden von den Dienststellen der »Politischen Polizei« der Länder, die seit dem Jahre 1936 die Bezeichnung ›Gestapo‹ trug, angefertigt. Die *Lageberichte der »Stapo-Leitstellen«* enthielten einen kommentierten Überblick über die Entwicklung des politischen Verhaltens in ihrem Bereich, den sie monatlich an das Geheime Staatspolizeiamt und an die Oberpräsidenten der jeweiligen Provinz übermittelten. Diese Lageberichte konzentrierten sich der politischen Funktion der Berichtsinstanz gemäß (Verfolgung »staatsgefährdender Umtriebe«) auf »Gegnerbeobachtung«; die Kontrolle kirchlicher [8] und sozialer Organisationen, in denen sich Antifaschisten betätigen könnten. Insbesondere registrierten diese Berichte die Aktivität der illegalisierten Organisationen der Arbeiterbewegung und das Verhalten der Arbeiter im Produktionsprozeß. [9] In ihnen ist vor allem die Geschichte des politischen Widerstandes aus der Perspektive der Verfolger dokumentiert [10]; die Entwicklungen in der Gesellschaftlichen Psychologie der Bevölkerungsmehrheit (der politischen Passiven, der Mitläufer und der aktiven Nationalsozialisten) kommen demgemäß in jenen Rapporten kaum zum Ausdruck.

Auf solche Entwicklungen in der »Massenstimmung« orientierten sich vor allem die folgenden Recherchen. Sogenannte *Gauberichte* wurden in erster Linie führenden Parteigremien übermittelt. Sie mußten in vierzehntägigem Turnus den zuständigen Gauleitungen von den Kreisleitungen der NSDAP zugestellt werden. Monatlich wurde von diesen eine Zusammenfassung der eingegangenen Berichte für die Parteikanzlei angefertigt. Aufgabe dieser Überblicke war es, den Führungsgremien der NSDAP Erfolg oder Mißerfolg der weltanschaulichen »Erfassung« der Bevölkerung zu vermitteln. Vom Spektrum her waren diese Rapporte sehr breit angelegt: sie enthielten neben einem allgemeinen Überblick über die politische Lage, die Lage der Landwirtschaft und über Aktivitäten der Konfessionen Berichte mit den Sparten »Verhalten der Fremdvölkischen« und »weltanschauliche Ausrichtung«. [11]

Vom Reichspropagandaministerium wurden unter gleichem Aspekt zwei weitere Folgen von *Stimmungsberichten* initiiert und angeregt: die einen wurden von den *Reichspropagandaämtern* verfaßt, die anderen wurden in Verbindung mit dem Reichsministerium für Volksaufklärung und Propaganda (RMVP) vom Amt der *Wehrmachtspropaganda* des Oberkommandos der Wehrmacht (OKW) erstellt. In der letzten Phase des Krieges, in der die offizielle Propaganda – wie noch zu zeigen sein wird – immer mehr an Glaubwürdigkeit verlor, sollten gerade Wehrmachtsberichte eine Doppelfunktion erfüllen. Da Soldaten, aufgrund ihrer »authentischen« Erfahrung an den Fronten, einen Vertrauensbonus in der Bevölkerung besaßen, sollten Fronturlauber einerseits die gewünschte Einstellung zum Kriegsgeschehen verdeckt lancieren und andererseits die reale Stimmung erheben. [12]

Die genannten – vom SD unabhängigen Berichte – sind insgesamt für eine objektive Einschätzung der öffentlichen Meinung nur sehr bedingt zuverlässig. Das liegt zum einen an der Art des Berichterstattungssystems; Schönfärberei und Euphemismus lagen bei vielen dieser Berichte eben schon deshalb vor, weil die offiziellen Funktionsträger identisch mit den Berichterstattern waren, die sich aufgrund dieser Tatsache ständig in einem latenten Verhaltenskonflikt befanden. Nicht selten unterschlugen sie die Informationen über bestimmte Entwicklungen, die sie an die nächsthöhere Instanz weiterzugeben hatten, um negative Sanktionen zu vermeiden. [13] Außerdem waren die Beobachtungsorgane im Vergleich mit dem SD personell nur schwach besetzt. Unzulässige Vereinfachungen und Schematisierungen waren an der Tagesordnung, häufig wurden nichtrepräsentative Teilbeobachtungen generalisiert. Allgemein bestand für diese Formen der Meinungsforschung das Problem, daß die »authentische Volksmeinung« kaum eruiert wurde, weil den offiziellen Repräsentanten des Nationalsozialismus Mißtrauen und Vorbehalte entgegengebracht wurden. [14]

### *Deutsche Lebensgebietsberichterstattung: Der Apparat des SD*

Neben solchen organisationsinternen Formen wurde zur erwähnten zentralen Instanz der »Stimmungs- und Meinungsforschung« eine Abteilung des SD der SS herausgebildet. Organisator war Otto Ohlendorf, der (im April des Jahres 1937) zum Stabsführer der Zentralabteilung II,2 (später Amt III) des Sicherheitsdienst-Hauptamtes – »*Lebensgebietsberichterstattung*« – ernannt wurde. [15] Der SD der SS war zuerst eine Organisation, die die NS-Parteiführung über Aktivitäten der Gegner innerhalb und außerhalb der eigenen Reihen unterrichten sollte – sie hatte also anfänglich in erster Linie nachrichtendienstliche Funktionen. Aus diesen Anfängen wurde sie zu einem umfassenden Apparat der Bespitzelung und Beobachtung der Gesamtbevölkerung entwickelt [16]: Mit der Etablierung und Stabilisierung der nationalsozialistischen Herrschaft durch Terror, wobei die Gestapo, die zugleich exekutive Befugnisse besaß, Gegnerbeobachtung durch terroristische Gegnerbekämpfung ergänzte, weitete sich die Funktion des SD aus. In einem »Funktionstrennungserlaß« von 1937 [17] wurde ihm die Aufgabe zugewiesen, permanente Erkundungen über »große weltanschauliche Fragen« einzuziehen. Systematisch wurde für diesen Zweck ein weitverzweigter Sammelapparat aufgebaut, der nach bestimmten Selektions- und Berichtsprinzipien arbeitete.

Zu diesem Zweck wurde das gesamte Reichsgebiet in dreizehn SD-Oberabschnitte eingeteilt, die jeweils wieder in zwei bis drei Unterabschnitte gegliedert waren. In diesen Unterabschnitten wiederum wurden mehrere Außenstellen unterhalten, die die eigentlichen Sammelstationen darstellten, in denen die »Volksmeinung« registriert wurde. Die Außenstellen beschäftigten in allen Orten ihres Einzugsbereiches einen oder mehrere

Agenten, die sich über Zuträger Informationen verschafften. Personell war dieser Informationsapparat nach folgenden Zuständigkeiten gegliedert: Neben den hauptamtlichen Mitarbeitern gab es die sogenannten V-Leute (den Außenstellenleitern bekannte *Vertrauensleute*), die das eigentliche Agentennetz bildeten und das Nachrichtenmaterial sammelten. [18] Diese stützten sich auf die sogenannten A-Leute – politisch zuverlässige *Agenten* –, die in den nächstkleineren Sozialgebilden arbeiteten. Sie wiederum hatten als Zubringer sogenannte Z-Leute. Die Informationsbeschaffung funktionierte nach dem Schneeballsystem. Außer der genannten Hierarchie der Informanten gab es noch gelegentliche Zuträger: H-Leute, die aus persönlichem Antrieb Nachrichten lieferten – oft allerdings nur denunziatorischer Art. Ferner bediente sich der SD noch der U-Leute (»Unzuverlässige«), oftmals ihrerseits wieder überwachte ehemalige Häftlinge, manchmal sogar bekannte Regimegegner, denen man eine Einschätzung der Stimmungslage abverlangte.

Neben den hauptamtlich auf der unteren, mittleren und zentralen Ebene arbeitenden SD-Funktionären kam den V-Leuten die wichtigste Aufgabe bei der Berichterstattung zu. Um *Repräsentativität* zu erlangen, waren die V-Männer »im Zentrum mehrfacher Zuträgernetze an strategisch günstigen Stellen, in Betrieben, Verwaltungen, in der Partei und in Wohnvierteln« plaziert. [19] Die authentische Volksmeinung erschien bezeichnenderweise nur Personen zugänglich, die selbst keine parteioffiziellen Funktionen im NS-System bekleideten – mithin als Spitzel unverdächtig waren. Die haupt- und ehrenamtlichen Mitarbeiter rekrutierten sich deshalb auch nur zu etwa zehn Prozent aus den Reihen der SS und waren nur zu einem geringfügig höheren Prozentsatz Parteimitglieder. Bei der Auswahl der V-Leute legte man in erster Linie folgende Kriterien zugrunde: öffentliches Ansehen, breite Kontaktmöglichkeiten und den erforderlichen Bildungsgrad. [20] Zur Fundierung der beobachteten Meinungskonstellation wurden von den SD-Abschnitten sporadisch Schlüsselpersonen aus unterschiedlichen Professionen und Schichten herangezogen: Richter und Verwaltungsbeamte, Unternehmer und leitende Angestellte, Mediziner, Lehrer aller Schularten, Künstler und Wissenschaftler. [21] An den Universitäten bestanden inoffizielle SD-Arbeitsgemeinschaften, deren Mitglieder »abweichendes« Verhalten zu erfassen hatten und als »Sachverständige in Angelegenheiten der Wissenschaft« tätig waren. Die Mitarbeit dieser Schlüsselpersonen prägte die Meldungen insofern, als über die »Abweichungen« hinaus auch affirmative, an einer Optimierung der Verhältnisse orientierte Vorschläge kolportiert wurden. [22]

Neben quantitativen Erweiterungen versuchte man auch ständig, die *Berichtsprinzipien* zu differenzieren und die Berichterstatter für ihre Aufgabe zu qualifizieren. Aus der mangelhaften Qualität bisheriger Berichte [23] wird die Konsequenz gezogen, ein detailliertes Berichtschema verbindlich für alle Abschnitte aufzustellen: »Es ist also die Lageberichterstattung in Zukunft nach folgenden Gesichtspunkten auszurichten [...] Negative und positive Würdigung des Geschehens, Beachtung der Gebietswichtigkeitsunterscheidung, Verarbeitung der Lageberichte *aller* nachgeordneten Dienststellen«. [24] Mit dieser Anweisung wurde versucht, mögliche vorschnelle Generalisierungen zu vermeiden. Darüber hinaus wurde den Meinungsforschern zur Auflage gemacht, die illustrativen Belege sowohl auf ihre Authentizität als auch auf die Frage hin zu untersuchen, ob sie typisch für die jeweilige Meinungskonstellation waren. Zur Maximierung dieses Verfahrens versuchte die Zentrale, die Berichte der anderen Organisationen, Feldpost und auch (teilweise anonyme) »Publikumspost« an das Propagandaministerium parallel zur Kontrolle heranzuziehen. [25]

Die thematische Endauswertung des nach diesen Prinzipien zusammengetragenen Materials wurde in der Zentralstelle vorgenommen. Im Amt III (Deutsche Lebensgebiete), dessen Chef Ohlendorf war, wurden verschiedene Amtsgruppen für »Fragen der Rechtsordnung und des Reichsaufbaus«, für »Volkstum«, für »Kultur« und »Wirtschaft« gebildet, in denen erst 18 und später 24 meist akademisch ausgebildete Referenten ihre Fachgebiete bearbeiteten. [26] In den einzelnen Referaten wurden die aus den Abschnitten eingehenden Berichte zu den entsprechenden Kapiteln der Meldungen zusammengefaßt. Sie erschienen zunächst unter dem Titel »Berichte zur innenpolitischen Lage«. Ab 8. Dezember 1939 trugen diese Berichte den Titel »Meldungen aus dem Reich«, die schließlich aus den folgenden fünf Abschnitten bestanden:
- Allgemeine Stimmung und Lage;
- Kulturelle Gebiete;
- Volkstum;
- Recht und Verwaltung;
- Wirtschaft.

Während die Sparte »Allgemeine Stimmung und Lage« in nahezu jeder Nummer der »Meldungen« präsent war, erfolgte die Berichterstattung über die anderen Gebiete unregelmäßig und sporadisch. Unter den ersten beiden Rubriken liegt das eigentliche publizistische Material vor. Im Abschnitt I wurden die Gesprächsinhalte und Gerüchte, die Reaktionen auf das Kriegsgeschehen und die Ereignisse in Deutschland sowie die Wünsche der Bevölkerung kolportiert. Im zweiten Teil »Kulturelle Gebiete« wurde wöchentlich einmal über die »Aufnahme und Auswirkung der allgemeinen Propaganda, Presse und Rundfunklenkung für die Zeit vom (Datum) bis (Datum)« referiert. Diese Passagen vertieften und erläuterten

»unter speziell publizistischem Aspekt das über ›Stimmung‹ im ersten Teil gesagte« [27] und beobachteten die Wirkung der Propaganda in ihrem Einfluß darauf.

Bis Kriegsanfang wurden von Monat zu Monat Berichte erstellt; mit den seit Beginn des Krieges sich verschärfenden Integrationsproblemen wurde aus Gründen der aktuellen Flexibilität das Berichtsystem verändert. Seit September 1939 erhielten die SD-Abschnitte die Auflage, täglich zu berichten und am 9. Oktober wurden unter dem Titel »Berichte zur innenpolitischen Lage« die ersten Meldungen vorgelegt, die von da an bis zum Ende des Krieges die Resonanz der Ereignisse an der Front und in der Heimat wiedergeben sollten. Allerdings war mit der akzelerierenden Krise des faschistischen Systems im Frühjahr 1943 die Berichttätigkeit reduziert worden. Die sogenannten »Meldungen aus dem Reich« endeten am 13.5. 1943; sie wurden unperiodisch unter dem Titel »SD-Berichte zu Inlandsfragen« fortgeschrieben. Gleichzeitig wurden die alle »Lebensgebiete« umfassenden »Meldungen« in Einzelberichte aufgelöst und den einzelnen Ressorts nur noch das ihr Gebiet betreffende Nachrichtenmaterial zugänglich gemacht. [28]

### *Die politische Funktion der »Meldungen aus dem Reich«*

Der kurze Einblick in die Funktionsweise der NS-Rezipientenforschung von ihrer technisch-organisatorischen Seite her kann nun aber nur eine Teilantwort auf die eingangs gestellte Frage nach der besonderen Ausformung und dem herrschaftstechnischen Charakter dieser Sozialtechnik im Faschismus geben. Durch eine Diskussion der von den NS-Meinungsforschern aufgestellten Ziele und deren praktische wie politische Einlösung kann der zweite Teil der Antwort jetzt nachgeholt werden.

Die »Lebensgebietsberichterstattung« des SD verdient nach Dröge durchaus den Titel ›Meinungsforschung‹ – von der heute üblichen Technik der Repräsentativbefragung vor allem durch eine Technik der *teilnehmenden Beobachtung* unterschieden. [29] Dieser Unterschied war dabei nicht lediglich ein instrumenteller: die Unmöglichkeit von direkten Repräsentativbefragungen und die Nicht-Öffentlichkeit der Spitzeldienste der »teilnehmenden Beobachtung« sind also nicht etwa in einem noch unentwikkelten Stand der Befragungstechniken oder im formalen Vorzug eines Instrumentariums, sondern in der herrschaftstechnischen Besonderheit dieser Meinungs-Kontrolle begründet. [30] Bei seiner Einschätzung der Funktion der nationalsozialistischen Meinungs-Kontrolle bezieht sich Dröge auf das Selbstverständnis ihrer Organisatoren. Der Aufbau einer verdeckt arbeitenden »Informationseinrichtung, die die Sachverhältnisse ermittelt und laufend die Entwicklung beobachtet«, war, wie Ohlendorf – der Organisator der SD-»Lebensgebietsberichterstattung« – in einer Denkschrift im Mai 1945 darlegte, »vor allem in einem Staate erforderlich, der in seiner Grundanlage auf dem Führungsanspruch beruht und ein Korrektiv durch parlamentarische oder publizistische Einrichtungen nicht vorsieht«. [31] Nach dem post festum formulierten Selbstverständnis von der Funktionsweise des SD gedachte Ohlendorf, ein Organ zu schaffen, das »anstelle einer öffentlichen Kritik die Staatsführung [...] in die Lage versetzen sollte, die im Volk vorhandenen oder entstehenden Auffassungen kennenzulernen und zu berücksichtigen«. [32] Die Aufgabe des SD habe darin bestanden, »Partei- und Staatsführung ein ungeschminktes Bild zu geben, wie sich die Maßnahmen der beiden Institutionen auf allen Lebensgebieten der Verwaltung, der Kultur und des Rechts auswirkten«. [33] Intendiert gewesen sei »ein Ventil für unaufgelöste Spannungen und ein Anzeiger dringender Lebensnotwendigkeiten des Volkes [...]«. [34]

Mit dem systematischen Aufbau des Apparates wurde erst in der unmittelbaren Phase der Kriegsvorbereitung begonnen. »Unerhörte Spannungen«, die sich auf sozialpolitischem Gebiet durch die Aufrüstung ergeben hatten, machten nach Ohlendorf diesen Schritt unumgänglich. Es wurde zur »Aufgabe der Staats- und Wirtschaftsführung, die Grenzen zu erkennen, die diese Spannungen nicht überschreiten dürfen, wenn nicht der Sinn des Ganzen hinfällig werden soll«. [35] Gegen das Selbstverständnis der SD-Meinungsforscher, mit ihrer Arbeit der Parteiführung und Staatsführung ein Korrektiv ihrer Maßnahmen zu bieten und dadurch soziale Spannungen abzubauen, wandte Dröge ein, daß es die ideologische Fixierung faschistischer Politik unberücksichtigt lasse. [36] Der nationalsozialistische Propagandaapparat hätte aus seiner ›Rezipientenforschung‹ »nicht zu einer inhaltlichen Anpassung an die Erwartungen der Bevölkerung, sondern nur zu einer formalen Anpassung seiner Aussagen an ihr Zeichensystem« [37] kommen können: »Es gibt keine Erfolgskontrolle mit systematischer Fehlerkorrektur, die sich am sozialen Verhalten der Empfänger orientierte. Der inhaltliche Aspekt der Erwartungsstruktur bleibt ausgespart, weil er vom ideologisch-manipulativen Willen der Zentralinstanz vorweggenommen ist«. [38] So richtig die Diagnose von der Unmöglichkeit des faschistischen Systems, auf die Bedürfnisse der Mehrheit *inhaltlich* einzugehen, auch ist, so unvollständig erscheint ihre Begründung. Nach Dröge resultiert die mangelnde Flexibilität aus einer ideologischen Intransigenz der nationalsozialistischen Führung. Die »Willkürkomponente« in der Manipulation [39] wird als letzte Ursache des Scheiterns der Manipulation ausgegeben. Dem muß jedoch entgegengehalten werden, daß die ideologischen Orientierungen, die ein Eingehen der faschistischen Politik auf die Interessen der Volksmassen verhinderten, selbst abgeleitete Größen darstellen. Sie sind der ideelle Ausdruck des sozialen Herrschaftsauftrags des Faschismus. Das von den Hauptakteuren des Nationalsozialismus selbst oft nach außen gekehrte »pathologische« Gesicht, welches ihnen in der Nachkriegsliteratur die Epitheta »verwegene Glücksspieler« (Meinecke), »Dämon(en) einer Diktatur« (Stephan) und »pseudoreligiöse Fanatiker« (Grieswelle) eintrug, diente ebenso wie die von ihnen öffentlich propagierten Ideologeme vom »Primat der Weltanschauung«, vom Ganz Anderen (Antibürgerlichen und Antikapitalistischen) der »nationalsozialistischen Idee« zur Camouflage, hinter der sich die eigentlichen Handlungsweisen – nüchternes herrschaftstechnisches Kalkül und zynischer Pragmatismus – verbargen. In dem Maße aber, wie der unaufgelöste Klassenkonflikt mit sich verschärfenden objektiven Krisenerscheinungen propagandistisch nicht mehr zu »zerreden« war und die bisherigen Machttechniken nicht mehr ausreichten, ihn zu sistieren, nahmen Willkür und Irrationalität zu.

Um die kontroversen Einschätzungen der Wirkung nationalsozialistischer Propaganda, die von der Unterstellung einer »Allmacht« der Propaganda – selbst unabhängig von spezifischen Inhalten – bis zur Annahme ihrer »Ohnmacht« – selbst unabhängig vom Ausmaß ihres Einsatzes – reichen, auf ihre rationalen Momente hin zu untersuchen, muß versucht werden, die bisher von solchen Einschätzungen in aller Regel vernachlässigte Wirkungsforschung des nationalsozialistischen Progagandasystems selbst kritisch zu nutzen. Bei aller Hellhörigkeit für die selbstpropagandistische Funktion einiger Befunde und Kommentare können die generellen Aussagen zur Grundlage einer weitergehenden Analyse gemacht werden. Selbstverständlich enthalten die Befunde keine konditionalen und inhaltlichen Interpretationen von Stimmungen und Gerüchten, die umstandslos zu übernehmen wären; diese Vorgänge in der Gesellschaftlichen Psychologie der beobachteten Gruppen [40] werden aber insofern relativ verläßlich konstatiert, als es im wesentlichen Interesse des nationalsozialistischen Beobachters liegt, für die Effektivierung der sogenannten Massenbeeinflussung den Abstand der realen Meinung von der erwünschten möglichst exakt zu ermitteln. [41] Wenn gefordert wurde, für die Überprüfung der Propagandawirkungen und der Vorgänge im politischen Bewußtsein relevanter Bevölkerungsgruppen unter dem Nationalsozialismus vom Alltagsbewußtsein auszugehen und dazu systematisch Memoiren, Tagebücher und die Erinnerungen heute lebender Augenzeugen auszuwerten sowie die regionale und lokale Dokumentationen zu erstellen [42], so darf angenommen werden, daß die Tendenz zur negativen oder positiven Verzeichnung in solchen Materialien keineswegs geringer zu veranschlagen ist als in den Berichten des SD. [43] Denn gerade dieser Apparat war an einer Erzielung optimaler Propagandawirkungen und einer möglichst objektiven Deskription der Stimmungsentwicklung interessiert.

### *Vom Nutzen der NS-Meinungsforschung für die Propagandaanalyse*

Der Abriß zu Aufbau und Arbeitsweise dieser Spezialabteilung des SD vermittelte einen Einblick in die Möglichkeiten der Rücksteuerung des propagandistischen Kommunikationsprozesses. Darüberhinaus aber hat das Konstatieren dieses Faktums auch Konsequenzen hinsichtlich einer Modifikation der in der Wissenschaft lange Zeit vorherrschenden und in der Publizistik bis heute dominierenden Ansichten über die Rolle der Propaganda im Nationalsozialismus. Der Tatbestand nämlich, daß es neben der politischen Überwachung der Bevölkerung durch staatliche Instanzen (Gestapo, politische Polizei der Länder) und durch die Gliederungen der NSDAP bis hinab zum Blockwartsystem auch eine nach quasi-wissenschaftlichen Kriterien arbeitende Institution der Meinungs-Kontrolle gab [44], ist erst im Zuge einer Revision der »klassischen« Totalitarismustheorie von der Propagandaforschung aufgegriffen und verarbeitet worden. Bis Mitte der sechziger Jahre war nahezu ausschließlich die *Aktivseite* faschistischer Meinungsmanipulation (ihre Organisationsformen und Instrumentarien, ihre Methoden und Inhalte, ihre Sprache) [45] untersucht worden. Die Mehrzahl der Untersuchungen kam ihrem faschismustheoretischen Vorverständnis entsprechend – als einheitsstiftende Theorie diente (implizit oder explizit) die Totalitarismustheorie – zur Bestätigung der Vorstellung von einer totalen Manipulation. Ein Teil dieser Untersuchungen suggerierte aufgrund einer minutiösen Darstellung des Propagandaapparats eine »totale Regie des öffentlichen Lebens« [46] und schrieb den Erfolg des Nationalsozialismus der Allmacht seiner Propaganda zu; Dokumentationen und Analysen zur Rhetorik und Massenregie übernahmen, sofern sie Aussagen zur Wirkung enthielten, einfach die Selbstdarstellung der Protagonisten und führten den Erfolg auf die »Macht der Rede« und die damit verbundene Vorstellung von einer grenzenlosen Suggestibilität der Massen zurück. [47]

Eine dritte Richtung schließlich relativierte die vorgebliche Allmacht mit dem Hinweis auf systemimmanente Konkurrenzverhältnisse. [48] Diese Version vollzog auf dem Gebiet der Propagandaforschung einen aufgrund neuer Legitimationsnotwendigkeiten einsetzenden Wandel der in den fünfziger Jahren dominierenden Totalitarismustheorie: das Theorem von einem monolithisch geschlossenen Machtsystem wurde ersetzt durch die These von den sich durch politische Konkurrenz partiell paralysierenden Machtblöcken. [49] Diese Erklärung aber blieb den tatsächlichen Wirkungsmöglichkeiten der Propaganda ebenso inadäquat wie die aus dem Selbstverständnis des Führungsapparates abgeleitete These von der »Allmacht der Propaganda«. Beide Positionen gewannen ihre Resultate ohne eine wirkungsbezogene Adressatenanalyse. [50] Die Möglichkeit, die informelle Meinungsbildung von der propagandistisch organisierten abzukoppeln, wurde ebensowenig thematisiert, wie das Rezipientenverhalten konkret untersucht wurde. Erst einige neuere Forschungsansätze, die die *Passivseite* (die faschistische Meinungs-Kontrolle und deren Befunde) ins Zentrum ihrer Untersuchung stellten, ermöglichten eine Korrektur der Generalisierungen und Hypostasierungen der älteren Propagandaforschung. Seit die Ergebnisse der NS-Meinungsforschung in einer Auswahl publiziert wurden [51] und für die Historiographie von Steinert [52] sowie für die Publizistikwissenschaft von Dröge [53] herangezogen wurden, kann die Unhaltbarkeit einer Reihe von Thesen am Material nachgewiesen werden. Während allerdings Boberach in seiner Funktion als Herausgeber der »Meldungen aus dem Reich« auf die begrenzte Reichweite und das schließliche Scheitern der NS-Propaganda nur hinweist und Steinert es lediglich auf dem historischen Ereignishintergrund kommentiert, ohne Folgerungen für die Widersprüche faschistischer Herrschaftstechniken zu ziehen, versuchte Dröge diese Widersprüche unter kommunikationstheoretischem Aspekt herauszuarbeiten. Obwohl der Akzent seiner Untersuchung auf den Prozeßfaktoren »*informeller* Kommunikation« liegt, die er anhand der Gerüchtebildung im Zweiten Weltkrieg zu bestimmen sucht, gibt sie Aufschluß über die Spezifik der Meinungskontrolle im Nationalsozialismus und entwirft ein eindrucksvolles Bild vom Grad der Medienglaubwürdigkeit wie von den Ausmaßen des Manipulationsbewußtseins unter der Bevölkerung.

Der wirkungsgeschichtliche Ansatz in der Propagandaforschung bzw. die Thematisierung der Meinungsforschung ist mit Ausnahme einiger quellenkundlicher Zeitschriftenaufsätze [54] erst Ende der siebziger Jahre wieder aufgegriffen worden. [55] Die Entdeckung von »Alltag« und »Lebenswelten« in den Sozialwissenschaften hat dabei innerwissenschaftlich Pate gestanden. Angeregt und politisch motiviert wurde sie auch durch die Holocaustdiskussion [56] sowie vor allem durch eine akut werdende neofaschistische Gefahr [57], die sich unter dem entpolitisierenden Deckmantel der sogenannten »Hitlerwelle« [58] bereits seit Mitte der siebziger Jahre angekündigt hatte. Freilich trifft die Feststellung eines eingeschränkten Forschungsinteresses an Propaganda im wesentlichen nur auf den rezeptionsorientierten Ansatz zu, denn sowohl in der breiten faschismustheoretischen Debatte [59] der letzten Jahre, wie in einer Reihe von Einzeluntersuchungen zu kulturellen Phänomenen im Faschismus, stand Propaganda und Ideologie immer auch im Mittelpunkt des Erkenntnisinteresses. [60]

Unser Interesse an einer – sowohl von der älteren Propagandaforschung, wie von neueren Ansätzen vernachlässigten – systematischen Einbeziehung der Rezipientenforschung in die Untersuchung der Formierung von Massen im Faschismus läßt sich inhaltlich am Aufzeigen von methodischen Schwächen ideologiekritischer Propaganda- und Sprachanalysen am stichhaltigsten begründen.

Gerade die Nutzung der Befunde nationalsozialistischer Meinungs-Kontrolle gestattet es – wie zu zeigen ist –, einige Aporien seitheriger Interpretationen zu vermeiden. Eine solche Aporie liegt zum Beispiel darin, alle Texte unabhängig von ihrem situativen und adressatenspezifischen Kontext auf allgemeine Merkmale ›faschistoider‹ Sprache und auf ein typisch faschistisches Ideenagglomerat hin zu untersuchen (abgesehen davon, daß schon die Bestimmung dieses Agglomeratcharakters – wie zu zeigen war – in der Regel problematisch bleibt). Dieses Herangehen wird darin aporetisch, daß gleichsam alle Texte wie einer interpretiert werden bzw. jeder Text nur daraufhin untersucht wird, wieweit er einem idealtypischen faschistoiden Ideenagglomerat entspricht. Zunächst wird dabei schon in aller Regel die Spezifik von Gattung und Genre in Bezug auf verschiedene Funktionen der Bildung gesellschaftlichen Bewußtseins im allgemeinen überschlagen. Die Unterscheidung von Theorie, Ideologie und Gesellschaftlicher Psychologie wäre aber auch insofern fruchtbar zu machen, als theoretische Texte (z.B. Carl Schmitts Schriften), ideologie- bzw. weltanschauungsbildende Texte (z.B. Rosenbergs *Mythus*) oder einstellungsverändernde, auf die situationsgebundene Gesellschaftliche Psychologie von Bevölkerungsgruppen zielende Kommunikate (Propaganda) im Hinblick auf Funktion und Wirkung nicht ideologiekritisch eingeebnet werden, sondern der bloße Textbefund aus den speziellen Widersprüchen heraus interpretiert wird, die die jeweilige Gattung und das jeweilige Genre konstituieren. Dabei mögen sich nicht selten Befunde ergeben, die politisch sehr viel ergiebiger sind und mitunter sogar in einen gewissen Gegensatz zu den inhaltlichen Intentionen des jeweiligen Textes geraten, als es die ideologiekritische Betrachtungsweise ermöglicht, die den Text zwar historisch interpretiert, aber dennoch unter weitgehender Ausblendung von Funktionen und situativen Kontexten nur aus sich selber reden läßt. [61]

Von besonderer Bedeutung wird dieses aporetische Herangehen nun bei der propagandistischen Textgattung, da die Vernachlässigung von spezifischer Funktion und aktuellem Kontext die Wirkungsmöglichkeiten der politischen Rede besonders deutlich verfehlt. Wird aber versucht, dieser Aporie auszuweichen, muß sich die Analyse darum bemühen, Funktion und Kontext nicht aus pauschalen Annahmen zu deduzieren, sondern möglichst empirisch zu erfassen. Ohne die Heranziehung der »Meldungen aus dem Reich« dürfte dies für massenpropagandistische Texte kaum leistbar sein. Überdies war es ja gerade die Aufgabe dieser Meldungen, dem Propagandasystem über die Bedingungen, die Wirkungen und die Bedingungen von Wirkungen in Bezug auf geplante oder abgeschlossene Propagandaaktivitäten Informationen zur Verfügung zu stellen. Die Voraussetzungsforschung, die Propaganda in komplexen Gesellschaften für ihre Praxis benötigt, bezieht sich auf die gleichen Fragen, die der Theoretiker beantworten muß, wenn er propagandistische Kampagnen analysieren will.

Ein weiteres Problem besteht darin, daß ohne Berücksichtigung konkreter Kontexte der Theorie von der ›Allmacht‹ lediglich die Vermutung einer sich selbst immer wieder paralysierenden Propaganda entgegengesetzt werden konnte. Die relative Macht wie die notwendige Ohnmacht nationalsozialistischer Propaganda werden dabei nicht nur verzerrt interpretiert, sondern auch gegen die realen Funktionszusammenhänge aus bloßen Postulaten konstruiert. Postulierte nämlich die These von der totalitären Gleichschaltung der Köpfe, daß eine solche Gleichschaltung am besten mit einer einheitlichen Ideologie erreicht werden könne (der faschistischen Ideologie wurde denn auch prompt eine solche Einheitlichkeit und Stereotypie bescheinigt), so müssen Autoren, die entgegen solcher These entdekken, daß es sich um ein vielfältiges und widersprüchliches Gesamt von Intentionen und Aussagen handelt, nun in schlechter Umkehrung zum Postulat einer offensichtlichen Ineffektivität nationalsozialistischer Propaganda gelangen. Die relative Heterogenität begründet nun aber gerade die in Grenzen optimale Effektivität: da sie keineswegs, wie häufig vermutet wird, lediglich Ausfluß persönlicher Willkür und Resultat der Konkurrenz von Instanzen und Personen darstellt, sondern häufig dem gewandelten Kontext und der Spezifik einer anderen Adressatengruppe oder der veränderten Funktion folgt, begründet sie gerade Flexibilität und damit Effektivität der propagandistischen Einstellungsbildung. Die Ineffektivität dagegen entspringt nicht dieser Vielfalt, sondern den durch kein ideologisches Aufgebot zu eskamotierenden Widersprüchen zwischen den Interessen der Bevölkerungsmehrheit und den partikularen Interessen der Machteliten in Wirtschaft, Politik und Militär. [62] Das empirische Material zur adäquaten Ableitung beider an sich richtigen Befunde bieten wiederum vor allem die »Meldungen aus dem Reich« – im Spiegel dieser Berichte läßt sich sowohl die Flexibilität der Versuche ablesen, dem Prozeß des in die Erscheinung tretenden Klassenantagonismus entgegenzuwirken, als auch schließlich das notwendige Scheitern dieser Versuche, das schon mit der Auflösung des Apparates der Meinungs-Kontrolle eingestanden wird.

## 2. Diskussion der Befunde nationalsozialistischer Meinungs-Kontrolle

### *Themen und Bezugskategorien der informellen Meinungsbildung*

Um die Befunde nationalsozialistischer Meinungs-Kontrolle nun in ihrer Bedeutung für eine konkrete Analyse der Gesellschaftlichen Psychologie diskutieren zu können, müssen jene Themenkomplexe und Ereignisse herausgearbeitet werden, zu denen Einstellungen und Haltungen der Bevölkerung, die sich in der Sphäre der informellen Massenkommunikation manifestieren, vom »Meinungsforschungsapparat des Denunziantentums« erhoben werden. Bei der Darstellung der Inhalte der informellen Massenkommunikation wird dabei in der Hauptsache auf jene Themenkomplexe einzugehen sein, an denen sich die spezifischen Integrationsprobleme konturieren lassen, welche die nationalsozialistische Propaganda in der hier exemplarisch zu analysierenden Situation zu bewältigen hatte.

Obwohl erst eine systematische und interdisziplinäre Erforschung der Materialien aus den »Meldungen« und aller relevanten Paralleldokumente [63] auch für eine begrenzte historische Kommunikationssituation verläßliche Ergebnisse erzielen könnte, geht es beim gegenwärtigen Forschungsstand vor allem darum, in ersten Überblicken die Ergiebigkeit solcher Forschungsvorhaben aufzuweisen. In diesem Sinne versuchen die folgenden Skizzen zu wesentlichen Themen der informellen Meinungsbildung Vorgriffe auf eine solche systematische Erschließung zu leisten, für die zum Abschluß einige allgemeine Forderungen abgeleitet werden sollen.

Die genaue Kenntnis der Befunde der Meinungskontrolle ermöglicht es, zentrale Thesen solcher Theorien, die von einer faszinierten, ›überredeten Masse‹ ausgehen, nicht nur methodologisch und einzelwissenschaftlich infrage zu stellen, sondern von einer Interpretation der Inhalte des Massenbewußtseins selbst. Dem spätkapitalistischen Sozialcharakter und insbesondere dem deutschen Nationalcharakter zugeschriebene Merkmale wie übersteigerter Nationalismus und Militarismus, Anfälligkeit für irrationale Gemeinschaftsideologie, Autoritäts- und Obrigkeitshörigkeit sowie extreme Außengelenktheit sind bei Konfrontation mit dem Material der Meinungs-Kontrolle nicht länger so umstandslos konstatierbar wie bisher. [64] Für die Kritik solcher Theoreme haben die zentralen Themenkomplexe der »Meldungen aus dem Reich« besondere Relevanz: Aufschluß über die begrenzte Wirkung nationalistischer und militaristischer Einstellungen geben vor allem Befunde über die ›Volksmeinung‹ zu verschiedenen Dimensionen des ›*Kriegsgeschehens*‹. Ob das soziale Lagebewußtsein im irrationalen Sog der ›Volksgemeinschaft‹ unterging, kann an Aussagen überprüft werden, die in der informellen Kommunikation über den Themenkomplex ›*soziale Folgen des Krieges*‹ (vor allem Versorgungslage und Arbeitsbedingungen) erhoben wurden. Die Wirkung des auf Autoritätshörigkeit abzielenden Führer-Imagos wird relativierbar, wenn der Prozeß von bloß renitenter ›*Bonzenkritik*‹ zur politischen Kritik an Führungspersonen, den die ›Meldungen‹ konstatierten, vor Augen steht. Die These von der ›außengelenkten Masse‹ schließlich kann mit Befunden konfrontiert werden, die eine fortschreitende Distanzierung gegenüber dem politischen System am Symptom wachsender ›*Medienkritik*‹, einer zunehmenden Verselbständigung der informellen Kommunikation, signalisieren. Den Themenkomplexen Krieg, sozialer Alltag und Propaganda gehört daher in der Fülle der Erhebungen das vorrangige Interesse.

Entscheidend für die Modifikation von Meinungen und Einstellungen sind die materiellen, sozialen und psychischen Auswirkungen realgeschichtlicher Vorgänge. Für den Untersuchungszeitraum handelte es sich dabei vornehmlich um die verschiedenen Auswirkungen des Krieges an den Fronten und in der Heimat. Insbesondere standen die militärischen Entwicklungen an der Hauptfront im Osten, die Forcierung des Bombenkrieges durch die Westalliierten und der Verfall der faschistischen Koalition im Mittelpunkt des öffentlichen Interesses. Determiniert wurde die Verarbeitung dieser Vorgänge zum einen von dem sozialen Erfahrungskontext, der bei einzelnen Gruppen der Bevölkerung variierte, zum anderen vom ideologischen Standort der jeweiligen Rezipienten: Erfahrung, Grad der Betroffenheit und ideologisches Weltbild modifizieren die jeweilige ›Stimmung‹. [65] Veränderungsprozesse innerhalb des gesellschaftlichen Bewußtseins stellten sich auch in der akzelerierenden Krise des faschistischen Systems weder mechanisch (mit den allgemein eintretenden Verschlechterungen der ökonomischen und sozialen Bedingungen) ein, noch erfolgten sie einheitlich. Während die Lebens- und Arbeitsumwelt schichtenspezifisch, regional und situativ unterschiedlich erfahren wurde und dementsprechend auch eine differenzierte Einstellungsbildung zur Folge hatte, waren die Einstellungen bezüglich der Frontereignisse einheitlicher. Die Differenzierung im ersten Fall zeigte sich, wie Dröge belegt hat, vor allen Dingen an den Inhalten und der Verarbeitungsfrequenz verschiedener Gerüchte: »Geld- und Ernährungsschwierigkeiten werden je nach Besitzstand und sozialer Lage sehr unterschiedlich erfahren und kommunikativ verarbeitet«. [66] Auf diesen Zusammenhang wird weiter unten bei der Diskussion der Inhalte der ›Meldungen‹, die sich auf den Themenkomplex »soziale Folgen des Krieges« beziehen, näher eingegangen. Hier soll zunächst das dominante Thema »Krieg und Kriegsereignisse« in seiner kommunikativen Verarbeitung durch die Bevölkerung angeschnitten werden.

### *Einstellungen der Bevölkerung zum Krieg*

Untersucht man auf der Basis der ›Meldungen‹ die *Einstellungen der Bevölkerung zum Krieg*, so läßt sich zeigen, daß die Unterstellung einer allgemeinen militaristischen Disposition nicht haltbar ist. Außer bei einem Teil der durch die HJ und andere NS-Organisationen erzogenen Jugend und ihrer ›Vorbilder‹ aus der Schule des preußisch-deutschen Generalstabs gab es in der Bevölkerung kaum positive Einstellungen zum Krieg. Sozialpsychologische Theoreme vom »aggressiven Nationalcharakter der Deutschen« [67] erweisen sich angesichts des wirklichen Verhaltens der Massen als konstruiert. Ebenso vermag die Kenntnis von den Einstellungen der Bevölkerung zum Krieg jene wissenschaftlichen Ansätze infrage zu stellen, die den Versuch einer ›totalen Mobilisierung‹ von vornherein mit deren Erfolg identifizierten. [68] Schon ein nur oberflächlicher Vergleich der ›Massenstimmung‹ vor dem Ersten und vor dem Zweiten Weltkrieg kann die Plausibilität dieser Hypothesen stützen. Während im August 1914 ein wahrer Begeisterungstaumel über die angebliche nationale Verteidigung in Deutschland vorherrschte – die Massen interpretierten den imperialistischen Krieg, dessen wahre Ziele von den jeweiligen Regierungen verhüllt worden waren, als Verteidigung auf einen Angriff gegen ›ihre‹ Nation – lösten die Ereignisse von 1939 eher eine resignative und bedrückende Stimmung aus. Die Erfahrungen des Ersten Weltkriegs und der Nachkriegskrise sowie die unübersehbar auf den nächsten Krieg hintreibende Entwicklung des Dritten Reiches hatten in der Bevölkerung diese Einstellungsveränderung bewirkt. Wurde die Aufrüstung als Mittel der Krisenbeseitigung und der Arbeitslosigkeit auch weitgehend kommentarlos hingenommen [69], so hatten die Demonstrationen militärischer Macht, die schon vor 1939 zur Erpressung anderer Nationen eingesetzt worden waren, die Furcht vor einem Krieg wachsen lassen. [70] Die Überwältigung Österreichs, die mit diplomatischen Mitteln geführte Erpressung der Angliederung des Sudetengebiets auf der Münchner Konferenz und die Liquidierung der Tschechoslowakei mit ihren möglichen kriegsauslösenden Konsequenzen hatten die Kriegsfurcht ständig anwachsen lassen.

Bei der Mehrheit der Bevölkerung wiederholte sich mit Beginn der außenpolitischen Krisen, die dem Krieg unmittelbar vorausgingen, eine ähnliche Stimmung wie bei der Sudetenkrise ein Jahr zuvor. Schon damals entstand in der Bevölkerung eine Haltung, die einem ›gelähmten Entsetzen‹ nahekam. Die passive, ja feindselige Haltung der Menschen gegenüber einer in Berlin stattfindenden Militärparade, welche die nationalsozialistische Führung als »Stimmungstest« inszenierte, war ein deutlich sichtbarer Ausdruck der wirklichen Massenstimmung. Ihre Charakterisierung als »widerwillige Loyalität« [71] trifft recht genau die Diskrepanz zwischen den offizell erwünschten und den tatsächlichen Einstellungen. Auch die Berichtsinstanzen des Partei- und Staatsapparats registrierten diesen Sachverhalt. Allerdings hoben sie hervor, daß es trotz der offensichtlichen Ablehnung des Krieges im allgemeinen eine »ruhige und gefaßte Haltung« im Volke gebe. [72] Mit dieser Darstellung der vorherrschenden Apathie versuchten die NS-Demoskopen, die NS-Führung in ihren zukünftigen Vorhaben zu bestärken. In der Unterscheidung von »Stimmung« und »Haltung«, wie sie später im Sprachduktus der ›Meldungen‹ durchgängig anzutreffen ist, drückt sich indirekt aus, daß unter totalitären Bedingungen Erfahrungen, die zwar einen Wandel der subjektiven Einstellung hervorrufen, nur eine bedingte Verhaltensänderung bewirken mögen, da diese stets durch terroristische Sanktionen bedroht ist. [73] Mit der Feststellung, daß sich trotz ›Stimmungsumschwung‹ die ›Haltung‹ nicht verändert habe, bescheinigten sich die Nationalsozialisten also eher den Erfolg ihres terroristischen Einschüchterungsapparats als die persuasive Wirkung ihrer Propaganda.

Die antimilitaristische Grunddisposition der Mehrheit des Volkes blieb den ganzen Krieg hindurch bestehen. Sie erfuhr allerdings den jeweiligen Kriegsereignissen entsprechende Modifikationen. An den situationsabhängigen Inhalten der bald nach Beginn des Krieges aufkommenden Friedensgerüchte läßt sich dies nachweisen. Am 10. Oktober 1939 zum Beispiel verbreitete sich das Gerücht, die englische Regierung und der englische König hätten abgedankt und es sei ein Waffenstillstand abgeschlossen worden. [74] Diese Nachricht führte zu spontanen Freudendemonstrationen; das offizielle Dementi in den Medien dagegen zu tiefer Niedergeschlagenheit. [75]

Mit den militärischen Erfolgen bis zum Spätherbst 1941 veränderte sich die Einstellung der Menschen zum Krieg insofern, als die sogenannten ›Blitzsiege‹ den Nationalstolz reaktiviert hatten und es den Nationalsozialisten auf der Grundlage dieser Siege gelang, weite Kreise in Deutschland mit dem Versprechen eigener Vorteile, die aus den Eroberungen zu ziehen waren, zu korrumpieren. Die *nationale Demagogie* errang durch diesen

Realhintergrund eine relativ breite Wirkung. Sie konnte gleichwohl nur suspensiven Charakter haben, da die erzeugten Erwartungshaltungen längerfristig auf Realisierung drängten. Gleichwohl konnte auch dieser propagandistisch induzierte Einstellungswandel die Friedensorientierung der Massen nicht völlig ausschalten. Der Wandel der Friedenswünsche kann dafür als fortlaufender Kommentar interpretiert werden.

Hatten diese Wünsche vom Oktober 1939 bis Dezember 1940 zum Inhalt, daß man den *Krieg vermeiden bzw. sofort beenden* sollte, so verschob sich aufgrund der militärischen Erfolge ihr Inhalt in der Zeit vom August 1941 bis August 1942 auf die Forderung nach einem ›Siegfrieden‹. Seit Sommer 1942, nachdem die Versprechungen der politischen und militärischen Führung, den Krieg in dieser Zeit ›siegreich‹ zu beenden, nicht in Erfüllung gegangen waren, erfolgte ein allmählicher Stimmungswechsel in der Bevölkerung. Hatten die ›Meldungen‹ am 31. August 1942 noch eine Schwankung zwischen »übertriebenem Optimismus« und »ernster Besorgnis« [76] registriert, so geben die Stimmungsberichte des folgenden Monats eine sich deutlich in negativer Richtung verschärfende Tendenz wieder. Der folgende Report umreißt die damals herrschende Meinungskonstellation: »Die Einstellung des Großteils der Bevölkerung ist nach Ablauf von drei Kriegsjahren durch eine gewisse Resignation gekennzeichnet, die teilweise sogar in stärkerem Maße Anzeichen einer Kriegsmüdigkeit zeigt und vielfach in Äußerungen des Inhalts Ausdruck findet, ›Wer hätte nach den großen Erfolgen zu Beginn des Krieges daran gedacht, daß der Krieg einen derartigen Verlauf nehmen und so lange dauern werde?‹ oder: ›Wie lange wird der Krieg noch dauern?‹, ›Ein Ende ist immer noch nicht abzusehen!‹ oder: ›Was wird uns noch alles bevorstehen?‹«. [77] An diese Fragen wird die Propaganda anknüpfen und mit dem demagogischen Trick, daß die Bevölkerung am Anfang des Krieges dessen Verlauf ja auch nicht vorausgesehen hätte, versuchen, die Schuld an den »Versäumnissen der Kriegführung« in einer Art ›Irrtumsrabulistik‹ auf die Volksmassen abzuwälzen. Die zitierten Fragen signalisieren aber auch die in diesem Zeitraum einsetzende Veränderung der Friedenserwartungen.

Schon vor der Phase der akzelerierenden Krise im Zweiten Weltkrieg, die mit der Niederlage bei Stalingrad eintrat, rechnete der demoskopierte »Volksgenosse« nur noch mit einem ›*Kompromißfrieden*‹. Schon die Erwartungen, die sich auf einen ›Siegfrieden‹ bezogen, waren mit der Vorstellung verbunden, daß eine solche Entwicklung nur durch »harte Kämpfe« gegen einen gleichwertigen, wenngleich – wie viele noch glauben wollten – schon entscheidend geschwächten Gegner zu erreichen sei. Diese Interpretation zeigte gegenüber dem vorher weit verbreiteten Optimismus schon eine gewisse Realitätsannäherung, die freilich aufgrund fehlender

Informationen über die objektiven Kräfteverhältnisse der sich gegenüberstehenden Militärpotentiale immer noch von falschen Voraussetzungen ausging. Nur vereinzelt äußerten sich Stimmen, die auch zu diesem Zeitpunkt schon ein Aufholen des Rüstungspotentials der Alliierten gegenüber dem der faschistischen Mittelmächte annahmen. [78] Den realen Hintergrund dieser Annahmen bildeten die steckengebliebenen Offensiven der faschistischen Armee an der Ostfront im Herbst 1942 und die mit der Landung der Alliierten in Nordafrika verschärfte Entwicklung der Kriegslage im gleichen Zeitraum. Beide Entwicklungen konterkarierten den offiziellen Optimismus. Die Offensiven der Alliierten in Afrika und in der Sowjetunion wurden in der informellen Kommunikation als »Teil eines gigantischen Planes zur Niederwerfung der Achsenmächte« [79] interpretiert. Eine weitreichende Beunruhigung, daß die Zeit für den Gegner arbeite, machte sich breit. Man nahm an, daß die westlichen Alliierten die Möglichkeit hätten, in Ruhe jede Menge Truppen und Material anzuhäufen.

Mit der Feststellung, »daß die neuesten Ereignisse zwar nicht kriegsentscheidend, aber kriegsverlängernd wirken« [80], beglaubigten die Berichte des SD vom 12. November 1942 diesen in der Bevölkerung sich allgemein durchsetzenden Trend. Das Ausbleiben von Siegesmeldungen, mit denen in den vorausgegangenen Jahren die Belastungen des Kriegsalltags noch in gewisser Weise kompensiert werden konnten [81], verstärkte die Hinwendung zu einer pessimistischen Einschätzung der Kriegssituation in der Bevölkerung. An einzelne Erfolgsmeldungen knüpften sich dennoch immer wieder illusionäre Erwartungen. Gegen diese Art von Optimismus und die damit verbundenen Illusionen, die freilich von der offiziellen Siegpropaganda selbst erzeugt worden waren, mußten jetzt um des notwendigen Kampfeinsatzes gegensteuernde Propagandamaßnahmen eingeleitet werden. [82] Die Presseorgane und der Rundfunk wurden angewiesen, auf den Charakter des Krieges als »Weltkrieg« aufmerksam zu machen und darauf hinzuwirken, daß die »illusionistische Stimmung im Reich etwas gedämpft« [83] werde. Diese Maßnahmen erwiesen sich als notwendig, um den immer stärker werdenden Wunsch nach einem ›Kompromißfrieden‹ zu unterdrücken und die Bevölkerung auf die Fortsetzung des Krieges zu orientieren. Daß diese Vorstellungen der Bevölkerungsmehrheit vom Standpunkt der herrschenden Klasse aus unannehmbar waren, kommt in einem Kommentar der Meinungsforscher zum Ausdruck: Sie erklärten sich die Entstehung dieser Forderung damit, daß offensichtlich »nur sehr wenige Volksgenossen eine wirkliche Vorstellung von den eigentlichen Kriegszielen« besaßen. [84] Diese Fehlorientierung aber verhinderte keineswegs die zunehmende Realitätsannäherung in der öffentlichen Meinung. Die anwachsenden Versorgungschwierigkeiten, die Einschränkungen auf allen Gebieten des täglichen Lebens in den drei Kriegsjahren, »die an Heftigkeit und Umfang ständig zunehmenden Luftangriffe, die Sorgen um das Leben der Angehörigen an der Front und nicht zuletzt das Blutopfer der Soldaten und der in der Heimat feindlichen Luftangriffe zum Opfer gefallenen Zivilbevölkerung« [85], waren Belastungen, die einen immer stärkeren Einfluß auf die allgemeine Stimmung ausübten und immer mehr den Wunsch nach einem baldigen Kriegsende hervorriefen. Dieser Wunsch blieb auch lebendig, als die durch die faktischen Ereignisse an den Fronten nahegelegte Einschätzung, daß der deutsche Imperialismus endgültig in die Defensive geraten und der Krieg nur noch durch einen ›Verlustfrieden‹ zu beenden sei, sich durchsetzte.

Die hier exemplarisch am Verlauf der Vorstellungen vom Sieg-, Kompromiß- und Verlustfrieden nachgezeichnete Stimmungsentwicklung, deren Kompromißcharakter aus Realitätseinsicht und illusionärer Hoffnung sich in den die Ereigniskonstellationen nachvollziehenden Schwankungen durchhält und die selbst in der Vorstellung vom Verlustfrieden noch einen relativ verlustarmen Ausgang des Krieges antizipiert, erfährt mit der kriegsentscheidenden Niederlage bei Stalingrad einen qualitativen Umschlag.

Am 31. August 1942 wurde Stalingrad zum erstenmal in den »Meldungen« erwähnt. Dieser Name tauchte auch in den folgenden Monaten immer wieder auf. [86] Ende September 1942 berichteten die »Meldungen«, daß die meisten Menschen »wie hypnotisiert« den Radiomeldungen über die dortige Entwicklung lauschten. Steinert, die hervorhebt, daß Stalingrad zum »Symbol der Wende« wurde, weist auf diesen Tatbestand hin, indem sie den Symbolwert Stalingrads einem spezifischen Prozeß der Bewußtseinsformung zuschreibt. Es muß aber gezeigt werden, daß diese quasi numinose Aura des Ereignisses konkrete Ursachen hatte. Die magische Bedeutung dieses Namens wird verständlich aus den historischen Folgen, die hier ihren Ausgangspunkt nehmen. [87]

Mit der sich anbahnenden Niederlage bei Stalingrad verdichteten sich die Befürchtungen, daß ein erfolgreicher Ausgang des Krieges nicht mehr möglich sei. Das Wort von der »Wende des Krieges«, das sporadisch schon im Herbst 1942 aufgetaucht war, zog jetzt immer breitere Kreise. Immer deutlicher setzte sich eine realistische Einschätzung durch. Die NS-Meinungsforscher jedoch versuchten, den allgemeinen Stimmungsumschwung zu differenzieren: »Während die kämpferischen Naturen« – ihren Erkenntnissen zufolge – »Stalingrad als Verpflichtung zum letzten Einsatz aller Kräfte an der Front und in der Heimat empfinden, von diesem Einsatz aber auch den Sieg erhoffen, sind die labileren Volksgenossen geneigt, im Fall von Stalingrad den Anfang vom Ende zu sehen«. [88] Wenn diese Unterscheidung auch angesichts der sonst registrierten Stimmungslage auf den ersten Blick noch als Schönfärberei erscheint, so liegt ihr doch ein realer Kern zugrunde. Die Überzeugung von der »abendländischen Mission« und der zähe Traum von der »Ostkolonisation« mochte die Notwendigkeit zur Fortsetzung des Kampfes geringer motivieren als ein anderer Grund, der den propagandistischen Haßtiraden gegen den »bolschewistischen Feind« Glaubwürdigkeit verlieh. Das verbreitete »Schreckgespenst des Bolschewismus« war weit weniger die originäre Leistung der »Untermenschenpropaganda« aus der Goebbelsschen Propagandawerkstatt, als das bestürzte Gewahrwerden, daß die gemeinsam begangenen Verbrechen gegen das sowjetische Volk [89] dem künftigen Sieger das Gesetz der Rache diktieren würde.

Die erwartete Strafe band sie um so enger an eine Perspektive, die ihren Ausdruck nur in der Vorstellung vom »Kampf bis zum letzten Mann« finden konnte. Auch die als labil charakterisierte Haltung der Mehrheit der Bevölkerung trifft durchaus einen realen Sachverhalt. Trotz der Einsicht in die Ausweglosigkeit des Krieges bildete sich kein breites *aktives* antifaschistisches Potential heraus. Ein großer Teil der Bevölkerung flüchtete sich immer noch in die von der offiziellen Propaganda gelieferte Interpretation der Ereignisse. Im Meinungsspiegel, den der Sicherheitsdienst von dieser Phase anfertigte, ist das zwischen Realistik und Phantastik changierende Bewußtsein dokumentiert.

Der realistischen Auffassung, »ein dritter russischer Kriegswinter unter ähnlichen Bedingungen wie die beiden ersten [sei] insbesondere [...] hinsichtlich der Kampfkraft des Gegners [...] undenkbar«, steht immer noch der illusionäre Wunschtraum gegenüber, »daß im Sommer [...] die Entscheidung im Osten fallen [müsse]«. [90] Der nüchternen Einsicht, der Rückzug habe die Opfer und Kämpfe des Vorjahres ganz umsonst erscheinen lassen, steht die partiell gelingende propagandistische Induktion von Hoffnung auf einen dennoch möglichen offensiven Gegenschlag gegenüber. Die Brüchigkeit dieser Hoffnung verleiht ihr einen wahnhaften Zug, der das Wissen um die Unmöglichkeit des Erfolges durch den Glauben an rettende Schicksalsmächte auszuhalten versucht. »Im Augenblick«, so umreißen die Meinungsforscher nur wenige Tage nach der Niederlage bei Stalingrad die öffentliche Meinung, »könne allein der Glaube an die noch unerschlossenen, freilich aber auch letzten Kraftreserven und an die Gerechtigkeit des Schicksals die Grundlage unseres Durchhaltewillens und die Hoffnung auf den Sieg bilden«. [91]

Neben der beschriebenen *Stimmungsveränderung* hatten die Ereignisse um Stalingrad aber auch unmittelbare Auswirkungen auf das *Verhalten*: In den »Meldungen« mehren sich von diesem Zeitpunkt an die Klagen über einen Verfall der Moral bei der Truppe. Briefe von Stalingrad-Kämpfern, die von der Propaganda ausgewertet wurden, hatten ergeben, daß sich nur 2,1 v.H. zur Kriegsführung positiv äußerten, 57,1 v.H. dagegen ablehnend verhielten; 4,4 v. H. zweifelten die strategischen Entscheidungen an und 3,4 v.H. standen schon in deutlicher Distanz zum Nationalsozialismus. [92]

Die Berichte vom Verfall der Kampfmoral wurden ergänzt durch Meldungen, die von zunehmender Korruption im Hinterland der Fronten berichteten. Nach einer Notiz in Goebbels »Tagebuch« haben sich die rückwärtigen Gebiete »zu wahren Korruptionsstätten« ausgebildet. [93] Diese Entwicklung wurde auch von den offiziellen Stellen immer häufiger erörtert. In einem Schreiben an das Reichspropagandaamt Württemberg-Hohenzollern werden die Auswüchse in der Etappe drastisch geschildert: »[...] ich mache mir schwere Sorgen, ob der französischen Hure nicht der Erfolg beschieden ist, der dem französischen Soldaten versagt blieb, nämlich die deutsche Schlagkraft zu zerbrechen. Es ist keine Geschlossenheit mehr, kein gemeinsamer Wille, keine Opferbereitschaft, nur noch Huren, Saufen, Schwelgen und Prassen, kein Wille mehr, um jeden Preis zu siegen [...]«. [94] Pessimismus in der Truppe, unter Offizieren und Mannschaften, eine – wie es hieß – »miese Stimmung« [95] in den Kasernen und eine sich anbahnende Distanz von Teilen des Offizierscorps zum NS-Staat rundeten das Bild ab. Die propagandistischen Ideale »völkischer Gemeinsamkeit«, die seit je mehr Wunschbild als Realität gewesen waren, wurden durch das tatsächliche Verhalten in dieser Zeit endgültig dementiert: »Von Kameradschaft, Gemeinschaftssinn oder Nationalsozialismus keine Spur!«. [96]

Aus den nachgezeichneten Einstellungen der Bevölkerung zum Krieg wird deutlich, daß es dem nationalsozialistischen Propagandaapparat weder gelungen war, die ideologisch intendierte Kriegsethik im Bewußtsein breiterer Volksmassen zu verankern noch für militärische Krisenzeiten ein verläßliches moralisches Potential zu erzeugen. Immer war dieser Apparat deshalb darauf angewiesen, die wahren Ziele der imperialistischen Politik durch Sprachregelungen zu verschleiern und die Bedeutung historischer Ereignisse durch Wortfälschungen zu beschönigen: Seit 1933 war die moralische Rechtfertigung der Mobilisierungsmaßnahmen für die imperialistische Expansion auf die Vokabeln vom »Verteidigungskrieg« angewiesen und mußte selbst die kriegerischen Handlungen, die mit dem Polenfeldzug begannen, als »Polizeiaktion« tarnen. Der systemimmanente Zwang des faschistischen Staates zur Militarisierung aller gesellschaftlichen Bereiche fand zwar seinen Ausdruck in den öffentlichen Sprachmanifestationen, insbesondere in den Schriften der konzeptiven Planer des totalen Krieges und in den Verlautbarungen der Institutionen, die die Jugend für den kriegerischen Ernstfall zu schulen hatten [97]; in der allgemeinen Massenpropaganda aber, in der auf die Dispositionen der Massen Rücksicht genommen werden mußte, war der martialische Grundtenor der öffentlichen Sprache vermischt mit heterogenen Elementen, die von pseudoreligiöser Innerlichkeit bis zu pseudorevolutionären Kampfgesten reichten. [98]

### *Versorgungslage und »Technik der Entvölkerung«*

Bei ihrem Bestreben, mit »seismographischer Präzision« die Ursachen für das weitgehend passive Verhalten der Bevölkerung zu erforschen und zu erklären [99], stießen die SD-Meinungsforscher immer wieder auf die *sozialen Folgen des Krieges*, die um so gravierender wurden, je länger er dauerte. An den Themenkomplexen *Versorgungslage* und *Arbeitsbedingungen* werden die sozialen Auswirkungen in der »Stimmungslage« der Bevölkerung greifbar. An ihnen erweist sich, wie sehr das objektive »Desinteressement der unterdrückten Klassen am Krieg« [100] mit sich verschärfenden Kriegsbelastungen auch zur subjektiven Einsicht in den sozialen Charakter des Krieges führte. Während sich die Klassengegensätze im Hinblick auf den Kriegsalltag noch verwischen ließen, weil es prinzipiell jeden »treffen« konnte (wenngleich auch hier UK-Stellungen und die »besten Plätze« den politisch und sozial Privilegierten vorbehalten waren), blieben sie im Arbeitsalltag durch die unterschiedliche Verteilung der Lasten stets präsent. Die unmittelbaren Erfahrungen im Arbeitsalltag überführten die vorgebliche Solidarität der paramilitärischen Massenverbände (Arbeitsdienst, SA, HJ, NSV, KDF) und den »Kollektivismus des Kriegserlebnisses« der Ideologie, boten der Propaganda aber immer auch die Möglichkeit, an das verbreitete Bedürfnis nach gemeinsamen, solidarischem Handeln in pervertierender Weise anzuknüpfen. [101] Die kommunikative Verarbeitung der sozialen Bedingungen durch die Bevölkerung wird im folgenden breiter behandelt, weil sich darüber die Frage nach dem persuasiven Spielraum des weltanschaulichen Idealismus und des prätendierten Universalismus der Volksgemeinschaftsideologie beantworten läßt. Es gilt dabei zu zeigen, inwieweit die aus den sozialen Erfahrungen der Klassengesellschaft resultierenden Inhalte des Alltagsbewußtseins (Gesellschaftliche Psychologie) die Perzeption der Realität steuerten und gegen die designierten Parolen des monopolisierten Kommunikationssystems einnahmen, sofern die Meinungs-Formierung durch die faschistische Propaganda nicht glaubwürdig am Interessenbewußtsein der Massen anknüpfte.

Zwischen Frontgeschehen und sozialen Folgen des Krieges bestehen engeZusammenhänge; ihr jeweiliger Einfluß auf die Stimmung und Haltung der Bevölkerung kann nur deutlich gemacht werden, wenn man diese Zusammenhänge im situativen Kontext betrachtet. Die formale Seite dieses Zusammenhangs hat Dröge herausgearbeitet. Durch eine Frequenzanalyse bestimmter Gerüchte, die er in Relation zu den konkreten Ereignissen setzte, konnte Dröge nachweisen, daß die Intensität, mit der die Ereignisse an den Fronten verfolgt wurden, abhängig war von den jeweils aktuellen Belastungen des Kriegsalltags. Das Frontgeschehen trat immer dann in den Hintergrund, wenn sich die Lebensbedingungen in der Heimat verschlechterten. Inhaltlich zeigte sich die Wechselwirkung der beiden Bezugskategorien *Frontgeschehen* und *Alltag* darin, daß die Einschätzung der Ereignisse in einem Bereich das Meinungsbild über den anderen mitprägte. Die stimmungsbelastenden Auswirkungen der Versorgungsprobleme und der Arbeitsbedingungen nahmen in dem Maße zu, wie sich die Kriegslage zuungunsten des deutschen Imperialismus wendete. Dieses Verhältnis registrierten die Meinungsforscher bereits im April 1942. In einer Meldung hieß es u.a.: »Die angespannte Versorgungslage hat bei einem Teil der Volksgenossen dazu geführt, daß sie beginnen, die militärische Lage und vor allem auch die *Kriegsaussichten unter dem Gesichtswinkel der Lebensbedingungen zu betrachten*«. [102] Im gleichen Bericht wird deutlich, wie verbreitet auch zu diesem Zeitpunkt schon die Ansicht war, dem Deutschen Reich seien »hinsichtlich Dauer und Führung des Krieges [...] Grenzen gesetzt«. [103] Diese Einstellung entstand dadurch, daß die Bevölkerung ihre Erfahrungen hinsichtlich der Versorgungskapazitäten auf die Produktionskapazitäten des Rüstungssektors übertrug. Warenmangel und Versorgungsengpässe, die sich im Laufe des Jahres 1942 immer deutlicher zeigten, wurden zunehmend als Ausdruck einer allgemeinen Krise verstanden. Sie riefen – nach den Recherchen des SD – eine »gedrückte und unzufriedene Haltung weiter Bevölkerungsteile« [104] hervor, deren Permanenz sich nach der Auffassung der Meinungsforscher aus der Tatsache erklärte, daß »ein Ende des Krieges kaum in Aussicht stehe«. [105]

Die Beschwerden über die soziale Misere verdichteten sich tendenziell zu einer *Kritik des politischen Systems*. Immer lauter wird in der informellen Kommunikation die Frage nach den »Ursachen« und den »Schuldigen«. Daß es dennoch zu keinem einheitlichen Prozeß »defaitistischer« Meinungsbildung kam, lag am unterschiedlichen regionalen, situativen und klassenspezifischen Ausmaß der Belastungen. Die unterschiedlichen »Kommunikationsdispositionen« wurden von diesen Determinanten bestimmt.

Ein deutliches Übergewicht hinsichtlich Frequenz und kritischem Tenor stellen die SD-Berichte für das Thema *Versorgungslage* vor allem in den größeren Städten fest, die gegenüber dem Land und den Kleinstädten Versorgungsengpässe kaum durch improvisierte Selbsthilfe regulieren konnten. [106] Mit den Schwierigkeiten der Nahrungsbeschaffung hatten vor allem die Frauen zu kämpfen, deren Meinungen wiederum entscheidend die allgemeine Stimmung beeinflußten: besonders unter Frauen wachse die »Nervosität und Mißstimmung«, berichtete der SD am 23. Juli 1942, ihre Ansichten begännen »sich immer mehr auch auf ihre Familienangehörigen zu übertragen, so daß in weiten Bevölkerungskreisen das Interesse am militärischen Geschehen durch die Sorgen und Nöte des Alltags, vor allem jedoch durch die anhaltenden Ernährungsschwierigkeiten zurückgedrängt worden sei«. [107] Kürzungen von Versorgungsgütern wurden immer mit Empörung aufgenommen: »Insbesondere nehme die *Arbeiterschaft* der Großstädte und Industriegebiete, die häufig schon die seitherige Versorgung als reichlich knapp ansah, nach den bisherigen Feststellungen vielfach eine Stellungnahme ein, die jegliches Verständnis für die Notwendigkeit der neuen Maßnahmen vermissen lassen [sic!]. Die Stimmung in diesen Bevölkerungskreisen sei auf einem im Verlauf des Krieges bisher noch nicht festgestellten Tiefstand angelangt [...]«. [108] In einem anderen Bericht wird ebenfalls deutlich, daß die Meinungsforscher den Zusammenhang von materieller Lage und Bewußtsein richtig erfaßten. In »vulgärmaterialistischer« Diktion, an der die wachsende Skepsis gegenüber den weltanschaulichen Parolen der Propaganda deutlich wird, notierte der SD-Abschnitt Leipzig: »Da der Magen bestimmend ist nicht nur für das Gesamtbefinden des einzelnen, sondern ebenso für das Gesamtbefinden des Volkes, so ist eine allgemeine Depression feststellbar. Die Siegeszuversicht und der Wille zum Durchhalten sind erheblich ins Schwanken gekommen«. [109] Wiederholt heben die Meldungen hervor, daß »das Gefühl, sich nicht mehr sattessen zu können, weil einfach nicht genug Nahrungsmittel beigeschafft werden können [...], vor allem die arbeitenden Volksgenossen« bedrücke. [110] Die Meinungsforscher und ihre Auftraggeber interessierten sich aber nicht allein für die Auswirkungen der Mangelerscheinungen auf die *Stimmung* der Volksmassen. Von besonderem Interesse waren auch die *realen Folgen der Unterversorgung* für die Leistungsfähigkeit der Kriegswirtschaft. Beklagt wurde nämlich ein rapider Leistungsabfall in den Betrieben, der ursächlich mit der Unterversorgung zusammenhing: Während Schwerstarbeiter »noch genügend bekamen, um einigermaßen ihre Leistungskraft zu erhalten, ist das schon zweifelhaft für die Schwerarbeiter. Bei den Lang- und Nachtarbeitern setzte bereits ein Nachlassen der Leistungskraft ein und noch bestimmter war das bei den normalen Arbeitern der Fall«. [111] Ein weiterer Effekt der Unterversorgung zeigte sich in den ständig wachsenden Krankenziffern, an denen sich der ohnehin schon akute Personalmangel ablesen ließ.

Lebensinteressen der Bevölkerung aber wurden nicht nur durch die geschilderte Misere auf dem Ernährungssektor tangiert, sondern auch durch eine *Verminderung des sozialen Besitzstandes*. Neben kriegswirtschaftlich bedingten Konsumrestriktionen, einzelnen Konfiszierungen, die von den Betroffenen in Gerüchten antizipiert wurden [112], waren es vor allem die Auswirkungen des im Herbst 1942 verschärft einsetzenden *Bombenkrieges*, die den Lebensstandard entscheidend einschränkten. Durch Zerstörungen wurde vor allem die Wohnungslage zunehmend desolater. Bis Kriegsende wurden – nach Berechnungen Kuczynskis – von 18 Millionen Wohnungen etwa ein Fünftel unbrauchbar: »Der Wohnstandard erreichte seinen tiefsten Stand seit dem Dreißigjährigen Krieg«. [113] Damit verbunden war eine z. T. empfindliche Reduzierung des Bestands an notwendiger Kleidung.

Die materiellen Dimensionen des Kriegselends aber wurden von den psychischen noch weit übertroffen. Die Luftangriffe der Alliierten erzeugten in den unmittelbar bedrohten Gebieten ein Klima ständiger Furcht und Unsicherheit. Kurzfristige Wirkungen bestanden in der »Auslösung von Erregungszuständen und Paniken, welche das öffentliche Leben einer Stadt für Tage lähmen konnten«. [114] Nach den Berichten des SD hatten schon die ersten Angriffe eine starke Beunruhigung erzeugt, die sich mit der Verschärfung des Luftkrieges kontinuierlich potenzierte und immer weitere Regionen einbezog: »Kommen wir heute nacht dran?«, lautete die bange Frage vieler »Volksgenossen« im bedrohten Westen Deutschlands. Parolen der alliierten Flugblattpropaganda hatten angeblich den Angriff auf Köln als »Lehrstück« bezeichnet, die Bombardierung von Mainz als »Gesellenstück«. Diese Parolen verselbständigten sich in der Gerüchtkommunikation dahingehend, daß die Menschen den Angriff auf ihre Stadt als das geplante »Meisterstück« antizipierten. [115] Mit der Ausdehnung des Bombenkrieges im Jahre 1943 nimmt die Furcht, die in der informellen Kommunikation in einer Art Galgenhumor verarbeitet wurde, ubiquitäre Ausmaße an: an der Tagesordnung waren Sentenzen wie »Thüringen und Hessen werden auch nicht vergessen« [116] oder »Münchner fahrt in die Berge oder kauft Euch Särge« und »Leipzig, Magdeburg und Halle und der Krieg ist alle«. [117] Neben der Realangst um Leib und Leben und der Vertiefung der verbreiteten Unsicherheit zeigten die Luftangriffe mehrschichtig langfristige Auswirkungen: sie beschleunigten die Erkenntnis der »Ohnmacht und Wehrlosigkeit« insbesondere der »deutschen Unterlegenheit in der Luft«, die mit der Dauer des Krieges auf die Gesamtkriegslage übertragen wurde. [118] Eine weitere Folge bestand in der zunehmend kritischen Haltung der Führung gegenüber. [119]

Folgt man den »Meldungen«, so riefen die Angriffe sowohl eine Distanz zur deutschen Kriegsführung als auch spontane Haßgefühle gegenüber den »Feindmächten« hervor. Von der Propaganda konnten diese wiederum im eigenen Interesse aufgegriffen und verstärkt werden. Wenn z. B. nach Bombenangriffen spontan geäußert wird, daß »die deutsche Kriegsführung [...] viel zu human [sei]. Mit dieser Humanität müsse endlich einmal Schluß gemacht werden« [120], so kann sich die politische Führung bei der Verschärfung militärischer Maßnahmen darauf berufen. Auf diesem Hintergrund konnte es der Propaganda teilweise gelingen, »Vergeltungswünsche« wachzuhalten und die tendenziell schon gegen das faschistische System gerichteten Stimmungen und Emotionen durch Ablenkung noch zu neutralisieren.

Welch starken Einfluß die extremen Lebensbedingungen auf die Meinungsbildung ausübten, stand den Verantwortlichen stets eindringlich vor Augen. Die Fragen der Rationierung von Lebensmitteln und Verbrauchsgütern ließ Goebbels deshalb auch in der Propaganda immer mit größter Vorsicht behandeln: [121] »Denn niemand wird auf wohlabgewogene Argumente hören, wenn ihm die Butter und das Fleisch weggenommen werden.« [122] Die immer wiederkehrenden Bedenken, daß die »Rationen nicht mehr zur absoluten Sicherstellung der Gesundheit und der Erhaltung der Reserven ausreichen werden« [123], verbinden sich mit dem ebenso stereotypen Furchtmotiv, »nun allmählich in Verhältnisse einzutreten, die denen des Weltkrieges im dritten Jahr in gewisser Weise ähneln. [124] Der nüchternen Realitätsprüfung im Goebbelsschen Tagebuch stehen jedoch Bagatellisierungen bei anderen Parteiprominenten gegenüber. Mit dem schon erwähnten Verarbeitungsmechanismus der Selbsttäuschung, der Stimmung und Haltung voneinander ablöst, versucht z. B. Bormann das Ausmaß des Stimmungseinbruchs in der Krise 1942/43 herunterzuspielen. In einem Brief an alle Gauleiter schreibt Bormann, daß »örtliche Verstimmungen, nervöse Überreizungen, Äußerungen unverbesserlicher Pessimisten und Ausflüsse der Angst und Feigheit bürgerlicher Spießer [seien] [...] Es stände jedoch außer Zweifel, daß trotz der unter dem Eindruck der Ereignisse wechselnden Stimmung die Haltung des Volkes und damit das wesentliche Element der Beurteilung eines Widerstandswillens im Gegensatz zu 1917/18 völlig einwandfrei« sei. [125]

Mit der akzelerierenden Krise des faschistischen Systems wurden die Möglichkeiten, die Stimmung durch reale Verbesserungen positiv zu beeinflussen, immer begrenzter. Solange die faschistischen Armeen noch im Vormarsch waren, konnten die Lasten auf die besetzten Gebiete abgewälzt werden. [126]

Wie gering minimale Verbesserungen von der Bevölkerung veranschlagt wurden, läßt sich aus der oft gehörten lakonischen Frage, welchen Zweck eigentlich die Eroberungen gehabt hätten, wenn sie nicht mal die Ernährung des deutschen Volkes positiv beeinflussen könnten, ablesen. Aus solchen Äußerungen wird deutlich, daß die politisch passive Bevölkerung aufgrund materieller Lebensinteressen den Krieg erst zu einem Zeitpunkt eindeutig ablehnt, als die Erfüllung versprochener Vorteile ausbleibt. Aus ihnen erhellt zugleich, daß die Rechtfertigung des imperialistischen Krieges durch die Lebensraumideologie, welche unter vulgärmalthusianischem Vorzeichen die sozialökonomischen Ursachen des Krieges verdeckte, im Massenbewußtsein spezifische Resonanz fand. Plausibilität erhielt die Logik »Volk ohne Raum – Krieg« dadurch, daß der Krieg für die unterdrückte Klasse bei Aufrechterhaltung der kapitalistischen Produktionsverhältnisse immerhin »die einzige Aussicht [bot], ihr Los zu verbessern«, vom »eventuellen Raub« profitieren zu können, »wenn auch als der selbstverständlich betrogene Partner«. [127] Aus getäuschtem Eigeninteresse werden viele zum Erfüllungsgehilfen ihrer Unterdrücker.

Die Wirksamkeit der *Lebensraumideologie* und der mit ihr unter »verteidigungspolitischem« Gesichtspunkt zusammenhängenden *Geopolitik* hing zudem von der simplistischen Konstruktion dieser Rechtfertigungslehren ab. Die Bevölkerung, der durch vorenthaltene Partizipationsmöglichkeiten und ein mangelhaftes Ausbildungssystem die Einsicht in die politischen Zusammenhänge verwehrt wird, vermag den für sie illusionären Charakter dieser Ideologien nur schwer zu durchschauen und den Expansionsdrang der Großindustrie, der hinter den Phrasen vom »wohlverstandenen Nationalinteresse« steht, schwer zu erkennen. Die Einfachheit dieser Vorstellungen verleiht ihnen zugleich Attraktivität und Popularität. Jeder vermag mit diesen Vorstellungen zu hantieren: der Landser am Stammtisch wird so zum Strategen.

Wenn der »betrogene Partner« (den Betrug erfahrend) rebellisch zu werden droht, kann der Betrüger nach Maßgabe seines Gewaltpotentials versuchen, die Lasten des eigenen Volkes durch verschärfte Ausplünderungsmaßnahmen auf fremde Völker abzuwälzen. Die damit einhergehende Brutalisierung bis hin zur »Technik der Entvölkerung« (Hitler) entspringt dabei der Krisendynamik und ist unter kausalanalytischem Aspekt nicht lediglich als Ausdruck weltanschaulichen Nihilismus zu verstehen. Diese Entwicklung resultiert notwendig aus den objektiven Widersprüchen der faschistischen Krisenlösungsstrategie, geht aber auch subjektiv ins Kalkül der Planer des »totalen Krieges« ein. Das beweist ein Dokument aus der Zeit der Planer des »Unternehmens Barbarossa« vom 2. Mai 1941, das die später praktizierte Konzeption vorwegnimmt: »Der Krieg ist nur weiterzuführen, wenn die gesamte Wehrmacht im dritten Kriegsjahr aus Rußland ernährt wird. Hierbei werden zweifellos -zig Millionen Menschen verhungern, wenn von uns das für uns Notwendige aus dem Lande herausgeholt wird«. [128]

Dieses Kalkül war zwar der deutschen Bevölkerung vorenthalten worden, unter dem Druck der Situation aber nehmen auch viele von ihnen die aus einer Egalität des Bedrohtseins stammende Logik: »Not kennt kein Gebot« an. [129] Nach den »Meldungen« vertreten die »Volksgenossen« allgemein die Auffassung, »daß zuallererst die Ernährung des Reiches sichergestellt werden müsse, während man ›lieber die Feinde hungern lassen‹ möge«. [130]

Das Ausmaß des beschriebenen sozialen Elends wird durch propagandistische Aktivitäten mittels »optischer Korrekturen« [131] zu verharmlosen versucht. Eine weitere, oft gehandhabte Methode bestand in der Projektion der eigenen Situation auf die »Feindmächte«. Durch ablenkende Hinweise auf den angeblichen »sozialen Rückstand« der gegnerischen Staaten versuchte Goebbels immer wieder, die eigene Situation als durchaus erträglich darzustellen: »Das deutsche Volk lebt auf einem Standard, der in keinem anderen Land Europas möglich wäre.« [132] Allerdings bewirkt die Relativierung der anwachsenden eigenen Not durch Projektion auf Dauer keine Illusionierung der Bevölkerung, sondern eine tendenzielle Desillusionierung über den Täuschungsversuch der Projektion. [133]

Am Stimmungsfaktor »Versorgung« erfuhren die NS-Propagandisten somit am offenkundigsten die Grenzen manipulativer Meinungs-Formierung. Mit der Verschärfung des sozialen Elends wurde immer deutlicher, wie sehr der Erfolg der weltanschaulichen Integration der Massen von materiellen Verbesserungen abhing. [134] Sobald auf diesem Gebiet keine positiven Entwicklungen mehr möglich waren, verlor die Propaganda an Kredit. Der Terror der Propaganda, der alle bisherigen Maßnahmen begleitet hatte, schlug um in eine Propaganda des Terrors. [135]

### *Arbeitsbedingungen: Novembertrauma und Sozialpolitik*

Neben der Versorgungslage spielte die *Arbeitssituation* eine entscheidende Rolle für die jeweilige Stimmungsentwicklung. Die Integration der Arbeiterklasse ins NS-System hing davon ab, wie weit es den Nationalsozialisten gelang, ihre Sozialpolitik an den primären Interessen der Arbeiter nach höheren Löhnen und verkürzter Arbeitszeit zu orientieren. Während im überwiegenden Teil der bisherigen Literatur ein Bild des faschistischen Alltags gezeichnet wurde, das von »Versklavung auf der einen, rücksichtsloser Effizienz auf der anderen Seite« [136] ausging, »wobei die von den Machthabern selbst proklamierten Absichten (Gesetze, Verordnungen, Richtlinien, Proklamationen) so verstanden wurden, als seien sie auch im sozialpolitischen Bereich [...] buchstabengetreu und reibungslos in die Praxis umgesetzt worden« [137], wurde in der neueren sozialgeschichtlichen Forschung gezeigt, wie sehr die Arbeiterklasse nicht nur als Objekt der Unterdrückung, sondern auch als Objekt der Angst für die herrschende Klasse eine entscheidende Rolle in der Geschichte des Dritten Reiches spielte. [138] Wie Mason an Dokumenten zur Sozialpolitik des faschistischen Staates nachweisen konnte, war das Regime »ständig um die politische Haltung der Arbeiterklasse besorgt«. Diese »Sorge« führte zu einigen Zugeständnissen, die »nicht ohne Einfluß auf den gesamten Bereich der Innen-, der Wirtschafts- und der Außenpolitik« blieb. [139] Die Bedeutung von Arbeiterinteressen für die faschistische Innenpolitik erscheint durch die Analyse der von Mason vorgelegten ›Dokumentation eines Klassenkampfs von oben‹ in neuem Licht. Abgesehen von dem politischen Widerstand aus der Arbeiterklasse wird auch an dem noch vorpolitischen Verhalten der Arbeiter gegenüber dekretierten sozialen Pressionen deutlich, daß – trotz politischer Entrechtung und latenter wie manifester Repression – die Berücksichtigung dieses Verhaltens den Entscheidungen faschistischer Politik Grenzen setzte.

Die Politik der Nationalsozialisten gegenüber den Arbeitern wurde durch die Furcht der herrschenden Klasse, daß bei drakonischen Eingriffen in die Lebenshaltung der Arbeiter Unruhen und eine Aufweichung der inneren Front im Kriegsfalle auftreten könnten, bestimmt. Auch das Taktieren in sozialpolitischen Fragen hing von diesem Verunsicherungsfaktor ab. Durch Terror und weltanschauliche Erziehung sollte die Ausbeutung und Unterdrückung der Arbeiterklasse in der Phase von Aufrüstung und Kriegführung außerordentlich intensiviert werden, »ohne dabei der Gefahr innenpolitischer Erschütterungen ausgesetzt zu sein«. [140]

Hatte der Nationalsozialismus durch die Arbeitsbeschaffungspolitik im Zuge der Wiederaufrüstung das Problem der Arbeitslosigkeit teilweise noch lösen können und damit in der öffentlichen Meinung einen positiven Kredit erlangt, so wurden die Versuche, mit einsetzender Kriegsvorbereitung von den Arbeitern »Opfer« (Mehrarbeit, Lohneinbußen, Einschränkung der Freizügigkeit) zu verlangen, zum Teil erfolgreich abgewehrt. Weder nationale noch soziale Demagogie waren in der Lage, die Arbeiter zu freiwilligen Opfern zu bewegen. »Freiwilliger Konsumverzicht im Interesse eines verbrecherischen Angriffskrieges« als »schönste Bewährung des weltanschaulichen Erziehungsidealismus« [141] war – so Mason – nicht zu erlangen.

Wie groß das Potential passiven Widerstands gerade in der Arbeiterklassezuzeiten war, kann an den widersprüchlichen Maßnahmen zur Durchsetzung der Kriegswirtschaftsverordnung illustriert werden.

Die ursprünglich geplanten Maßnahmen waren sehr weitgehend; manchmal sogar radikal und zielten auf eine rapide Verschlechterung der Lage der arbeitenden Bevölkerung ab.

Die vorgesehene Aufhebung der gesetzlichen Arbeitszeitbeschränkung, der Aufhebung des tariflichen Urlaubes und die Abschaffung aller Mehrarbeits-, Nacht-, Sonn- und Feiertagszuschläge wurden nach kurzer Zeit wieder außer Kraft gesetzt. [142] Die Reaktion der Arbeiter, vor allem das Sinken des Arbeitseinsatzes mit und ohne politische Motivation, zwang die faschistische Bürokratie hierzu. Von den zahllosen Bewirtschaftungs- und Beschlagnahmeordnungen, von den Verordnungen zum Abbau arbeitsrechtlicher Bestimmungen und zur Beseitigung der Freizügigkeit konnte nur ein geringer Teil durchgesetzt werden. Fortschritte wurden lediglich hinsichtlich der Kriegsbesteuerung, bestimmten Konsumrestriktionen, der Ablieferungspflicht für landwirtschaftliche Produkte sowie der Maßnahme zur Beschränkung der Freizügigkeit und der Dienstverpflichtung erzielt.

Die Durchsetzung der meisten Bestimmungen stieß auf erhebliche Schwierigkeiten, die aus der Reaktion der Betroffenen rührten. Schon vor dem Kriege hatten die Arbeiter, den SD-Berichten zufolge, Mehrarbeit befürchtet; diese Furcht bildete während des Krieges dann ein häufiges Motiv der Gerüchtekommunikation. [143] Die in derartigen Gerüchten zum Ausdruck kommende Verschlechterung der Massenstimmung versetzte die Verantwortlichen in Unruhe und bestimmte ihr Taktieren. Notgedrungen nahmen sie projektierte Eingriffe zurück. Die geforderte Aufhebung der gesetzlichen *Arbeitszeitbeschränkung* zum Beispiel tritt nicht in Kraft. Da man aber de facto auf eine Verlängerung der Arbeitszeit nicht verzichten kann, wird in den gesetzlichen Vorschriften eine Formulierung gewählt, die die faktische Erhöhung nicht ausschließt. Der Zehnstundentag wird zwar offiziell nicht verordnet – dagegen heißt es, daß die tägliche Arbeitszeit zehn Stunden nicht überschreiten dürfe, es sei denn, es könne für den Zeitraum der Maßnahme viel »Arbeitsbereitschaft« vorausgesetzt werden – in einem solchen Fall seien auch zwölf Stunden zulässig. Nun wird aber lediglich die über zehn Stunden hinausgehende Arbeitszeit als zuschlagfähige Mehrarbeit bezeichnet. [144] Der Zehnstundentag wurde somit letztlich als kriegsbedingtes Ausnahmegesetz zur Regel, wobei man zur besseren sozialpolitischen Darstellung am Achtstundentag als gesetzlich gültiger Arbeitszeit festhielt. [145]

Ein ähnliches Changement zwischen ausdrücklichen Zugeständnissen, einer gewissen »Großzügigkeit« und indirekten Methoden zur Verstärkung der Ausbeutung herrscht auch auf dem Gebiet der *Lohnpolitik* vor. Durch die Rüstungskonjunktur der unmittelbaren Vorkriegszeit war lohnpolitisch ein Zustand eingetreten, in dem vielfach aufgrund des Arbeitskräftemangels übertarifliche Löhne gezahlt wurden. Durch die Lohnbestimmungen der Kriegswirtschaftsverordnung sollte dieser Zustand beseitigt werden. Der Erlaß stellte die Forderung nach einer »Zurückführung derjenigen Löhne und Gehälter, die in einer von allen Schichten des Volkes Opfer verlangenden Kriegswirtschaft als zu hoch anzusprechen« seien. [146] Es sollte »unter Berücksichtigung der psychologischen Rückwirkungen« vorgegangen werden. Die Bürokratie war sich darüber im klaren, daß eine solche Lohnkürzung »eine starke Beunruhigung der Gefolgschaftsmitglieder nach sich ziehen« müßte und zu einer »allgemeinen Leistungsminderung führen« würde. [147] Man kalkulierte also die Bedeutung des trade-unionistischen Bewußtseins der Arbeiter für ihr Verhalten und indirekt ihre politische Haltung in die »kriegsnotwendigen« sozialpolitischen Eingriffe mit ein. Trotz dieses Kalküls hatte man in der Kriegswirtschaftsverordnung neben Kriegszuschlägen zur Einkommensteuer das Verbot erlassen, für Überstunden und Nachtarbeit, für Sonntags- und Feiertagsarbeit Zuschläge zu zahlen – diese sollten stattdessen an die Staatskasse abgeführt werden. Ein Monat nach Erlaß dieser Bestimmung aber sah man sich zur Revision gezwungen. Das Protokoll einer Besprechung im Reichswirtschaftsministerium führt als Begründung unter anderem an, die Wiedereinführung der Zuschläge sei deshalb notwendig, »weil festgestellt worden sei, daß das Verbot zu einer Verweigerung von Überstunden, der Nacht- und Sonntagsarbeit und zu förmlichen Sabotageakten geführt« habe. [148] In internen Äußerungen wird überdies auch zugegeben, wie sehr die »Großzügigkeit« sozialpolitischer Abschlagszahlungen ein notwendiges Zugeständnis an die Stimmung des Volkes und die Haltung der breiten Massen darstellte. [149] Die beabsichtigte Form des Eingriffs in das Lohnsystem wird tatsächlich zurückgenommen. Man wählt dazu die Form einer »Aufwandsentschädigung«, um zu verhindern, daß die staatliche Autorität unglaubwürdig erscheint. Ein Jahr nach Kriegsbeginn wurden schließlich die Mehrarbeitszuschläge offiziell wieder eingeführt: »In Anerkennung der besonderen Leistungen, die von den Arbeitern und Angestellten unter Verzicht auf Teile des Mehrarbeitsverdienstes in den bisherigen Kriegsmonaten verlangt werden mußten und zur Vereinfachung der Lohnabrechnung sollen die Mehrarbeitszuschläge in dem gleichen Umfang, wie sie vor Ausbruch des Krieges bestanden, wieder eingeführt werden«. [150] Solche sozialpolitischen Zugeständnisse waren möglich geworden durch die oben schon erwähnte Abwälzung der Kriegslasten auf die überfallenen Nationen. Die Nationalsozialisten erreichten durch die Lohnzugeständnisse, daß in dieser Phase des Krieges auch die Arbeiterklasse »stillhielt«, denn »die Höhe ihres Lohnes blieb in ihrer subjektiven Anschauung etwas Wichtiges, Eindrucksvolles«. [151] Die Maßnahmen nützten aber auf die Dauer wenig, weil durch die Versorgungsknappheit entsprechende materielle Äquivalente fehlten. Dadurch wurde auf indirektem Wege die Sparaktivität gefördert, was sich wiederum positiv für die Kriegskasse auszahlte. Überdies konnte der oben beschriebene Einnahmeausfall durch eine modifizierte Kriegsbesteuerung (Senkung der Freigrenze für die Kriegssteuer) ausgeglichen werden. Hinzu kamen eine Reihe von Methoden, die Arbeitsintensität zu steigern, indem man beispielsweise Stundenlöhne durch Stück- und Akkordlöhne punktuell ersetzte. Durch eine im späteren Verlauf des Jahres 1942 einsetzende Aufgliederung der Löhne erhoffte man »neben einer Steigerung der Arbeitsleistung eine stärkere »Konkurrenz der Arbeiter« untereinander einzuführen und dem Unternehmer mehr Freiheit in der Bevorzugung, d.h. beabsichtigten Korrumpierung geben zu können.« [152] Diese Methoden, den relativen Mehrwert zu steigern, wurden in der Publizistik als Inbegriff gerechter Lohnpolitik gepriesen, die geeignet sei, »dem leistungskräftigen Arbeiter eine bessere Position« im Betriebe geben zu können. [153] Als auch dieses Vorgehen infolge der Kriegslage organisatorisch nicht mehr durchzusetzen war, blieben als Ausweg nur noch Zwangsmaßnahmen: eine Verstärkung des Terrors gegen Arbeitsunwillige, die forcierte Rekrutierung von Zwangsarbeitern [154] und nolens volens die Suspendierung der bisherigen »Schonung« der eigenen Bevölkerung im offen erklärten »totalen Krieg«.

### *Personalistische Systemkritik als Grundlage propagandistischer »Parasitenpolemik«*

Die bisher bearbeiteten Themenkomplexe bildeten den inhaltlichen Stoff, aus dem sich für den Untersuchungszeitraum tendenziell eine Kritik am politischen System herauskristallisierte; die Belastungen des Kriegsalltags führten über allgemeine Unzufriedenheit zu einer Kritik an der NSDAP, aber vor allem personalistisch an ihren Repräsentanten: inhaltlich bezog sich die in der öffentlichen Meinung spürbar werdende Distanz zum einen auf die gesellschaftlich Privilegierten überhaupt, auf die unteren und mittleren Chargen der Partei und schließlich auch auf die führenden Repräsentanten des faschistischen Systems. Ausgangspunkt dieser Kritik war die Frage, ob die Kriegslasten tatsächlich »gerecht verteilt« waren, ob mit anderen Worten die Privilegierten in Partei und Wirtschaft der von ihnen gepriesenen »Gerechtigkeit« des NS-Systems auch den persönlichen Tribut zollten. Die Zweifel, die hierüber von Anfang an bestanden, wurden in der informellen Kommunikation von den NS-Meinungs-Kontrollorganen in der Stalingrad-Ära vermehrt registriert. Vor allem in Arbeiterkreisen herrschte danach die Ansicht von einer korrupten Oberschicht vor. Dieses Korruptionsverdikt nahm ab 1942 ubiquitäre Ausmaße an. [155]

In der informellen Kommunikation werden die von der nationalsozialistischen Propaganda lancierten Parolen, die eine projektive Kritik der englischen Oberschicht beinhalten, immer häufiger auf den Kommunikator selbst zurückbezogen. Die ablenkende extrapunitive Projektion erweist sich als Bumerang: die angebliche Harmonie von Führer und Volk, von Betriebsführer und Gefolgschaft, wird von den Arbeitern in Frage gestellt, indem sie von »deutschen Plutokraten« sprechen. [156] Dieser nur verbalen Distanz zum System folgen Konsequenzen, die auf eine Verhaltensänderung schließen lassen. Im Herbst/Winter 1942/43 wird wiederholt von »klassenkämpferischen Aktivitäten« berichtet. [157] Zum Teil bewegen sich diese Kritikformen jedoch noch auf der Ebene und im Rahmen der von den Nationalsozialisten selbst vorgegebenen Normenvorstellungen. Man fordert nicht die Ablösung der politischen Führer, sondern ihre »Bewährung« durch »Einsatz an der Front«. So heißt es z.B. in einem Gaubericht: »Die neuen Maßnahmen hinsichtlich der Umstellung auf den totalen Krieg haben ferner in der Bevölkerung verstärkt zu Meinungsäußerungen geführt, nach denen niemand das Recht habe, politischer Führer zu sein, der nicht auch im Einsatz an der Front seine Bewährungsprobe abgelegt hat und somit unter Beweis stellt, daß er für das nationalsozialistische Deutschland Gesundheit und Leben herzugeben bereit sei«. [158] Wenngleich in der sprachlichen Diktion dieses Rapports die weltanschauliche Einfärbung auffällt und somit zu bezweifeln ist, ob das Volk wirklich die geforderte Verhaltensnorm auf eine nationalsozialistische Gesinnung bezog, so ist ihr realer Kern in der verbreiteten Forderung nach gleicher Verteilung der Lasten zu sehen.

Die Parteifunktionäre als »Drückeberger« sind ein ständiges Motiv der in den »Bonzengerüchten« zirkulierenden Kritik. Zuweilen artikulierten sich diese Angriffe auf das Parteiestablishment auch offen und konnten dann als »staatsfeindliche Äußerung« erfaßt werden: »Ein Ortsgruppenleiter habe vor verwundeten Soldaten gesprochen und sich sehr abfällig über die katholische Kirche geäußert. Daraufhin habe sich ein anwesender Hauptmann erhoben und gesagt, er habe an der Front zwar schon viele evangelische und katholische Geistliche sterben sehen, aber noch keinen Kreis- oder Ortsgruppenleiter«. [159] »Staatsfeindliche Äußerungen« beschränken sich aber nicht nur auf Vertreter aus dem Offizierkorps, sondern wurden auch aus dem ›einfachen‹ Volk erhoben: so habe eine Frau, deren Sohn bei einem Luftangriff umgekommen war, zu zwei SA-Männern gesagt: »Die braunen Kadetten sind schuld am Krieg. Sie sollten besser an die Front gegangen sein und dafür gesorgt haben, daß die Engländer nicht nach hier kommen können.« [160] Wenngleich aus situationsbedingten Haßgefühlen noch keine politisch bewußte Kritik herausgelesen werden kann, so stehen diese Episoden doch als Beispiele für jene Art von affektiver Kritik, die immer mehr in Umlauf kam und die Integrationsspezialisten zunehmend beunruhigten. [161]

Ein weiterer Haupttyp der sogenannten «Bonzengerüchte«, in denen die klassenmäßig unterschiedlichen Belastungen im Krieg bewußt wurden, war das Standardgerücht von den »Diplomatenrationen«. Es beinhaltete, daß höhere Parteiangehörige und Regierungsmitglieder vom Kreisleiter an aufwärts bessere Lebensmittelrationen erhielten als die übrige Bevölkerung. [162] Ihren Höhepunkt erreichte diese Art der Gerüchtekommunikation im Jahre 1943. [163] Auch in diesem Gerüchttyp drückt sich eine deutliche Wende im Verhältnis von Bevölkerung und NSDAP-Elite aus. [164] Zwar steckt auch in dieser Form der Distanzierung ein Indiz für die aufbrechenden Widersprüche zwischen Bevölkerung und politischer Führung. Bei der Interpretation dieser Gerüchte als Ausdruck der Klassendifferenz [165] ist jedoch zu berücksichtigen, daß es sich hierbei lediglich um ein dichotomisches Denken handelt; die Opposition, die sich hierin äußert, bleibt auf der Ebene eines tradeunionistischen Bewußtseins und dringt noch nicht zu klassenbewußter Ablehnung durch. Deshalb ist es den Propagandisten bei dieser Form der Kritik noch möglich, sich zum vermeintlichen Fürsprecher des Volkswillens zu machen, indem sie in einer Art »Parasiten-Polemik« die Inhalte der öffentlichen Meinung selbst aufnehmen. Die Adressaten der Kritik werden dabei freilich sozial entspezifiziert: statt von korrupten Parteiführern und monopolistischen Kriegsgewinnlern ist nur von »Schmarotzern, Drückebergern und Schiebern« die Rede. Im Gegensatz hierzu machte sich die Kritik der Bevölkerung konkreter am Verhalten der »Parteibonzen« in der Heimat fest. So heißt es zum Beispiel in einer »Meldung« vom 26. 3. 1942: »Schleichhandel und Schiebergeschäfte (seien) Vorgänge, die den Volksgenossen in der Heimat in großem Maße beschäftigen.« Die Parteiführung kommt deswegen nicht umhin, die Glaubwürdigkeit der Volksgemeinschaft sporadisch durch Urteile gegen Privilegierte unter Beweis zu stellen. Die NS-Meinungsforscher registrierten dann auch, daß die Bevölkerung in der Tat »besondere Aufmerksamkeit auf Urteile (lege), die auch vor den sogenannten ›Großen‹ nicht haltmache«. Diese wirkten nach Feststellung der »Meldungen« »jeweils wie ein reinigendes Gewitter« [166]; sie wurden zum Maßstab des Vertrauens der Bevölkerung gegenüber dem Staat und seinen Repräsentanten.

Immer mehr kamen personalistische Parolen in Umlauf, die auch dem »Führer« die Schuld an allem gaben. Trotz des tendenziell immer noch apolitischen Charakters solcher Invektiven konnte sich doch die antifaschistische Propaganda verstärkt auf die entsprechende Stimmung stützen. [167] In den »Meldungen aus dem Reich« blieb allerdings die Berichterstattung über die Angriffe gegen führende Persönlichkeiten sehr zurückhaltend. Deutlicher dagegen wurde sie in den einzelnen SD-Leitabschnitten und Gauberichten registriert. [168] Die Einstellung der Bevölkerung gegenüber Hitler war freilich noch nicht einheitlich: von Stimmen der Besorgnis über seinen Gesundheitszustand und der Hoffnung, er werde das Blatt noch einmal wenden, reicht das Spektrum über eine verbreitete Skepsis an den Prophezeihungen bis zu Gerüchten über eine Geistesgestörtheit und Forderungen nach einer gerechten Bestrafung der verbrecherischen Politik »ihres Führers«. [169]

### *Glaubwürdigkeit der Medien und Manipulationsbewußtsein*

In den Abschnitten »Meldungen aus dem Reich« über die »Auswirkungen und Aufnahme der allgemeinen Propaganda-, Presse- und Rundfunklenkung« (den eigentlichen Quellen der publizistischen Wirkungsforschung) mehrten sich die kritischen Stimmen hinsichtlich der Informationspolitik. Neben den Klagen über allgemeinen *Informationsmangel* [170] wurden den Medien *einseitige Interpretation* [171] und *manipulative Täuschungsabsichten* [172] vorgeworfen. In den Gerüchten über die Luftangriffe, über Versorgungs- und Arbeitsbedingungen kam zum Ausdruck, daß man den Versicherungen der Presse immer weniger traute. [173] Das Bedürfnis nach vollständiger Information über das Frontgeschehen und die sozialpolitischen Vorgänge in Deutschland wurde nur unzulänglich befriedigt; immer mehr verlangte man deshalb nach Interpretationsalternativen und zusätzlichen Informationen. Das Zurückhalten von Nachrichten, die Schönfärberei vieler Berichte über das Frontgeschehen und die Vorgänge in der Heimat hatten dazu geführt, daß die Propagandamaßnahmen ihren themenspezifischen Kredit sehr früh verloren.

Eingesetzt hatte die publizistische Vertrauenskrise schon im Winter 1941/42 im Zusammenhang mit der Stagnation der militärischen Operationen an der Ostfront und den sich verschlechternden Lebensbedingungen. Durch Fehlinformation und offensichtliches Verzeichnen der allgemeinen Lage war die *Glaubwürdigkeit* des offiziellen Medienapparates infrage gestellt. Einige Präzedenzfälle sollen die Taktik der bewußten Fälschung, der Verzerrung objektiver Daten und des Verschweigens oder Zurückhaltens von Nachrichten sichtbar machen.

Um den Überfall auf die Sowjetunion zu legitimieren, hatte die Propaganda verkündet, die Sowjetunion habe alle ihre Truppen an der Westgrenze zusammengezogen – das aggressive Vorgehen des deutschen Reiches sei demnach eine bloße Präventivmaßnahme. Mag diese Ereignisfälschung auch partiell wirksam gewesen sein, so stellte sie sich langfristig als Bumerang heraus: aufgrund der vorgegebenen Informationen antizipierte die Bevölkerung die Entwicklung der militärisch wahrscheinlichen Operationen und leitete daraus bestimmte Erwartungen ab. Nach dem raschen Vorstoß der deutschen Truppen ins Innere der Sowjetunion nahm man an, das russische Heer sei im wesentlichen schon überwältigt. In der informellen Kommunikation kursierten auf dem Hintergrund dieser Annahme Gerüchte von der Einnahme Moskaus, Kiews und Leningrads. [174] Die Tatsachenfälschung erzeugte also über die Nichterfüllung der durch sie geweckten Erwartungen Zweifel, die sich auf die deutsche Kriegsführung und/oder auf die Informationspolitik bezogen.

Einen klassischen Fall falscher Ereignisinterpretation stellte die Tagesparole des Reichspressechefs Dietrich (vom 9. 10. 1941) dar, der die Entwicklung an der Ostfront zu diesem Zeitpunkt schon als mililtärischen Sieg darstellte: »Der Feldzug im Osten ist mit der Zertrümmerung der Heeresgruppe Timoschenko entschieden. Die Sowjetunion ist militärisch erledigt«. [175] Diese verfehlte Einschätzung der Situation hatte für die Stimmungsentwicklung erhebliche Konsequenzen: die schweren Kämpfe in den darauffolgenden Wintermonaten nämlich machten schockartig den Illusionismus der bisherigen Siegpropaganda bewußt. Der erfahrene Widerspruch von propagandistisch erzeugter Erwartung und tatsächlichem Kriegsgeschehen führte zu einer Verschlechterung der Massenstimmung und erhöhte die Skepsis gegenüber den Propagandisten.

Das Kriegsgeschehen um Stalingrad wurde in den Monaten November/Dezember 1942 aus der offiziellen Berichterstattung völlig eliminiert. [176] Das Ausklammern negativer Entwicklungen aber steigerte nur die Beunruhigung innerhalb der Bevölkerung. Das Ausbleiben von Nachrichten über einen bestimmten Frontabschnitt führte zuweilen zu der Annahme, dort sei die Lage unkritisch. Die Erfahrung des Gegenteils rief immer eindringlicher die Forderung nach vollständiger und nicht tendenziös entstellter Information hervor. Das »mißliebige« Interesse an bestimmten Ereignissen hatte die Propaganda zum Teil selbst induziert: die militärstrategische und wirtschaftliche Bedeutung Stalingrads z. B. war in den Reden der Propagandafunktionäre und in der Medienpublizistik überdeutlich herausgestellt und die Einnahme Stalingrads als kriegsentscheidend suggeriert worden. [177]

Die Diskrepanz zwischen der induzierten Erwartungshaltung und dem

Versichern der Nachrichten rief nicht nur Beschwerden über Informationsmangel hervor – sie legte zugleich Spekulationen nahe, die der dann eintretenden Realität sehr nahekamen. [178]

Der zunehmende Mißkredit, in den die Publizistik geriet, ging zudem auf die bestimmte stereotype Formgebung der Nachrichten zurück. Die ständig vom gleichen Fanfarensignal angekündigten »Sondermeldungen« beförderten statt der intendierten Emphase eher Gleichgültigkeit, Desinteresse oder sogar Verärgerung.

Dieser Prozeß der Abkoppelung der Meinungsbildung von der Meinungs-Formierung ist von Dröge auf seine Gesetzmäßigkeit untersucht worden: auf der Grundlage der »Meldungen aus dem Reich« erörterte er die Frage, inwiefern die »Funktions- und Leistungsminderung« [179] der formellen Kommunikation in kausalem Zusammenhang mit der Umbildung der informellen Kommunikation von einem Zusatz- in ein *Ersatzsystem* steht. Mit der statistischen Auswertung der Stimmmungsberichte des SD kann er seine Hypothese, daß mündlicher Austausch dann zum funktionalen Äquivalent wird, »wenn die Mediensysteme ihre Restrukturierungsaufgabe nicht mehr erfüllen« [180], hinreichend belegen. Über dieses gesicherte Ergebnis hinaus interessieren aber vor allem die Zusammenhänge zwischen Informationsmangel, Medienglaubwürdigkeit und Manipulationsbewußtsein: der Informationsmangel der Medien ist die primäre Ursache für die Gerüchtkommunikation; parallel entwickeln sich damit Zweifel an der Aufrichtigkeit des Kommunikators und seiner Kommuniqués; die sich hierin ausdrückende Kompromittierung des Mediensystems erhöht das Manipulationsbewußtsein. Die Diskreditierung der formellen Kommunikation und der von Dröge nachgewiesene Verselbständigungsprozeß der öffentlichen Meinung darf aber weder allgemein als Politisierungsprozeß noch als Intensivierung antifaschistischen Bewußtseins verstanden werden. Um dieses Mißverständnis auszuschließen, ist es notwendig, die Distanz der öffentlichen Meinung von der faschistischen Propaganda auf inhaltliche Abweichungen hin zu befragen. [181] An der Feindbildproblematik soll daher der Frage noch einmal nachgegangen werden, ob der formalen Verselbständigung der öffentlichen Meinung tatsächlich die vermutbare, inhaltlich qualitative korrespondierte, mithin ob im Massenbewußtsein die Unglaubwürdigkeit der Kommunikatoren auch eine Veränderung der ideologischen Grundmuster der Kommuniqués hervorbrachte.

. An den Stimmungsberichten der NS-Meinungsforscher zeigt sich, daß bestimmte Konturen im propagandistisch formierten Feindbild in der Rezeption unabhängig von der Vorgabe der Propaganda modifiziert werden. Neben der allgemeinen Skepsis gegenüber den medialen Darstellungen lag das wesentliche Bedingungsfeld in den aktuellen Erfahrungen der Rezipienten. Die militärische Gleichwertigkeit oder gar Überlegenheit der Alliierten, die partielle Kenntnis der realen Verhältnisse in den »Feindländern« und der Kontakt mit der dortigen Bevölkerung (beziehungsweise den nach Deutschland als Zwangsarbeiter verschleppten Ausländern) standen quer zu den denunziatorischen Konkreta der Feindbilddemagogie. Aus diesen Erfahrungen resultierte aber keineswegs ein automatischer Abbau der Vorurteile. Vielfach wurden die Feindbildsyndrome inhaltlich nur umstrukturiert. Eine wesentliche Rolle spielte dabei das Autostereotyp – die Selbstwertvorstellung modifizierte das Fremdbild. So war zum Beispiel von einer zur offiziellen Propaganda konträr stehenden Einstellung zu den Engländern die Rede: die Ausdauer und Zähigkeit, mit der sie die deutschen Luftbombardements hingenommen hatten, riefen bei der deutschen Bevölkerung eine »widerwillige Anerkennung« [182] hervor. »Soldatische Achtung« habe (nach den »Meldungen« vom 20. 4. 42) die Bevölkerung gegenüber den englischen Piloten bei einem Angriff auf Augsburg empfunden »für ihr als schneidig angesehenes Anfliegen der vorgesehenen Ziele und ihre ›genau berechneten Bombenabwürfe‹, die nahezu ausschließlich kriegswichtige Anlagen zum Ziel genommen und getroffen hätten«. [183] Diese Äußerung, die von den »Meldungen« der Zivilbevölkerung in den Mund gelegt wurde, wird vermutlich eher den preußischen Militärtraditionen verpflichteten Kreisen zuzuschreiben sein. Denn demselben Bericht zufolge sind nicht Bewunderung, sondern Verwunderung über das Versagen der Abwehr und Kritik am Verschweigen dieses Angriffs in der Lokalpresse die eigentlichen Reaktionen der Öffentlichkeit.

Ähnlich wie im Englandbild veränderte sich im Verlauf des Krieges auch das von der Propaganda modellierte Bild der Amerikaner. Mit den alliierten Siegen in Nordafrika nahm das Prestige der USA als Militärmacht zu. Nach der Eröffnung der Zweiten Front in Italien seien »viele Volksgenossen nicht bereit [...], die Amerikaner für die militärischen Dilettanten zu halten, als die sie bisher mehrfach bezeichnet wurden«. [184] Die unabhängig von den Medien vollzogene Verschiebung der Einschätzung der militärischen Leistung des Gegners brachte jedoch das ethnozentrische Stereotyp vom Deutschen als dem »besten Soldaten der Welt« nicht ins Wanken. Zu seiner Aufrechterhaltung fungierten angesichts der faktisch werdenden Unterlegenheit bestimmte Rationalisierungen. Ein gängiges Stereotyp bestand darin, daß man sich selbst die Erfolge, den Verbündeten aber alle Fehler zuschrieb: »Die Siege werden nach Ansicht der deutschen Bevölkerung von den deutschen Truppen erkämpft, die Niederlagen [...] von den Italienern«. [185] Dort aber, wo die Niederlagen deutscher Armeen erklärt werden müssen, behilft sich ein Teil der öffentlichen Meinung zur Aufrechterhaltung des positiven Autostereotyps gerüchtweise mit einer Erklärung, die die Erfolge des Gegners dem Verrat übergelaufener deutscher Generäle zuschreibt; der Sieg der Feinde bleibt somit ein deutscher Sieg. [186] Während die Propaganda dieser Art von Gerüchten nur schwer begegnen konnte, mußte sie aus pragmatisch-bündnispolitischen Gründen mäßigend auf das arrogante Überlegenheitsgefühl gegenüber den Italienern einwirken. In der Sportpalastrede lobt Goebbels die Größe Mussolinis und die Treue des italienischen Volkes. Allerdings fehlen diese Passagen dann in der postkommunikativen Verarbeitung der Rede in Presse und Wochenschau.

Modifikationen im Feindbild registrierten die NS-Meinungsforscher vor allem im Hinblick auf »den Russen«. Obwohl die Konturen des Russenbildes – wie sie die Haßpropaganda prägte – durch den Kriegsverlauf und unmittelbare Erfahrungen korrigiert wurden, blieb ihr ideologisches Fundament – der Antikommunismus und Antibolschewismus – auch im Massenbewußtsein virulent. Partielle Veränderungen wurden vom SD ausführlich auf ihre Ursachen hin untersucht.

Den Kredit, den die Haßpropaganda gegen den »Bolschewismus« in der Bevölkerung zum Teil gewinnen konnte, streichen folgende Passagen eines Berichtes heraus: »Die Menschen der Sowjetunion seien als tierisch, viehisch, animalisch hingestellt worden. Im Kommissar und Politruk werde dieser Mensch zum ›Unmensch‹ schlechthin. Die Berichte über die Greueltaten, die in den ersten Monaten des Ostfeldzuges gegeben wurden, verfestigten die Meinung, daß es sich bei den Angehörigen der Feindarmee um ›Bestien‹ handele. Es wurde mit Sorge gefragt, was wir mit diesen ›Tieren‹ in Zukunft anfangen wollten [...]. Zusammen mit Meldungen über die Gewalttaten entflohener russischer Kriegsgefangener bildete sich eine gewisse Angst davor heraus, daß diese Gestalten und Typen in größerer Zahl in das Reichsgebiet kommen könnten und gar als Arbeitskräfte Verwendung finden sollten«. [187] Dieses Bild von russischen Verhältnissen und russischen Menschen war allerdings Resultat der Verwüstungen, die der Krieg in diesem Land anrichtete: Elend, primitivere Verhältnisse und mitunter Verwahrlosung waren zum großen Teil selbst Folgen der brutalen Unterdrückung von außen. Indem die Propaganda nun in ihren »Dokumentationen« dieses Elend quasi naturalistisch reproduzierte, also das vordergründige Abbild mithin gar nicht manipulieren mußte, gelang zum Teil die Verankerung des untergeschobenen Sinns auch im Massenbewußtsein: »Immer wieder sei die Bevölkerung entsetzt von den gezeigten Verbrechertypen«. [188]

Einer dauerhaften Wirkung dieser Propaganda arbeiteten freilich die wirklichen Verhältnisse entgegen. Aus einer Meldung über »Das Rußlandbild in der Bevölkerung« vom Spätsommer 1942 wird dieser Zusammenhang deutlich: »(D)ie Bevölkerung (bemühe) sich in ständig größerem Umfang um ein zusammenhängendes Bild von der Sowjetunion, dem Lande, seinen inneren Verhältnissen, von den Menschen, ihrer inneren und äußeren Existenz«. [189] Die Meinungsforscher heben hervor, daß sich »alle bisherigen Vorstellungen im Laufe des Krieges gegen die Sowjetunion vielfach verschoben haben«. Die deutsche Bevölkerung konstatiere eine Reihe von Widersprüchen, für die sie »kaum eine befriedigende Erklärung habe«. [190] Die aufkommende Unsicherheit im Urteil der öffentlichen Meinung über die Sowjetunion wird von der Bevölkerung der nationalsozialistischen Propaganda zum Teil selbst angelastet. Diese Einstellungsänderung resultierte aus Widersprüchen der Propaganda. Auf der einen Seite war mit der Lebensraumideologie das Versprechen von Siedlungsmöglichkeiten verbunden; auf der anderen Seite aber zeichnete die Propaganda als ›realistischen Hintergrund‹ der Dämonologie vom Untermenschen das Bild der Sowjetunion ›grau in grau‹ und hob »furchtbare Verkommenheit« und »entsetzliches Elend« hervor. [191] Reaktion der »einfachen« Bevölkerung nach Erhebung der Funktionäre der NS-Meinungs-Kontrolle: »[...] und in diesem schrecklichen Land sollen nach dem Krieg deutsche Menschen siedeln?« Am Beispiel zeigt sich der neutralisierende Effekt einer in sich widersprüchlichen Propaganda. Durch den Vergleich der propagandistischen Feindbildstereotypen mit den informell verarbeiteten Eigenerfahrungen und Informationen der Gegenpropaganda bildete sich ein ›neues‹ Feindbild heraus. Zum Teil werden dabei die Elemente der Propaganda noch übernommen, geraten aber, wie gezeigt, in Widerspruch zu anderen Propagandainhalten. Dadurch entsteht zwar nicht unbedingt eine Korrektur des Meinungsbildes, es werden aber Zweifel an der Glaubwürdigkeit der formellen Kommunikation verstärkt.

Den ursprünglichen Vorstellungen vom russischen ›Untermenschen‹ stehe nun, wie der zitierte Bericht hervorhebt, »heute schon für viele Volksgenossen das geistige und charakterliche Verhalten der Tausende von Ostarbeitern gegenüber. Gerade in Arbeitskreisen werde festgestellt, daß diese Russen doch oft recht intelligent, anstellig, schnell in der Auffassung selbst komplizierter maschineller Bearbeitungsvorgänge seien. Viele lernten recht rasch die deutsche Sprache und seien offenbar auch schulisch nicht so schlecht vorgebildet. Diese Erfahrungen hätten das bisherige Bild vom Menschen aus dem Osten zwiespältig gemacht«. [192] Diese »Zwiespältigkeit« verschiebt sich immer deutlicher in Richtung einer selbständigen Korrektur des offiziell modellierten Feindbildes: »Bereits in den ersten Monaten des Krieges gegen die Sowjetunion habe sich [...] das Gefühl herausgebildet, daß wir einer gewissen Täuschung zum Opfer gefallen seien«. [193] Die militärische Stärke der Roten Armee wird zum entscheidenden Argument gegen die »eindrucksvollen Berichte« über das »große Durcheinander«, die »Desorganisation«, das »Versagen der sowjetischen Wirtschaft« usw.: »Die große Masse der Waffen, ihre technische Qualität, die riesige Industrialisierung seien der erste verblüffende Eindruck gewesen, der gegen wesentliche Argumente des bisherigen Bildes von der Sowjetunion gestanden habe [...]. Man frage sich, wie hat das der Bolschewismus alles zustande gebracht? ›Es muß hier doch auch positive Kräfte geben?‹« [194]

Diese Tendenz wurde vor allem durch die Erfahrung mit der Kampfmoral der Roten Armee verstärkt. Die Bevölkerung folgte weder der propagandistischen Begründung, daß die Russen »aus Angst vor der Pistole der Kommissare und Politruks« kämpfen würden noch setzte sich die rassistische Erklärung, die das Verhalten aus dem »animalischen Grundcharakter des Menschentums im Osten« ableitete, allgemein durch. Dem einen stand die Erfahrung gegenüber, daß durch Terror allein keine effiziente Kampfmoral erzwingbar ist; dem anderen die Begegnung mit dem realen Menschen und der realen Zivilisation (auch in Form der Kriegstechnologie). Der Anerkennung der Kampfmoral des militärischen Gegners, die in der Vermutung, hinter ihr »stehe wohl doch eine Art Vaterlandsliebe«, zum Ausdruck kommt, stehen freilich Erklärungen gegenüber, die im Bannkreis des ideologisch fixierten offiziellen Antibolschewismus bleiben. Fällt Terror als Ursache des »Fanatismus« aus, so muß die ideologische Indoktrination (Ableitung des Erfolges aus einer dogmatischen Glaubensbewegung) und das Bild vom geistigen Terror als Erklärungsgrund herhalten.

### *Desiderate*

Diese Skizzen sollten trotz ihres kursorischen Charakters ausreichend erwiesen haben, daß der »Mythos von der überredeten Masse« weder der relativen Macht noch der notwendigen Ohnmacht nationalsozialistischer Propaganda gerecht wird. Für die nicht mehr kursorische Skizzierung, sondern systematische Erschließung der widersprüchlichen Prozesse in der formellen und informellen Meinungsbildung sind einige Forderungen zu erheben, die wiederum die Notwendigkeit interdisziplinärer Forschungsvorhaben in diesem Bereich verdeutlichen sollen.

Nachdem durch die vollständige Publikation der Sopade-Berichte und der »Meldungen aus dem Reich« der bisherige Mangel in der Editionslage überwunden ist, sollte darüberhinaus auch das Material der Gestapoaktivitäten zur Disziplinierung der Industriearbeiterschaft wissenschaftlich kommentiert werden. [195] Damit wäre nicht nur eine bessere Voraussetzung dafür gegeben, die Bedingungsanalyse vieler Meinungsbildungsprozesse konkreter vornehmen zu können, sondern ein wesentlicher Schritt für den direkten Nachweis des nicht unbeträchtlichen Protestpotentials in der Arbeiterschaft geliefert, auf das Mason (unter Korrektur eigener Thesen) aufgrund seiner Untersuchung zur Sozialpolitik des Nationalsozialismus indirekt geschlossen hat. [196]

Zur Vertiefung der Konditional- und Kausalanalyse würde die Erschließung solcher zusätzlicher Materialien es auch gestatten, vom Meinungsbildungsprozeß verläßlicher auf die Ebene des realen Verhaltens relevanter Bevölkerungsgruppen abheben zu können. Ausgehend von den Meldungen müßten überhaupt erst Kriterien abgeleitet werden, die es gestatten, gezielt aus der Fülle der möglichen Materialien jene auszuwählen, aufgrund derer die Differenz von Einstellungs- und Verhaltensdimensionen diskutiert werden kann.

Allerdings muß besonders betont werden, daß auch diese Ausweitung der Materialgrundlage nur zu besseren Ergebnissen führt, wenn gleichzeitig auch ihre klassen- und schichtspezifische Differenzierung immer konkreter gelingt. Andernfalls wird der zentrale Mangel vieler Darstellungen des Verhaltens und der Meinungsbildung relevanter Bevölkerungsgruppen nicht überwunden, der darin besteht, formal ähnliches auch inhaltlich gleichzusetzen. [197] So z.B. darf nicht bei der Konstatierung einer allgemeinen Resignation in der Bevölkerung als solcher stehengeblieben werden, ohne den wesentlichen Unterschied herausgearbeitet zu haben, der zwischen einer nicht apathischen Realohnmacht aufgrund der Zerschlagung der Klassenorganisationen auf Seiten der Industriearbeiterschaft und einer fatalistischen Reprivatisierung in Teilen des Kleinbürgertums bestanden hat. Indiz des lediglich organisatorisch gelähmten Handlungs*willens* großer Teile des deutschen Proletariats dürften die vielen, wenn auch politisch irrelevanten, Sabotageakte in der Kriegsindustrie sein; Ursache für den weitgehenden Handlungs*verzicht* in Teilen der Mittelschicht dürfte dagegen die viel intensivere Identifikation im Denken und im Handeln gewesen sein. Die Einlösung dieser Forderung dürfte allerdings nicht ohne eine erhebliche Verbesserung der empirischen Erforschung und der theoretischen Fundierung im Bereich der Genese sozialen Lagebewußtseins und ihrer Weiterentwicklung zu Klassenbewußtsein geleistet werden. [198]

Erst nach der Einlösung der angesprochenen Desiderate wird sich auch hinreichend entscheiden lassen, welche Wirkung dem antifaschistischen Widerstand gerade auf propagandistischem Gebiet zugestanden werden kann. Entgegen der These von der Irrelevanz antifaschistischer Aktivitäten im allgemeinen und der vielfältigen, mit der Krise nationalsozialistischer Herrschaft wohl auch zunehmenden, propagandistischen Aktivitäten mit antifaschistischer Stoßrichtung wurde insbesondere von dem DDR-Historiker Huar [199] und von Scheel [200] angesichts nicht unerheblichen Materials die These vertreten, daß diese Aktivitäten eine ausgesprochen akzelerierende Wirkung auf den Umdenkungsprozeß ausgeübt hätten. Trotz ihrer Plausibilität ist doch diese akzelerierende Wirkung bisher nur extrapoliert worden, da Materialien, die zwischen den propagandistischen Aktivitäten und dem dokumentierten Umdenkungsprozeß vermitteln, sowohl kaum erschlossen als auch nur unzureichend in den Gesamtprozeß der sich entwickelten Bedingungen, Ursachen und Wirkungen eingeordnet wurden. Dennoch wäre gerade die Erforschung dieser Phase, die Analyse von Wirkungsmöglichkeiten politischer Gegenpropaganda unter der Bedingung sich zersetzender massenmedialer Indoktrination, von aktueller Bedeutung.

# II. STRATEGIEN NATIONALSOZIALISTISCHER MEINUNGSFORMIERUNG ALS VERSUCH DER MANIPULATION UNAUFGELÖSTER WIDERSPRÜCHE

## 1. Funktionsbestimmung von Propaganda: Meinungs-Formierung und Verhaltenseinübung

### *Der Integrationsmodus ›Propaganda‹ und der Widerspruch von sozialer Funktion und Massenbasis*

Das grundlegende Problem nationalsozialistischer Propaganda bestand – wie kritische Faschismusanalysen übereinstimmend feststellen – darin, Massen an eine ihren objektiven Interessen zuwiderlaufende Politik zu binden. [1]

Die Frage, unter welchen Bedingungen, mit welchen Mitteln, auf welchen Stufen der gesellschaftlichen Kommunikation, mit welcher Intensität und welcher Dauer diese (nichtterroristische, auf Konsens zielende) Bindung erreicht werden kann, ist über ein kommunikations- und propagandatheoretisches Interesse hinaus für jede Herrschaftsanalyse, insbesondere aber für die faschismustheoretische Diskussion von zentraler Bedeutung; nicht zuletzt deshalb, weil die Errichtung und Stabilisierung der faschistischen Diktatur in Deutschland mit einer Massenbewegung einherging. [2] Der »hohe Stellenwert von Propaganda« für den Machtantritt wie für die spätere Herrschaftssicherung ergab sich zum einen aus der Geschichte des unversöhnten Widerspruchs zwischen der kleinbürgerlichen Massenbasis der NSDAP [3], deren vagem Antikapitalismus und seiner eigenen kapitalistischen Machtbasis. [4] Zu erklären ist danach vor allem, wie das Interessenbewußtsein (verstanden als Bedürfnis nach individuellem Glück, sozialer Identität und materieller Existenzsicherung) speziell der Anhängerschaft der NSDAP wie der Bevölkerungsmehrheit überhaupt, sich in den Herrschaftsprozeß einfügte bzw. einfügen ließ. Daß Propaganda auf der Ebene der Massenkommunikation innerhalb des gesamten, den politischen, ökonomischen und kulturellen Bereich umfassenden, gesellschaftlichen Integrationsprozesses nur einen Bereich darstellt und hinsichtlich der gesellschaftlich praktizierten Integrationsmodi (terroristisch, praktisch, ideologisch) als ein besonderes Moment anzusehen ist, sei nochmals ausdrücklich betont.

### *Die Offensive des Großkapitals und eine »neue Ära der Massenlenkung«*

Die Ableitung der besonderen Funktion von Propaganda im NS aus dem Widerspruch von *sozialer Basis* und *politischer Funktion* erhellt nun aber nur eine Seite der objektiven Voraussetzungen propagandistischer Tätigkeit, die darüberhinaus prinzipiell auch für die Integrationsproblematik nicht-faschistischer Gesellschaften zutreffen kann. Die Spezifik nationalsozialistischer Propaganda läßt sich mithin nicht schon aus der *allgemeinen* Form des Widerspruchs begründen. Weder die Notwendigkeit ihres quantitativen Umfangs, der sämtliche Vorläufer und Vorbilder in den Schatten stellte [5], noch ihre vielfältigen Inhalte, Methoden und Formen können aus dem benannten Widerspruch hinreichend begreiflich gemacht werden.

Einen Schritt näher an die Bestimmung der Spezifik nationalsozialistischer Propaganda kommt man, wenn man die eine Seite des Widerspruchs, die »kapitalistische Machtbasis« und deren historische Zielperspektiven heranzieht. So sehr sich die verschiedenen Kapitalfraktionen in einzelnen Zielen auch unterschieden, so einig waren sie sich in politischen Grundsatzfragen: »Aufgrund der im Verlauf der Stabilisierungsphase [der Weimarer Republik, J.B.] gewachsenen ökonomischen Stärke aktualisierten sich seit Ende der zwanziger Jahre zunehmend *expansive* Zielsetzungen; die *Aufrüstung* und die *Zerschlagung aller demokratischen Kräfte* rückten ins Zentrum der politischen Aktivitäten des Monopolkapitals.« [6] Hinsichtlich der Frage nach der politischen Durchsetzung dieser Ziele, taucht hier wieder die Schwierigkeit auf, das Besondere (die Funktionalität der NSDAP für diese Interessen) vom Allgemeinen (der Funktionalität der reformistischen, sozialliberalen und Rechtsparteien für die nämlichen Interessen) zu unterscheiden. Zumindest hinsichtlich des außenpolitischen »Nationalinteresses« gab es aber vom rechten Flügel des Sozialliberalismus bis hin zur NSDAP eine Reihe prinzipieller Übereinstimmungen [7]; auch innenpolitisch erwiesen sich die bürgerlichen Parteien (nach politischen Niederlagen und schrittweiser Rechtsentwicklung) und ihre ultrarechte Konkurrenz schließlich als konsensfähig. [8] Das Favorisieren der nationalsozialistischen Variante »außenpolitischen Imperialismus und innerpolitischer Reaktion« [9] war inhaltlich allenfalls durch das Ausmaß der Ziele [10] bestimmt; entscheidend bei der schließlichen Option großer Teile des Industrie- und Bankkapitals für die NSDAP war die Überzeugung, daß diese Partei Formen der geistigen und praktischen Formierung der Massen entwickelte, die jenen Interessen die bestmöglichen Realisierungschancen eröffneten. [11] Gegenüber dem klassischen Imperialismus und seinen Integrationsmechanismen wies der Nationalsozialismus neben skrupelloser Gewaltanwendung einige »neuartige« [12] Merkmale auf. Eine Reihe dieser Merkmale ergibt sich aus dem offenen Bruch mit den Grundwerten bürgerlicher Demokratie. »Ausdruck davon ist die Zerschlagung der Arbeiterbewegung, die Trennung von Maßstäben des bürgerlichen Überbaus wie Rechtsstaat, Moralität, Intellektualität. Gleichzeitig wird dasjenige, was in der klassischen bürgerlichen Gesellschaft aus dem Öffentlichkeitsrahmen herausfällt, der Erfahrungshorizont und das unter repressiven Bedingungen entstandene Bewußtsein der Massen in einen Mobilisierungsprozeß einbezogen.« [13] Das neben dem KZ-System auffälligste Merkmal nationalsozialistischer Herrschaft: die ständige Formierung der Bevölkerung, die ununterbrochenen Beeinflussungsversuche durch massiven Propagandaeinsatz waren dabei nicht nur Ersatz für das fehlende eigene Programm und den mangelnden Inhalt der »Bewegung«; sie waren – insistiert man auf dem Herrschaftsinhalt als Ausgangspunkt der Analyse der Herrschaftsform – der adäquate Ausdruck der seit der Niederlage im Ersten Weltkrieg und den demokratischen Teilerfolgen der Novemberrevolution auf der Tagesordnung stehenden Offensive des Großkapitals nach innen und außen. [14]

Der »hohe Stellenwert« von Propaganda im Nationalsozialismus resultiert also nur in einem noch unspezifischen Sinn aus dem Widerspruch von sozialer Basis und politischer Funktion. Er verdankt sich vielmehr dem Versuch einer einseitigen, nicht auf Kompromiß, sondern auf gewaltsame Unterdrückung angelegten Lösung des Widerspruchs. Neben der Ablenkungsfunktion entspringt dem inhaltlichen Kern dieser Lösung auch notwendig die spezifische dynamische Form der Massenbeeinflussung im Nationalsozialismus. Die nationalsozialistische Propaganda durfte selbst nach den terroristischen Einebnungsversuchen des fundamentalen Widerspruchs zwischen sozialer Basis und sozialer Funktion mittels der gewaltsamen Auflösung der Zerschlagung der Arbeiterorganisationen und der (selbstvollzogenen) Liquidierung der bürgerlichen Mittelparteien [15], sowie der blutigen innerparteilichen Auseinandersetzungen im sogenannten »Röhmputsch« [16], nicht bei einer politischen Passivisierung und inneren »Pazifizierung« der Bevölkerung stehen bleiben, weil sie – dem expansionistischen Charakter des deutschen Imperialismus entsprechend – gleichzeitig im Sinne einer ideologischen wie praktischen Mobilisierung zu wirken hatte. [17]

Die angestrebte totale Unterwerfung unter die Formierungs- und Anpassungsmaßnahmen auf allen Ebenen des staatlichen und gesellschaftlichen Lebens, dienten somit ebenso wie die Teilnahme an politischen Massenveranstaltungen, das Mitmarschieren in den nationalsozialistischen Verbänden nicht nur der Ablenkung und Kontrolle sondern zugleich der Disziplinierung und Verhaltenseinübung für den »Ernstfall«.

*Wirkungen*

Obwohl die nationalsozialistische Massenpropaganda, vorbereitet und flankiert von der ideologischen und praktischen Arbeit im Produktions- und Reproduktionsbereich, sowie in all jenen sekundären Sozialisationsagenturen, auf die ein effektiver staatlicher Zugriff möglich war [18] *und*, unterstützt und durchwirkt von Terror und materieller Korrumpierung, die Mobilmachung der Bevölkerung mit befördern half, war ihr Einfluß hinsichtlich einer »Gleichschaltung der Köpfe« und einer »Macht über die Herzen des Volkes« (Goebbels) immer nur begrenzt wirksam. Auch die formal und inhaltlich immer routinierter arbeitende Propagandamaschinerie konnte die fortbestehenden fundamentalen Widersprüche der gesellschaftlichen Basis immer nur zeitweilig und teilweise verdrängen. Auf Dauer vermag eben, wie schon Münzenberg 1937 für den Faschismus an der Macht feststellte, »auch die lärmendste und raffinierteste Propaganda über die tatsächlichen Verhältnisse eines Landes nicht hinwegzutäuschen und die Wirkungen nicht aufzuheben, die aufgrund der tatsächlichen wirtschaftlichen und sozialen Verhältnisse entstehen«. [19] Es käme nun freilich einem fatalistischen Objektivismus nahe, wollte man aus der sozialen Widerspruchsdynamik ein automatisches Zusammenbruchsgesetz ableiten. Von jedem Tag faschistischer Herrschaft können tausende von Menschenleben abhängen. Deshalb kommt es darauf an, alle, auch die peripherstem Formen, mit dem es einem faschistischen System gelingen kann, Exekutoren seiner Politik zu rekrutieren und die Zustimmung oder auch nur Duldung von Massen zu organisieren, in ihren Mechanismen exakt zu erkennen. Die Analyse hat dabei vier Ebenen des propagandistischen Wirkungsprozesses zu beachten:

1. die Ebene der historischen (objektiven und subjektiven) Bedingungen von Wirkungen;
2. das Arrangement der propagandistischen Wirkungselemente in konkreten Kommunikationssituationen;
3. die tatsächlich erfolgten Effekte im Hinblick auf Verhaltensweisen und Handeln der Adressaten in der Kommunikationssituation und
4. die langfristigen Wirkungen der propagandistischen Beeinflussung in der Alltagspraxis.

Um in der Theoriebildung und der aktuellen Diskussion über die Verhinderung von Faschismus Fehlschlüsse zu vermeiden, gilt es, bei der Beurteilung der »ideologischen Wucht« (Haug) des historischen Faschismus auch den dritten und vierten Aspekt vermehrt in die wissenschaftliche Analyse einzubeziehen.

Während eine so verstandene wirkungsgeschichtliche Analyse für die Phase des Umschlags von der *Sieg-* zur *Durchhaltepropaganda* im Krieg detaillierter vorgenommen wird, sollen die dominanten Integrationsvorgänge in den Phasen unmittelbar vor 1933 und in der Friedensperiode 1933–1939 hier nur in einem Überblicksentwurf thesenartig skizziert werden.

## 2. Entwürfe zum Strukturwandel der Propaganda im historischen Phasenverlauf

### *»Strategie der Negation« und Machtübertragung 1933*

Massenerfolge in ganz Deutschland und einen Durchbruch bei den Reichstagswahlen hatte die NSDAP seit den Septemberwahlen 1930 zu verzeichnen. Der Zusammenhang dieser Erfolge mit der Weltwirtschaftskrise ist vielfach analysiert und auch in dieser Arbeit schon wiederholt angesprochen worden. Hauptcharakteristikum der Massenpropaganda in der Endphase der Weimarer Republik war eine *Strategie der Negation* (Grieswelle), die ihren Kredit aus der tiefgreifenden (das Wirtschafts- wie das politische System erfassenden) Krise bezog. Zweifellos hatte die Propaganda, trotz ambivalenter Züge (zu denken ist hier insbesondere an die antisemitisch drapierte Kapitalismuskritik auf der einen und an einen – ihrem Auftrag, Arbeiter für die »nationale Sache« zu gewinnen, widersprechenden – Antimarxismus/Antibolschewismus auf der anderen Seite, sowie an pateiinterne Widersprüche hinsichtlich des seit dem sog. Ulmer Reichswehrprozeß wieder öffentlich bekräftigten »legalen« Kurses [20]) entscheidend mit dazu beigetragen, daß die NSDAP vor 1933 einen hohen Anteil der bisherigen Wähler der bürgerlichen Mittel- und Rechtsparteien für sich gewinnen und eine größere Anzahl bisheriger Nichtwähler oder Neuwähler mobilisieren konnte. [21] Propagandamittel in den Wahlkämpfen war nicht zuletzt wegen der noch begrenzten direkten Verfügung massenmedialer Propagandainstrumente [22] die Rhetorik. [23]

Das Gewinnen von Wählerstimmen stellt aber nur die eine »vermittelte« und öffentlich gewordene Seite nationalsozialistischen Erfolges dar. Praktisch möglich wurde dieser – bis in unsere Tage noch vielfach der propagandistischen Formierungsallmacht nationalsozialistischer Führer zugeschriebene – Erfolg durch die von den maßgeblichen Führern der deutschen Wirtschaft erwirkte politische Machtübertragung an Hitler zu einem Zeitpunkt, als die Stimmengewinne der NSDAP bei den Reichstagswahlen bereits wieder auf ein Drittel der abgegebenen Stimmen zurückgegangen waren. Die den Kampf gegen das kapitalistische System demagogisch miteinschließende massenpropagandistische »Strategie der Negation« war also nur in einem indirekten Sinn erfolgreich.

Zur Zerstörung der Weimarer Republik führte im wesentlichen die machtpolitisch *substantiellere* Strategie der Negation von seiten der traditionellen Machteliten. Damit sich aber die von dieser Seite durch direkte politische Intervention gewünschte Machtübertragung überhaupt herrschaftstechnisch durchführen ließ, war wiederum ein Mitmachen der Funktionseliten erforderlich. Dies hatte sich – auf dem Hintergrund einer überwiegend antidemokratischen und antirepublikanischen Erziehung in Elternhaus, Schule und Hochschule [24] – bereits durch eine »verdeckte« Nazifizierung in einigen gesellschaftlichen Bereichen vorbereitet. Die Vorgänge im Vorfeld des Generalangriffs auf die politischen Machtpositionen im Staat spielen auch für die Einschätzung der »Macht der Propaganda« eine zentrale Rolle. Entscheidend für die praktische und geistige Formierung der Bevölkerung ist der Einfluß auf die faktischen organisatorischen Zentren gesellschaftlicher Machtausübung: das Gewinnen von Schlüsselpositionen in intermediären Gruppen [25], die Besetzung von Entscheidungspositionen in Verbänden, Vereinen und öffentlich-rechtlichen Institutionen; denn von hier aus gehen Formierungsimpulse, die sowohl Meinungen und Einstellungen prägen als auch, sei es durch informellen (Gruppen- und/oder Autoritäts-) Druck, sei es durch materielle Hebel Verhalten oder Handeln beeinflussen, ja erzwingen können. [26] Eine »antizipierte Gleichschaltung« wie H. A. Winkler sie für die Verbände des gewerblichen Mittelstandes nachgewiesen hat [27], wie sie sich aber auch in Teilen der Ärzteschaft, der Lehrer- und Professorenschaft, in der Studenten- und Beamtenschaft vollzogen hatte [28], bereitete auch den propagandistischen Massenerfolg vor, wie sie später das effektive Funktionieren des Faschismus an der Macht ermöglichte. [29] Eine »nationale« und antikommunistische Gesinnung konnte bei der Mehrzahl der gesellschaftlichen Schlüsselpersonen: bei Verbandsfunktionären und Vereinsvorständen, bei Lehrern und Verwaltungsexperten in der Regel vorausgesetzt werden. [30] Um die im Sinne der «neuen« Aufgaben erforderliche »Kampfentschlossenheit und Abhärtung gegen humanitäre Skrupel einzuüben«, mußte sie durch rassistische und antisemitische Elemente ergänzt werden. [31] Obwohl die durch einen antirationalen Intellektualismus im Bürgertum gerechtfertigte Massenverachtung in Krisenzeiten nachweislich an gewöhnlich nur dem Faschismus zugeschriebene Formen der Dehumanisierung heranreichte [32] und obwohl die Unterstützung antisemitischer »Volks«redner (von A. Stöcker über E. Stadtler bis zu A. Hitler) durch Großbourgeoisie und Großgrundbesitz den instrumentellen, demagogischen Charakter von Rassismus und Antisemitismus nahelegt [33], ist weder der Prozeß der weltanschaulichen Ausrichtung der Funktionseliten selbst, noch ihre Rolle bei der geistigen Formierung der Massen im Sinne dieser Meinungssyndrome hinreichend geklärt. Um den prozessualen Charakter ideologischer Rechtsentwicklung durchsichtig zu machen, müßte u.a. die Thematisierungsfunktion [34] der verschiedenen Kommunikationsorgane (der spezialisierten Presse, der Prestigepresse und der Massenpresse [35] hinsichtlich Rassismus, Antisemitismus, Antikommunismus etc, analysiert werden. Darüberhinaus käme es darauf an, kategoriale Kommunikationssysteme (Verbandspresse, Vereinsorgane ...) in ihrer Transmissionsfunktion für weltanschauliche Umorientierungen zu untersuchen.

Die Wichtigkeit solcher Fragestellungen für unseren Untersuchungszusammenhang wird deutlich, wenn man sich die Abhängigkeit der Massenkommunikation von der interpersonalen, der Gruppen- wie der kategorialen Kommunikation vergegenwärtigt: Die Resonanz, die z.B. Massenredner erfahren, hängt neben der Beherrschung rhetorischer Mittel immer vom jeweils vorhandenen Meinungsklima ab. Die inhaltlichen Kommuniqués der Hitlerschen und Goebbelsschen Reden konnten auf Zustimmung stoßen, insofern sie als etwas Vertrautes, »Selbst«-gedachtes, d.h. den *maßgeblichen* Gruppenmeinungen Entsprechendes erschienen. Auch auf dem Gebiet der rhetorischen Propaganda bedeutet Faschismus danach nicht einfach persuasive »Macht über die Herzen des Volkes« mittels des manipulativen Einbaus von Elementen des »Volksdiskurses« [36], sondern Gewalt über die Mehrheit des Volkes mittels der Besetzung der gesellschaftlichen Relaisstationen von Macht (auch der kommunikativen) durch eine bürgerliche Funktionselite, die zu Verteidigung, Ausbau und Neuverteilung von Positionen den erforderlichen Irrationalisierungs- und Dehumanisierungsschub mitvollzieht. Dieser Befund gewinnt an Stichhaltigkeit, wenn vor Augen steht, daß innerhalb der NS-Oligarchie gerade die Experten für Propaganda und Gewalt, jener »Ressorts« also, die auf der phänomenologischen Ebene faschistische Herrschaft von anderen Formen bürgerlicher Herrschaft unterscheidbar machen, aus den alten Eliten stammten. [37] Auf der Grundlage der terroristischen Ausschaltung aller demokratischen Organisationen sorgten sie, zusammen mit den Funktionsträgern aus Wirtschaft, Verwaltung und politischer Bürokratie, für die Integration des Systems und suchten seine Legitimation durch die Herstellung *repräsentativer Scheinöffentlichkeiten* inszenatorisch zu bewältigen.

Obwohl in unserem Zusammenhang Formen »sekundärer Ideologisierung« (Friemert), wie sie in den publizistischen und rhetorischen Aktivitäten der Propagandazentrale genutzt wurden, im Vordergrund stehen, muß auf einige Organisationsformen hingewiesen werden, in denen die faschistische »Volksgemeinschaftsideologie« »praktische« *Gestalt* annahm. Formen »praktischer Ideologisierung« waren häufig Anlaß für Massenreden und bildeten den Stoff für rhetorische Auftritte; sie füllten den Inhalt der Zeitungen und Wochenschauen und dienten als Anschauungsmaterial, durch welches der vorgebliche Klassenfrieden evident erscheinen sollte.

Von der Organisation her lassen sich zwei grundlegende Formen der Verankerung der Gemeinschaftsideologie unterscheiden: 1. Formen, welche die Idee als Handlungsvollzug in bestimmten gesellschaftlichen Praxisbereichen organisierten und 2. Formen, die abgehoben von Alltagszusammenhängen den Volksgemeinschaftsgedanken als politästhetische Demonstration zum Inhalt einer staatlich verordneten Feierkultur machten.

In verschiedenen gesellschaftlichen Bereichen wurden Aktivitäten organisiert, die sowohl auf praktische wie »geistige« Effekte hin angelegt waren. Mit dem *Winterhilfswerk* z.B. schuf man ein Aktivitätsfeld, in welchem Mitglieder von Parteiorganisationen (NSV), die freien Wohlfahrtsverbände und Einzelpersonen durch *Sammeln* und die übrige Bevölkerung durch *Spenden* den »lebendigen Geist der Volksgemeinschaft« unter Beweis stellen sollten. [38] Innerhalb der »Deutschen Arbeitsfront« (DAF), die Teilfunktionen der verbotenen Gewerkschaften übernommen hatte, wurde im Rahmen des Amtes »Schönheit der Arbeit« z.B. durch Errichten von Erholungs- und Sportstätten »Gemeinschaftsgeist« praktiziert. Durch die Beteiligung von Partei- und Betriebs»führern« an solchen Aktionen suchte man den egalisierenden Charakter der NS-Bewegung zu unterstreichen. Wort- und Bildberichte in der Verbands- und Massenpresse hatten den Geist dieser Gemeinsamkeit für die gesamte Öffentlichkeit sinnfällig zu reproduzieren. [39] Diesen im Produktions-/Reproduktionsbereich und auf sozialpolitischem Feld angesiedelten Formierungsversuchen stand eine an politische und soziale Gruppen gebundene, staatlich geförderte Feierkultur zur Seite, welche die auf kommunaler und regionaler Ebene vollzogenen Formierungsmaßnahmen durch Großveranstaltungen mit reichsweiter Öffentlichkeit ergänzte. Aus der Vielzahl der im »NS-Feierjahr« stattfindenden Veranstaltungen solcher Art seien hier wenigstens die wichtigsten angeführt [40]:

*Das durchorganisierte Scheinplebiszit der Reichsparteitage*

Durch die jährlich in Nürnberg stattfindenden Reichsparteitage, auf denen bis zu 950000 Personen [41] als Vertreter der unteren und mittleren Parteigliederungen und den der Partei angeschlossenen Massenorganisationen die Politik der NSDAP und ihres »Führers« in einem bis in jede Einzelheit durchorganisierten Scheinplebiszit zu bestätigen hatten [42], wurde versucht, dem Anspruch »identitärer Demokratie« (Einheit von Führer und Volk) Ausdruck zu verleihen. Diese Inszenierungen machten die Beteiligten (meist loyale Gefolgsleute) zwar unmittelbar nur zu Statisten; mit dem Auftritt in der Öffentlichkeit wurde den unteren und mittleren »Hoheitsträgern« aber zugleich so etwas wie »Staatswürde« verliehen. [43]

Die meinungsformierende Wirkung auf die Zeitgenossen, wie ein den Faschismus überlebender Mythos von der Faszination dieser Massenaufmärsche ging auch hier erst von der massenmedialen Verbreitung aus: L. Riefenstahls Parteitagsfilm »Triumph des Willens« von 1934 ist das aufwendigste Beispiel für die filmische Reorganisation einer solchen NS Massenveranstaltung. [44] In ihm werden die Bilder vom Geschehen des Reichsparteitages so »angeordnet«, daß sie als Ausdruck eines einheitlichen – durch den »Führer« A. Hitler zusammengefaßten – »Willens der Nation« erscheinen. [45]

*Bückeberg: Bauernstand und Staatswürde*

Neben der Selbstdarstellung der politischen Bewegung [46] räumte der NS darüberhinaus Berufsgruppen (Bauern, Handwerkern) sowie kategorialen Gruppen (Frauen, Jugendlichen) die Möglichkeit reichsweiter öffentlicher »Selbst«darstellung ein. [47] Zu Veranstaltungen dieser Art gehörten das sogenannte »Reichserntedankfest«, an welchem einmal im Jahr etwa 500000 Bauern einschließlich ihrer Familien auf den Bückeberg bei Hameln kamen [48], um stellvertretend für den ganzen »Reichsnährstand« die scheinbare [49] Aufwertung der Bauern im NS zu zelebrieren.

*Feiern zum 1. Mai als gewaltumstellter Konsens?*

Den Höhepunkt der Darstellungen einer gesamtgesellschaftlichen Scheinsynthese bildete der ehemalige Kampftag der Arbeiter, der 1. Mai, der im NS zum »Feiertag der nationalen Arbeit« umfunktioniert wurde. An ihm mußten Arbeiter, Angestellte, Beamte, »umstellt« von paramilitärischen

Parteiformationen Seite an Seite mit den »Betriebsführern« die politisch postulierte Klassenharmonie in Aufmärschen mit anschließenden Kundgebungen öffentlich zur Schau stellen.

Beschworen wird von den nationalsozialistischen Rednern an diesem »Feiertag unseres Volkes« [50], der nach Hitler »einst der Tag der deutschen Zerrissenheit war« [51], der Sieg des »Volksgemeinschaftsgedankens«, eine »Harmonie von Geist, Stirn und Faust, Arbeitern, Bauern und Bürgern.« [52]

Eine Studie, die das »Spezifische faschistischen Gemeinschaftshandelns« am Beispiel der Maikundgebung auf dem Tempelhoferfeld am 1. Mai 1933 herauszuarbeiten versucht, hat das *Projekt Ideologie Theorie* vorgelegt. [53] In ihr wird gezeigt, wie der NS durch Aufmarsch- und Appellrituale unterschiedliche Gruppen der Bevölkerung ein »praktische(s) Exerzieren der Volksgemeinschaft« vollziehen läßt. Sie hebt hervor, wie das Handeln der Massen in einem »gewaltumstellten Rahmen« vor sich geht und betont das Neue an dieser Form der Machtpräsentation: »Der Staat der Weimarer Republik zeigte seine Machtmittel *gegenüber* den Massen, die unbeteiligt zusahen. Der Faschismus gliedert die Massen in seine Machtpräsentation ein.« [54] Hinsichtlich der Wirkung wird lediglich auf den positiven Widerhall im Bürgertum (vertreten durch seine Prestigepresse – Frankfurter Zeitung – ) eingegangen. Dieser Hinweis ist zwar eminent wichtig: zeigt er doch, wie die faschistische Partei durch das Vorführen der »Hunderttausend in größter Ordnung« ihren Herrschaftsauftrag, die Massen an der Selbstartikulation zu hindern, offensichtlich zu erfüllen in der Lage ist. Das so motivierte Echo darf aber nicht mit der Wirkung auf das »gewaltumstellte«, zuschauende oder beteiligte »Volk« identifiziert werden. Obwohl Behrens explizit auf diese Frage nicht eingeht, nimmt er implizit doch eine Gleichsetzung vor, indem er – durch teilweise Übernahme der *Ellul*schen Propagandatheorie – den Mitvollzug des »Ordnungshandelns« schließlich als Zustimmungsakt erscheinen läßt: »[...] die Tätigkeit macht den Effekt der Propaganda irreversibel. Wer in der Funktion [en fonction] der Propaganda handelt, kann nicht mehr zurück. Er ist jetzt verpflichtet [obligé], aufgrund seiner vergangenen Handlung an diese Propaganda zu glauben. [...] Er ist das, was man engagiert nennt.« [55] Welchen Einfluß das »handelnde Absehen von den Klassengegensätzen« [56] in den Volksgemeinschaftsinszenierungen des 1. Mai für Einstellungen und Handeln der Massen kurz oder langfristig hatten, bleibt in Behrens' Analyse undiskutiert. [57] Ebenso bleibt die für eine Erklärung der Beteiligung wichtige Tatsache, daß der ADGB zur Teilnahme an der Maidemonstration aufrief, unerwähnt. [58] Die integrativen Wirkungen des inszenierten Konsens wären zudem erst im Zusammenhang der jeweiligen politischen, sozialen und wirtschaftlichen Zeitkonstellation näher zu bestimmen und zu beurteilen. Die Veränderungen der Maifeiern von großen Machtdemonstrationen 1933 und 1934 zu folkloristisch-zünftlerischen Trachten- und Werbeschauen mit geringer Präsenz der Arbeiter legen jedenfalls eher minimale Integrationseffekte nahe. [59]

### *Zum Surrogatcharakter appellatorischer Öffentlichkeit*

Der Nationalsozialismus, der politische Beteiligungsmöglichkeiten eines demokratisch-parlamentarischen Systems substantiell außer Kraft gesetzt hatte, schuf bzw. erweiterte eine Reihe von Ersatzformen, mittels derer die Massen an zu Staatsakten aufgewerteten gesellschaftlichen Demonstrationen ›teilhaben‹ konnten [60], *Schein* war diese öffentlich demonstrierte ›Teilhabe‹ der Massen an der Politik insofern, als Entscheidungen nicht von der Bevölkerung und nicht öffentlich getroffen wurden. [61] Die Schaltstellen politischer, wirtschaftlicher und militärischer Macht befanden sich (weiterhin) fest in den Händen der traditionellen Machteliten und der aufgrund einer Anpassung an deren Interessen sich in der Parteihierarchie und Staatshierarchie behauptenden NS-Führer. Durch die Auflösung rechtsstaatlicher Bindungen und neue gesetzliche Regelungen waren deren politischer und gesellschaftlicher Machtspielraum noch erheblich erweitert worden.

*Schein* waren diese Manifestationen immer auch insofern, als die sozialen Probleme der aktivierten Gruppen wie geringe Löhne, Betriebsstillegungen, fehlende Gleichberechtigung usw. hinter einer von Parteiorganisatoren in Regie genommenen und von den Nutznießern des Systems in den einzelnen Gesellschaftsbereichen unterstützten Fassade verdeckt blieben, im Alltag aber nichtsdestoweniger immer unmittelbar erfahrbar waren.

*Schein* waren die massenpropagandistischen Kommuniqués insofern, als man in ihnen die wahren politischen Ziele nur verschlüsselt aussprach, sei es, um das Ausland und den politischen Gegner im Innern zu täuschen, sei es, um sich durch Berücksichtigung der Gesellschaftlichen Psychologie der Massen, deren Zustimmung zu erwerben. [62] Offengelegt werden Ziele und herrschaftstechnische Prinzipien der NS-Politik nur in besonderen Fällen der Einzelgruppenagitation [63]: in der *Intergruppenagitation* gegenüber Gruppen, deren Interessen durch die Beseitigung demokratischer Partizipationsmöglichkeiten der Massen in Staat und Gesellschaft und durch die Aufrüstung unmittelbar bedient werden (Hitlers Rede vor dem Düsseldorfer Industrieclub wird akzeptiert, weil die darin entwickelten Prinzipien politischer Herrschaft der »Herren eigenen Geist« repräsentieren); in der *Intragruppenkommunikation*, wo es darum ging, die, sei es aus persönlicher Überzeugung, aus Karrieregründen oder wegen drohender materieller Existenzvernichtung zu Exekutoren der nationalsozialistischen Politik gewordenen Fachleute zu formieren bzw. zu instruieren (Beispiel: Goebbels Geheimrede vor den Filmschaffenden in Berlin am 28. Februar 1942. [64]

*Schein* waren die von Sammelaktionen über offizielle Feieranlässe bis zum Pogrom reichenden öffentlichen Manifestationen des »Volkswillens« im NS schließlich auch insofern, als sie weder spontan noch als organisierter Ausdruck frei sich entfaltender Einzel- oder Gruppeninteressen zustandekamen, sondern durch informellen Druck und/oder direkten Befehl vorbereitet wurden. Das gilt für die Häuserbeflaggungen anläßlich der »Führergeburtstage« etwa [65], für die Sammel- und Spendenaktionen [66] ebenso wie für die Massenaufmärsche zum ersten Mai [67] und die Brand-, Plünder- und Mordaktionen gegenüber den jüdischen Mitbürgern in der sogenannten Reichskristallnacht. [68]

### *Die Realität des Scheins und seine praktische Bedeutung*

*Realität* aber war der produzierte Schein als Teil der sozialen und kulturellen Praxis. Noch vor jeder ideologischen Wirkung zeitigten die unterschiedlichen Formen der Inszenierung des »Konsens« auch handfeste Ergebnisse. Durch die Sammlungen zum WHW z.B. wurde die staatliche Sozialhilfe entlastet und reale Not gelindert. Ergebnis der unbezahlten Gemeinschaftsarbeit im Rahmen des »Amtes Schönheit der Arbeit« waren eine Reihe von Freizeit- und Erholungsstätten, welche Unternehmen und Staat Kosten für den Freizeit- und Erholungsbereich einsparen ließen. Durch »Arbeitsdienst« (RAD) und »Pflichtjahr« wurde Arbeitskraft für gesellschaftlich notwendige, vom Kapitalverwertungsstandpunkt aber unrentable Arbeiten ohne nennenswerten Gegenwert fungibel gemacht. [69] Angesichts der anstehenden wirtschaftlichen und sozialpolitischen Probleme war der reale Lösungsbeitrag allerdings nur gering. Großenteils stellten die sozialpolitischen Leistungen nur die schlechte Kompensation für den Leistungsausfall auf anderen Gebieten (staatliche Arbeitslosenunterstützung, Fürsorge usw.) dar: »Es sind nicht zusätzliche Leistungen, wie es die ungeheure Propaganda darzustellen versucht, sondern nur teilweise Wiedergutmachungen.« [70]

Dennoch ergaben sich aus diesen Maßnahmen einige wichtige Effekte für die Einstellungsbildung.

Von den Beteiligten hatten unmittelbaren Vorteil diejenigen, die bezahlte

*Funktionsstellen* besetzten. Über die materielle Sicherheit hinaus hatten sie zudem einen Statusgewinn zu verzeichnen, der aus (häufig nur bescheidener) Machtpartizipation resultierte. Die Bedeutung der praktischen und »kultischen« Formierungsaktivitäten für die Mehrzahl der direkt oder indirekt betroffenen Bevölkerung ist nicht so einfach auszumachen; sie stellt sich je nach sozialer Herkunft und Position, nach Art der jeweiligen Aktion, sowie nach zeitbedingten und situativen Besonderheiten unterschiedlich und im ganzen sehr widersprüchlich dar:

Sicher nahmen die Sachspenden und Geldzuwendungen den Notleidenden für die Organisatoren der Hilfeleistungen großenteils positiv ein. [71] Anders dachten schon viele Spender [72] und Sammler [73] und manche durch die Konkurrenz der »Winterhilfe« bedrohten (kleingewerbetreibenden) Zeitgenossen. [74] Die Unzulänglichkeit vieler Maßnahmen, Ungleichbehandlungen in der Verteilung, die polizeistaatliche Kontrollpraxis, Korruption und Unterschlagungen stellten den ideologischen Erfolg ständig infrage. [75] Die Benutzer der von der Deutschen Arbeitsfront errichteten Freibäder wiederum mochten über die »sozialpolitischen Großtaten« positiver urteilen als ihre Arbeitskollegen beim Bau von Erholungsstätten in *ihrer* Freizeit. [76] Dem ideellen Zweck des »Fassaden-Sozialismus« und der »Blumentopfromantik« stand – so Friemert – »die soziale Realität [...] immer wieder entgegen, auch der Hunger und materielle Not. Solche Erfahrungen konnten im Resultat die ideologisch-politischen Anstrengungen zunichte machen.« [77] Die Probe auf's Exempel »Erreichen des ideellen Zwecks« bieten indirekt immer wieder: der Grad und das Ausmaß des Terrors, und direkt die Einstellungen der Betroffenen. [78] Der Terror der Machthaber ist immer auch der sichtbare Beweis für die überlebende Vernunft und Skepsis des Volkes. Das »Pflichtjahr« – um ein letztes Beispiel praktischer Formierung anzuführen – wurde sicherlich von einigen Mädchen und jungen Frauen begrüßt, weil sie sich dadurch zeitweise vom Elternhaus lösen konnten; als ungerecht empfanden es jedoch viele, »daß nur arbeitspflichtige Mädchen, nicht aber ›Töchter sogenannter besserer Familien‹ zum Pflichtjahr herangezogen wurden.« [79] Ohne Zweifel wurde in den Formierungsakten *repräsentativer Scheinöffentlichkeit* durch die Anerkennung und Aufwertung von Repräsentanten der eigenen Gruppe, des eigenen »Standes« auch denjenigen zeitweilig ein Gefühl sozialer Identität vermittelt, deren Lebensrechte durch die realen Entwicklungstendenzen immer mehr beschnitten wurden. [80] Fraglos auch wurden die direkt wahrnehmbaren oder über die Massenmedien vermittelten Formen politischer Scheinbeteiligung von einigen solange als attraktiv empfunden, als man mit ihnen noch die Hoffnung auf wesentliche Verbesserungen der eigenen Lage verbinden konnte. Daß die propagandistische Induktion, die

Hoffnungen auf materielle Sicherheit könnten durch die Politik der Nationalsozialisten erfüllt werden, dagegensprechende Primärerfahrungen und reale Enttäuschungen zuweilen überdauern konnte, ist nicht zuletzt auch der faktischen Zerstörung sozialer und individueller Freiheitsrechte (Koalitions- und Vereinigungsrecht; Meinungs- und Pressefreiheit usw.) zuzuschreiben. Die Zerstörung politischer Kommunikationsnetze führt – wie der Exilvorstand der »Sopade« anläßlich des Ausbaus seines illegalen Kommunikationsnetzes erkannte – zunächst zu einer »Atomisierung der Erfahrungen und Kenntnisse« und dann zwangsläufig zu einer »Atomisierung der politischen Beurteilung und der politischen Zielvorstellungen.« [81] Diese gleichsam aus Furcht vor Lokalborniertheit und Sektierertum entstandene Einsicht gilt nicht nur für die politisch organisierten, sondern auch für die politisch unorganisierten Gegner. Abgetrennt von kontinuierlichem Austausch mit seinesgleichen – mit der das eigene Meinungsbild festigenden und modifizierenden Gruppenmeinung – wächst die Gefahr, sekundären Täuschungs- und Ideologisierungseffekten zu erliegen. Die Tatsache, daß durch das *Propagandamonopol* von Staat und NSDAP das Bild der nur vermittelt erfahrbaren politischen Wirklichkeit relativ beliebig retuschierbar war, erschwerte eine realitätsgerechte Einschätzung; sorgte bei innerlich Abseitsstehenden und Skeptikern für Unsicherheit; schüchterte die Gegner, denen man jede Form offener Beteiligung an der politischen Meinungsbildung und kommunikativer Selbstverständigung zerschlagen hatte, ein. Erfahrungen im eigenen Lebensbereich waren so nur schwer verallgemeinerbar und auf die Gesamtsituation übertragbar: die persönliche Situation konnte die Ausnahme, die Propagandadarstellungen dagegen – wenn auch (noch) nicht die Regel, so doch das von einer Mehrheit akzeptierte Zielbild sein. [82] Die massenmediale und informelle Verbreitung der praktischen und »ideologischen« Formierungsakte barg also jeweils für die nicht unmittelbar Beteiligten besondere Täuschungsmomente, zumal für sie schwerer durchschaubar war, daß die Propaganda »Bilder« von relevanten Bereichen der politischen und sozialen Wirklichkeit – wenn sie sie überhaupt enthielt – verfälschte und daß die *sozialkohäsive* Kraft des produzierten Scheins der Volksgemeinschaftsaktivitäten, getragen vom »individuellen Opportunismus« der großen und kleinen Nutznießer, sich immer auf der Basis von Terror entwickelte.

Zum Selbstverständnis der NS-Propagandisten gehörte das nach jeweiligen Opportunitätsgesichtspunkten angewandte Prinzip des Terrors in der Propaganda. Die faschistische Maxime, daß »hinter der Propaganda [...] immer ein scharfes Schwert stehen [muß]«, hatte Goebbels bezeichnenderweise anläßlich der Instruktion von Mitarbeitern formuliert [83], seinem Massenpublikum aber wohlweislich vorenthalten; ebenso dürfte die Behandlung propagandistischer Herrschaftspraktiken in der Fachliteratur (etwa in Hadamowskys Schrift *Propaganda und nationale Macht* [84]) kaum ein Massenpublikum gefunden haben. Die Rolle der Gewalt bei der Inszenierung des Massenbetrugs, vor 1933 durchaus noch bewußt spektakulär hervorgekehrt [85], wird im Faschismus an der Macht nach außen nurmehr »ordentlich« sichtbar, als Demonstrationseffekt von Pflichterfüllung, der man rhetorisch Freiwilligkeit andichtet. In Massenreden ist sie in der offenen Drohung gegen den designierten »Feind« immer auch direkt, in den subtileren Drohgesten gegenüber den »Volksgenossen« aber nur noch analytisch greifbar (die Dialektik von Innerlichkeit und Terrorismus in der Rhetorik des NS wird weiter unten am Beispiel der Sportpalastrede herausgearbeitet). Aus dem Indirekterwerden der Gewalt nun auf eine Zunahme der ideologischen Überzeugungsmacht der Propaganda zu schließen, wäre verfehlt. Zu diesem Schluß gelangt nur, wer allein die sekundären Produkte der Propaganda anhand der Dokumente (etwa Reichsparteitags*film*, Tonaufnahme der Sportpalast*rede*), statt der real ablaufenden Formierungs*prozesse* analysiert. Das Geheimnis der »jubelnden Massen« (im übrigen haben sie nicht gejubelt, sondern lancierte Parolen gebrüllt) in der jeweiligen Kommunikationssituation selbst liegt im wesentlichen bereits in einer *Manipulation der Bedingungen*, bei welcher Spezialisten des Sicherheitsdienstes (SD) der SS, der Gestapo, der Organisations- und Einsatzleitungen von SA und NSDAP den Propagandisten vorarbeiten, indem sie jede Gegneräußerung durch Unterdrückung, Verfolgung, Einkerkerung und Mord von vornherein unmöglich machten und indem sie Formierungselemente des »Ordnungshandelns«: Aufmärsche, Appelle, Sprechchöre, Lieder usw. einüben und in der Situation initiieren, überwachen und unterstützen. Verfolgt man die Verschränkung von Propaganda und Terror in der 12jährigen Geschichte des Faschismus an der Macht, so zeigt sich, daß dieses Verhältnis vom jeweiligen Stand der inneren (sozialen) Stabilität des Systems und dessen Wahrnehmung in der Bevölkerung abhängt. Während der Terror sich 1935 überwiegend gegen Juden, überzeugte Christen, Kommunisten, Sozialdemokraten und Gewerkschafter richtet [86], versucht die Propaganda teilweise mit Erfolg den der konjunkturellen Aufschwungphase zuzuschreibenden Abbau der Arbeitslosigkeit als alleinige Leistung der neuen Regierung auszugeben. Die Einbindung großer Teile der Bevölkerung gelingt u. a., weil viele durch die Rüstungskonjunktur wieder Arbeit bekamen, durch die »*Friedensdemagogie*« das wahre Ziel der Arbeitsbeschaffungsmaßnahmen aber verschleiert blieb. [87] Daneben wirkten sich sozialpolitische Verbesserungen für bestimmte Teile einiger Berufsgruppen positiv für den Integrationsprozeß aus. [88] Eine starke integrative, zumindest aber attentistische Wirkung auf *alle* Gesellschaftsklassen hatte zudem die mit den außenpolitischen »Erfolgen« zwischen 1933–1938 (Rückkehr des Saargebiets 1935, Einführung der allgemeinen Wehrpflicht 1935, Besetzung des Rheinlands 1936, Annexion Österreichs 1938) verbundene *nationale* Propaganda. [89] Anti-Versailles war tatsächlich ein Thema für das ganze deutsche Volk.

Schon 1934/35 treten mit der Stagnation der Arbeitsbeschaffung, mit dem inflationären Anstieg der Lebenshaltungskosten (und der Außenwirtschaftskrise) starke Krisensymptome auf. Auf Unzufriedenheit wird staatlicherseits mit schärferen Repressionen reagiert. Erst als mit der sozialen Krise 1938, den forciert betriebenen Kriegsvorbereitungen die akute Gefahr sozialer Desintegration anwuchs, nahmen Terrormaßnahmen infolge ineffektiver werdender propagandistischer Integration wieder zu. [90] Schon zu dieser Zeit hatte die NSDAP ihr »dürftiges ideologisches Kapital längst verwirtschaftet. Die forcierten Kriegsvorbereitungen riefen keinen Enthusiasmus hervor; Begeisterungswellen blieben nun auf den Raum und die Zeit des Parteitags beschränkt, waren kurzlebiges Ergebnis von gezüchteten Erwartungen, von Dramaturgie und Isolierung vom Alltag.« [91]

## 3. Soziale Widerspruchsdynamik in der Kriegspropaganda

### *Widerspruchsdynamik 1942/43*

Als schließlich mit den militärischen Niederlagen der Jahre 1942/43 der Nationalsozialismus in eine allgemeine Krise geraten war, mußte der Erfolg aller bisherigen Formierungsmethoden noch fragwürdiger werden. An den publizistischen und rhetorischen Aktionen des NS-Propagandaapparates und seines Protagonisten Goebbels in der Stalingrad-Ära soll dies im folgenden nachgewiesen werden. Es wird zu zeigen sein, daß die Propaganda in der Krisensituation allein noch über eine verstärkte Bearbeitung der in den oben diskutierten Befunden der Meinungs-Kontrolle sichtbar werdenden »systemkritischen« Meinungen und Einstellungen partiell zu wirken vermochte, daß sie dabei aber gleichzeitig der historisch sich entfaltenden verschärften Widerspruchsdynamik nicht entkam, sondern diese im eigenen Bereich nur reproduzierte, teilweise sogar katalysatorisch auf das Krisenbewußtsein wirkte. Trotz Kenntnis und Berücksichtigung der Massenstimmungen, trotz quantitativer Erweiterungen der Massenpropaganda [92] war eine Meinungs-Formierung, die die Widersprüche der gesellschaftlichen Basis auch nur verdeckte, nur noch punktuell erfolgreich.

Im hier zu analysierenden Zeitraum waren es besonders vier Widerspruchsgruppen, die permanent (latent oder manifest) gegeben waren, und mit denen die Propagandisten rechnen mußten. Bei den Widersprüchen, die den Charakter der Propaganda dieser Periode prägten, handelte es sich

1. um den Widerspruch zwischen Realitätskenntnis der Bevölkerung *und* Realitätsinterpretation der Propaganda. Dieser Widerspruch ist durch jenen Teil der »Meldungen« ausreichend dokumentiert, der sich mit dem Manipulationsbewußtsein in der Bevölkerung und deren inhaltlichen Subtraten befaßte [93];
2. um den Widerspruch zwischen der Unleugbarkeit der Realität gegenüber der offiziösen Darstellung der Wirklichkeit *und* der Notwendigkeit, das daraus resultierende realitätsgerechtere Verhalten der Bevölkerung, welches nach Aufweis der NS-Meinungs-Kontrolleure von »Passivität« über den »Verfall der Moral im Hinterland der Fronten« bis zu Sabotageakten reichte, abzuwenden;
3. um den Widerspruch zwischen der Heterogenität der (sozialen) Interessenbasis *und* der Notwendigkeit gerade in der Krise alle Bevölkerungsgruppen im Sinne einer verbindlichen Hauptstrategie zu integrieren. Der Versuch einer totalen Mobilisierung betraf aber vor allem noch die möglichen Reserven im Mittelstand und in den Oberschichten. Um einen wirkungsvollen Zwang auszuüben, stimulierte bzw. vergrößerte die NS-Propaganda die in der Bevölkerung vorhandenen Einstellungen gegen die Privilegierten. Diese Taktik hintertrieb dabei aber zugleich den Schein des Klassenfriedens in der NS-»Volksgemeinschaft«. Gefährlich wurde sie aber in erster Linie deswegen, weil Teile des Bürgertums und der kleinbürgerlichen Massen sich durch den »klassenkämpferischen« Gestus der »totalen Kriegspropaganda« verraten sahen. Durch mehrgleisige publizistische Behandlung des Themas in der Massen- und Prestigepresse [94] und eine zurückhaltende Handhabung der Arbeitspflichtverordnungen [95] versuchten die Verantwortlichen, diese Gefahren abzuwenden;
4. um den Widerspruch zwischen dem Zwang zur Manipulation *und* der Wirkungslosigkeit der Manipulation angesichts der aktuellen Verschärfung der fundamentalen Widersprüche. Gerade die Dokumente zur »allgemeinen Auswirkung der Propaganda« machten die Unaufhebbarkeit dieses Widerspruchs zunehmend deutlich. [96] Die Konsequenz wird schließlich darin bestehen, daß gegen Ende des Krieges die Methoden und Mittel der Propaganda mehr und mehr durch bloßen

Terror ersetzt werden; der *Terror der Propaganda* in eine *Propaganda des Terrors* umschlägt. [97]

Wie sehr die Propaganda dieser Periode von der hier formulierten Widerspruchsstruktur und -dynamik geprägt war, soll durch eine Untersuchung nachgewiesen werden, die nachzeichnet, wie der Propagandaapparat einzelne Momente dieser Widersprüche registrierte und durch taktische Maßnahmen zu schlichten versuchte. Zunächst werden die Propagandabemühungen in der *Phase der stagnierenden Expansion* im Herbst/Winter 1942 geschildert; eine kurze Darstellung der um »größere Realistik« bemühten Propaganda zum »totalen Krieg« in der *Phase der akzelerierenden Krise*, sowie eine Interpretation der an die Niederlage bei Stalingrad anknüpfenden Beschwichtigungs- und Mobilisierungsstrategien schließen sich an. Mit diesen Ausführungen kann zugleich ein differenziertes Bild von den präkommunikativen Bedingungen der Sportpalastrede vom 18. Februar 1943 entstehen, deren wirksamste rhetorische Strategien in einer abschließenden Analyse diskutiert werden sollen.

### *Zwischen Verharmlosen, Ablenken und Verschweigen: Propagandataktik in der stagnierenden Phase faschistischer Expansion*

Auf die militärischen Rückschläge an den Fronten im Herbst/Winter 1942/43 und deren Auswirkungen auf die sozialen und wirtschaftlichen Bedingungen im Hinterland der Fronten reagiert der offizielle Propagandaapparat zunächst mit deutlicher Verunsicherung. In Tagebüchern der Propagandisten und in Anweisungsdokumenten der Propagandazentrale [98] stößt man auf eine Fülle von Belegen für diesen Sachverhalt. Während Tagebucheintragungen die Verunsicherungen und zunehmende Ausweglosigkeit propagandistischer Krisensteuerung unverhüllter wiedergeben, versuchen die Propagandisten in ihren Anweisungen einen allgemeinen Zweckoptimismus aufrecht zu erhalten. Im Mittelpunkt aller Überlegungen steht die Frage nach den Möglichkeiten einer wirkungsvolleren Propaganda. Beschwichtigende Gemeinplätze in den Ministerkonferenzen und resignative Eintragungen im Tagebuch ersetzen dabei handlungsrelevante Antworten: »Es gibt immer nur eine Möglichkeit, das Richtige und tausend Möglichkeiten, das Falsche zu tun«, notiert Goebbels am 8. Dezember 1942 [99]; fünf Tage später sinniert er über die Grenzen propagandistischer Meinungs-Formierung – mit dem Ergebnis, daß man »nicht mit einer quergehaltenen Stange durch den Wald gehen« könne. [100] Die Überheblichkeit der Siegerpose weicht allmählich einem resignativen Fatalismus. Das Krisenbewußtsein schlägt durch und infiziert die Sprache der Pragmatiker: »Wir müssen versuchen, [...] uns durch das Gestrüpp der Gegenwart hindurchzuwinden«, so lautet das resignative, die Propagandamöglichkeiten aber gleichsam treffende Fazit. [101] Die Unsicherheit in der Formulierung von Propagandaleitlinien resultiert aus der Einsicht, daß die wachsende Unzufriedenheit der Bevölkerung und das gestiegene Manipulationsbewußtsein jedes Propagandakommuniqué zur Unwirksamkeit zu verurteilen drohen. Der Forderung, daß die Propaganda in Krisenzeiten besondere Schlagkraft entwickeln müsse, um die übrigen Methoden der Systemerhaltung erfolgreich zu unterstützen [102], folgen – da es an realisierbaren Konzepten fehlt – auch in der Praxis kaum organisatorische Umorientierungen, geschweige denn Aktionen, die der Propaganda neuen Vertrauenskredit und damit neue Wirkungsmöglichkeiten eröffneten. Einsilbig wird wiederholt, daß die Propaganda es »nicht leicht habe« [103] und daß es jetzt besonderer Anstrengungen bedürfe, »während die Propaganda in Zeiten militärischer und politischer Erfolge sozusagen von selbst gelaufen sei.« [104]

Da man das Faktische, den äußeren Ereignisverlauf prägende Geschehen nurmehr schwer verändern kann, müssen neue Auswege gefunden werden. Ausgangspunkt bildet bei allen Überlegungen der Propagandisten die Frage, wie die Propaganda bei der zunehmenden Skepsis der Bevölkerung ein Mindestmaß an Glaubwürdigkeit wiedergewinnen kann, wie also der Widerspruch zwischen Realitätskenntnis der Bevölkerung und Realitätsverzerrung in den Medien aufzulösen sei.

Dazu mußte, noch bevor an Lösungsstrategien zu denken war, zunächst geklärt werden, wodurch dieser Widerspruch öffentlich manifest geworden war und wie er sich im Massenbewußtsein artikulierte. Taktische Fehler der Propaganda waren in den Augen der Verantwortlichen die Hauptursache. So wurde zum Beispiel das Festhalten an Prinzipien der »Siegespropaganda« kritisiert, die immer nur über Erfolge berichtet hatte oder einen durchgängigen Optimismus aufrechtzuerhalten suchte. Eine »falsche Nachrichtenpolitik« habe dazu geführt, daß die »deutsche Öffentlichkeit die Tatsachenlage auf Umwegen erfahre und die amtlichen deutschen Verlautbarungen nur deswegen mit Interesse aufnehme, weil sie feststellen wolle, wieweit das deutsche Volk von der eigenen Regierung über die wirklichen Tatsachen aufgeklärt wird.« [105]

Indirekt spielt Goebbels hier auf den Einfluß der Gegenpropaganda an, die vor allem über die ausländischen Rundfunksendungen in deutscher Sprache erheblichen Einfluß auf die informelle Meinungsbildung im Deutschen Reich gewonnen hatten. [106] An anderer Stelle notiert Goebbels, den sonst üblichen internen Zynismus [107] über die »Primitivität« und »Vergeßlichkeit« des Volkes korrigierend: »Das Volk macht sich schon seinen eigenen Reim und wir befinden uns sehr im Irrtum, wenn wir glauben, wir könnten unangenehme Nachrichten zwischen den Zeilen verstecken [...] Das deutsche Volk beherrscht absolut die Kunst zwischen den Zeilen zu lesen.« [108] Diese Einsicht von der Wirkungslosigkeit einer die Realität schlicht leugnenden Propaganda kann nun freilich nicht automatisch zu einer Kurskorrektur im Sinne der Informationsbedürfnisse der Bevölkerung führen. Eine »offenere Nachrichtenpolitik« könnte zwar die Glaubwürdigkeit der Medien wiederherstellen bzw. vergrößern, würde allerdings nur um den Preis der Glaubwürdigkeit des faschistischen Systems und der Aussichten, allenfalls die nächsten Wochen zu überdauern, zu erreichen gewesen sein. Mithin blieb nur der Versuch, die Ineffektivität der Meinungs-Formierung durch ein Kurieren am Einzelsymptom zu verringern.

Bevor man aber mit der Illusionierung der Bevölkerung fortfahren kann, muß zunächst der Desillusionierung der Mitarbeiter und »Amtswalter« entgegengearbeitet werden. Die Protokolle der Ministerkonferenzen vermitteln für die der offenen Propaganda des »Totalen Krieges« vorausgehenden Phase auch in dieser Hinsicht den Eindruck einer konfus taktierenden Propagandazentrale. Die durchsichtigsten Rationalisierungen sind Goebbels gerade gut genug. [109] Ein bequemer Weg, die Situation zu *verharmlosen*, erscheint ihm, zumal die Tatsachen sich nicht alle verleugnen lassen, darin zu bestehen, die Schuld an der falschen Informations- und Nachrichtenpolitik anderen Institutionen zuzuschieben. [110] Die Berichte des SD, in denen das »Versagen« der Propaganda am genauesten registriert wurde, werden von Goebbels für »nicht ganz zutreffend« erklärt. »Seiner Meinung nach«, heißt es im Protokoll der Ministerkonferenz vom 20. Nov. 1942, »geben die Stimmungsberichte aus dem Reich nicht in richtiger Weise die tatsächliche Stimmung des Volkes wieder.« Sie seien nicht repräsentativ und erreichten nur einen Kreis der vom Kriegsgeschehen unmittelbar Betroffenen, im übrigen aber sei »im Volke selbst ein fest verwurzelter Konservativismus zu bemerken, der über die Tagesereignisse hinwegsieht und seine ihm gestellten Aufgaben treu erfüllt. Diese Menschen sind aus ihrer Haltung nur schwer herauszubringen und werden nicht hysterisch, wenn die eine oder andere Sache nicht planmäßig verläuft.« [111] An der Goebbelsschen Diagnose ist sicher so viel richtig, daß der größte Teil der Bevölkerung der sozialen Gewohnheit des alltäglichen Arbeitsantritts auch in dieser Situation ohne direkte Gewalt nachkam – richtig ist auch, daß ein bewußter, politisch begründeter Antifaschismus die Ausnahme blieb. Als Selbsttäuschung oder Schönfärberei aber erscheint sie, wenn man die beweglicheren Elemente der Gesellschaftlichen Psychologie, die in den Stimmungen der Massen zum Ausdruck kommenden sozialen

Empfindungen heranzieht. Das u. a. in den »Bonzengerüchten« sich manifestierende Mißtrauen in die »Gerechtigkeit« des Systems, das Bewußtsein, von »denen da oben« nicht nur wie üblich gegängelt, sondern auch offen belogen und um die bescheidendsten Lebensrechte betrogen worden zu sein, erzeugte Stimmungen, die zwar nicht dem Gesellschaftssystem insgesamt [112], wohl aber deren politischen Exponenten gefährlich wurden. Unter diesem Blickwinkel betrachtet muß die »Analyse« Goebbels' als Schönfärberei erscheinen, die allein den Zweck verfolgte, den Mitarbeitern Zweifel am Sinn und der Wirksamkeit ihrer Aufgaben auszureden.

Der Inhalt der »Meldungen« droht, je negativer die Massenstimmung sich entwickelt und je unwahrscheinlicher ein Stimmungswandel als Folge realer Veränderungsprozesse wird, immer stärker im Sinne *meinungskonträrer Agitation* [113] zu wirken. Das war umso mehr der Fall, als die in der allgemeinen Krise deutlich werdende Agonie des Systems die Verankerung des Selbstbildes in allgemeine – für die Herrschaftsträger bisher gültige – Werthaltungen instabiler werden läßt. Das zunächst nur punktuelle Verdikt, die »Meldungen« seien »unzutreffend«, beschleunigt diesen Prozeß allerdings nur. Ein deutliches Indiz, daß sich Goebbels der Gefahren meinungs- bzw. einstellungskonträrer Agitation bewußt war, ist die Tatsache, daß er die »Meldungen« verbieten bzw. deren Verbreitung einschränken lassen wollte. Äußerungen im Tagebuch geben Aufschluß über persönliche und politische Motive, die ihn zu diesem Schritt veranlaßten: »Der SD-Bericht bringt mehr Stänkereien. Er erregt überhaupt in letzter Zeit mein allgemeines Mißfallen. Er ist gänzlich unpolitisch [!] und wird durchaus ungesiebt an die zuständigen Stellen herangetragen. Daraus entsteht eine gewisse Gefahr; denn die meisten Leser dieser SD-Berichte haben nicht das politische Unterscheidungsvermögen, um eine Nebensächlichkeit von einer Hauptsache zu unterscheiden [...] Das System des SD muß schleunigst geändert werden.« [114] Am 12. Mai stellt Goebbels dann offensichtlich befriedigt fest, daß Himmler inzwischen bereit sei, »den SD-Bericht einstellen zu lassen, da er auf die Dauer defaitistisch wirk[e]« [115]; gleichzeitig besteht er aber darauf, persönlich weiterhin durch einen Sonderbericht über die Entwicklung der Massenstimmungen unterrichtet zu werden. [116] Die Einschränkung der Berichttätigkeit und das schließlich von Bormann erwirkte Verbot der »Meldungen« [117] können demnach schwerlich weltanschaulicher Willkür zugeschrieben werden. Zumal die Forderung Goebbels', auch weiterhin informiert zu werden, erweist die personalistische Verkürzung derjenigen Argumentation, die den Verbotsvorgang aus »verletzter Eitelkeit« [118] der Propagandisten und »dogmatischem Rigorismus« erklären will. Daß gerade diejenigen Parteiinstanzen, für deren Praxis die Meldungen angefertigt wurden, das Verbot erwirkten, zeigt vielmehr die objektiven Grenzen herrschaftstechnischer Pragmatik auf propagandistischem Gebiet: Die während der akzelerierenden Krise gewonnene Einsicht in die Ausweglosigkeit ihrer Situation rief unter der NS-Führung die berechtigte Furcht hervor, daß sich durch die »offene Aufklärung« über die tatsächlichen Einstellungen der Bevölkerung die Distanz auch in den Reihen der aktiven Funktionsträger nur vergrößern könnte. Der weitgehende Verzicht auf die notwendige Rückkoppelung des Manipulationsprozesses hatte herrschaftstechnisch gesehen durchaus einen rationalen Sinn. An der zunehmenden Ohnmacht der Propaganda konnte freilich auch diese Defensivmaßnahme nichts mehr ändern.

Das Changieren zwischen *Verschweigen, Verharmlosen, Ablenken* wird zum Charakteristikum der Propaganda in der stagnierenden Phase faschistischer Expansion. Über die Konzeptionslosigkeit der Propagandazentrale können auch die wiederholten Aufforderungen zur »Sachlichkeit« [119] nicht hinwegtäuschen. Nur allmählich orientiert Goebbels die ausführenden Organe der Propaganda auf eine neue Taktik: »Dem deutschen Volk soll der Ernst der Lage nicht verschwiegen werden, aber andererseits dürfe nicht der Eindruck entstehen, als sei nun ein entscheidender Schlag dieses Krieges erfolgt.« [120] Vor leitenden Propagandisten führte er bereits am 22. Oktober 1942 aus, »daß der Illusionismus, der in gewissen deutschen Kreisen über den Krieg im Osten besteht, unerträglich und außerordentlich gefährlich sei. Er habe seit Monaten immer wieder davor gewarnt, die Lage leichter darzustellen, als sie sei.« [121] In der gleichen Ministerkonferenz gibt er Anweisungen, welche die Presse auf einen »größeren Realismus« festlegen sollen, um die Vertrauenskrise, die nach Goebbels Ansicht zunächst lediglich auf dem Gebiet der Nachrichtenpolitik [122] gegeben sei, zu beheben. Daß der »neue Realismus« mit Wahrheit wenig zu tun haben muß, erhellt schon aus der sprachlichen Logik, mit der die Begründung für den Wandel der Propaganda von Goebbels vorgetragen wird: »Das deutsche Volk habe ein Recht darauf, die Lage so zu erfahren, daß keine falschen Illusionen [!] geweckt würden. Wenn dieser sein Standpunkt einer illusionsfreien Zuversicht nicht überall zur Geltung gekommen sei, so müsse er es ablehnen, nunmehr als Verantwortlicher für die Stimmung schuldig gesprochen zu werden [...] .« [123] Wie aber bei der sich verschlechternden Kriegslage eine »illusionsfreie Zuversicht« erzeugt werden soll, stellt sich den in der Wahl der Mittel von keinen Skrupeln geplagten Propagandisten [124] als unlösbares Problem. Die gewählten Ersatzstrategien, Entwicklungen einfach zu *verschweigen*, ihre tatsächlichen Dimensionen zu *verharmlosen* oder durch »Propaganda der Tat« von ihnen *abzulenken*, können den Mißkredit der Propaganda allenfalls auf dem erreichten Stand fixieren, ihn aber nicht abbauen.

Die Defensive, in die der deutsche Faschismus endgültig geraten war, spiegelt sich getreu im Charakter seiner Propaganda. Im November 1942, als sich auch auf dem Kriegsschauplatz in Nordafrika Rückschläge einstellten, empfiehlt Goebbels eine neue Propagandataktik. Die metapropagandistischen Reflexionen über die Allmacht der Propaganda, die sich darin zeige, daß »einem Volke selbst der Himmel als Hölle [...] und umgekehrt das elendeste Leben als Paradies« [125] vorgemacht werden könne, werden zur Selbstlüge. Die Propaganda wird von der Wirklichkeit eingeholt und muß verstummen: »In propagandistischer Hinsicht sollten wir vorläufig kurztreten und die Ereignisse nur nachrichtlich behandeln. Im Augenblick wisse man nicht, was man sagen könne und deshalb schweige man am besten.« [126] Um die Unsicherheit zu verbergen, folgt der formale Ratschlag an die Propagandaverbreiter, bei allem, was sie mitteilten, »fest und sicher aufzutreten.« [127] Gleichzeitig werden *Sprachregelungen* erlassen, die darauf abzielen, den sich verbreitenden Eindruck von der Defensive zu zerstreuen oder ganz zu unterdrücken. Die später auch für die NS-Propaganda geläufigen Schlagworte von der »Festung Europa« und vom »Kampf auf Leben und Tod« werden in dieser Phase noch verboten, weil sie defensiven Charakter hätten und »defätistisch« wirkten. [128] Das Wort »Defensive« selbst fällt unter das Verbot. Es muß nach Goebbels aus der Propaganda verbannt werden, denn »für jeden Staat [sei] es gefährlich, den Eindruck zu erwecken, daß er saturiert ist. Diese Tatsache der Saturierung führt zu einer defensiven Auffassung und ist für ein revolutionäres Regime von größter Gefahr. Außerdem erinnere das Wort ›Defensive‹ an das Jahr 1917 und verführe zu Parallelen, die gefährlich sind.« [129]

Hinter dem Verschweigen der Wahrheit stand also keineswegs bloß das Motiv, »unnötige«, von den aktuellen Ereignissen herrührende Unruhe zu vermeiden; diese Taktik wurde vielmehr von der Furcht diktiert, der durch Gewalt unterdrückte und durch Propaganda verschleierte Klassenkonflikt könne angesichts der desolaten Kriegslage erneut aufbrechen und der noch überwiegend politisch passive Teil der Bevölkerung könne sich aktiv und mit Erfolg gegen die NS-Herrschaft wenden. Als warnendes Beispiel galt der NS-Führung stets der November 1918. Die in »Führerreden« und in der nationalsozialistischen Presse ständig auftauchende Beschwörung: »Ein November 1918 wiederholt sich nicht!« [130] – war Ausruck der latenten Unsicherheit darüber, ob die terroristische Zerschlagung der Arbeiterbewegung eine dauerhafte Garantie totalitärer Beherrschung der Massen bot. In der Krise 1943 war es nicht allein Furcht vor Herrschaftsverlust, die gesteigerten Zynismus und anwachsenden Terror, einen angeblichen »irrationalen« Selbstlauf im Handeln erzeugten, sondern nackte Existenzangst, die aus der Einsicht resultierte, daß es für führende Nationalsozialisten aufgrund der von ihnen geplanten und/oder begangenen Verbrechen kein »Entrinnen« mehr gebe. Die Tatsache, daß es ihnen gelungen war, viele Deutsche als Exekutoren der Verbrechen zu Komplizen zu machen [131], erscheint ihnen in dieser Situation als vage Chance, den »Endkampf« verlängern zu können. Daß die Fortsetzung des Tötens sich für die NS-Führung als ultima ratio eigener Existenzverlängerung darstellt, geht aus der folgenden Tagebuchnotiz Goebbels' hervor: »Göring ist sich vollkommen im klaren darüber, was uns allen drohen würde, wenn wir in diesem Krieg schwach würden. Er macht sich darüber gar keine Illusionen. Vor allem in der Judenfrage sind wir ja so festgelegt, daß es für uns gar kein Entrinnen mehr gibt. Und das ist auch gut so. Eine Bewegung und ein Volk, die die Brücken hinter sich abgebrochen haben, kämpfen.« [132] Nicht individueller Psychopathologie also entsprang das häufig als irrational etikettierte Handeln der NS-Führer; wahnhaft im Sinne von realitätsfremd war an dem Goebbelsschen »Überlebenskalkül« lediglich die Gleichsetzung von »Bewegung« und »Volk«: Eine Gleichsetzung, deren illusorischer Charakter durch die Propagandataktiken selbst eingestanden wird.

Die »Kunst des Verschweigens« – in dieser Phase zur Haupttechnik der nationalsozialistischen Propaganda erhoben – sollte, nach Goebbels' Vorstellungen, den Prozeß der allmählichen Distanzierung der Deutschen Bevölkerung vom NS-System und seinen führenden Repräsentanten positiv beeinflussen. In der Praxis aber bewirkte sie das Gegenteil und wurde als Ausdruck der Handlungsunfähigkeit des NS-Systems verstanden. [133] Dabei war die nationalsozialistische Propaganda nicht nur im Hinblick auf die *Nachrichtenpolitik* in die Defensive geraten, sondern auch in *weltanschaulichen Fragen*. Auch hier mußte vorsichtiger taktiert werden. In der informellen Kommunikation und der Gegenpropaganda gewannen Alternativen an Bedeutung (erinnert sei an die Umstrukturierung der Feindbilder wie an eine verstärkte Hinwendung zu christlichen Wertorientierungen). Wenn früher gegen unliebsame weltanschauliche Themen scharf polemisiert wurde, werden sie jetzt aus der öffentlichen Diskussion ausgeklammert. An der Unterdrückung eines Leitartikels von Vito Mussolini mit der programmatischen Überschrift »Europa ist christlich« im Dezember 1942 wird dies exemplarisch demonstriert. Im Tagebuch erklärt Goebbels am 18. Dezember 1942 seine Verbotsentscheidung zunächst folgendermaßen: »Ich lasse auch diesen Artikel in unseren Nachrichten unbeachtet. Es hat keinen Zweck auf solche Anzapfungen [!] einzugehen« – um dann mit der Benennung des hinter dem abwehrenden Gestus steckenden schwerwiegenderen Motivs fortzufahren – »[...] da wir im Augenblick ja nicht in der Lage sind, alle Argumente vorzubringen, die hier vorgebracht werden könnten.« [134]

Nicht in allen Fällen aber war das *Verschweigen* von Informationen und die Zurückhaltung in der öffentlichen Lancierung weltanschaulicher Grundsätze Ausdruck der manifest gewordenen Propagandakrise. Aus der Not der eigenen Unglaubwürdigkeit versuchte der Goebbelsapparat zuweilen noch dadurch eine Tugend zu machen, daß er Informationen über »positive« Entwicklungen informellen Meinungskanälen überließ, in der richtigen Annahme, die Kommuniqués würden so glaubwürdiger erscheinen. Aus der eingestandenen Unterlegenheit des formellen Kommunikationssystems wird auf diese Weise doch noch Kredit für die eigenen Ziele geschlagen: So empfiehlt Goebbels am 4. Dezember 1942 seinen Mitarbeitern, daß man die Versorgung der Soldaten mit Winterkleidung, die in jenem Jahr relativ gut war, »in der deutschen Propaganda nicht aufgreifen [solle], da ein Verschweigen dieser Tatsache beste Propaganda für uns sei. Es würde sich von selbst herumsprechen, daß die Ostfront in diesem Jahr mit Winterkleidung gut versorgt ist.« [135]

Den Informationsbedürfnissen der Bevölkerung konnte sich der Propagandaapparat nie völlig verschließen. Nur in Einzelfällen war es möglich, die Entwicklungen an bestimmten Frontabschnitten gezielt zu unterdrükken. Wo auch dies nicht opportun erschien, weil Informationen über andere Kanäle zu beziehen waren, wurden Techniken der *Verharmlosung* entwickelt, die wiederum bis in einzelne Sprachregelungen hinein von der Propagandazentrale festgelegt wurden. Gefordert wurde zunächst ein gemäßigter Ton der Propaganda, der den arrogant aggressiven Duktus der Selbstdarstellung der »Siegpropaganda« aufgibt, ohne dabei jedoch in Pessimismus zu verfallen. Durch »geschickte Zusammenstellung« [136] des Materials soll die Presse versuchen, über Rückschläge hinwegzutäuschen. Die Größe der militärischen Operationen sei zu verschweigen, lediglich die »Härte und Schwere« der Kämpfe hervorzuheben. [137] Stillstand an den Fronten, die ausbleibenden, vielfach aber schon prophezeihten Siege in den entscheidenden Schlachten an der Ostfront zwingen dazu, die Fehlinformationen und daran geknüpfte Erwartungen interpretativ zu korrigieren. Der Superlativstil der »Siegesprop.« weicht nüchterner Alltagsprosa, deren Bilder den quasi naturgesetzlichen Charakter der Vorgänge hervorheben sollen: wo keine »mächtigen Offensiven« und »gewaltigen Schläge« gegen den »Feind« mehr vorzuweisen sind, Stillstand und Defensivpositionen aber nicht zugegeben werden können, schreiben die Propagandarichtlinien Formulierungen wie »Wir verdauen die eroberten Gebiete« oder »Wir kämpfen gegen einen Erdteil und organisieren ihn« vor. [138] Blieben auch solche »Interpretationshilfen« ohne Resonanz, so schreibt Goebbels eine *Ablenkungstechnik* vor, die mit manipulierten Relationen der »Feindziele« und »Feindergebnisse« arbeitet, um die eigenen Niederlagen in ihrer

Bedeutung für den Kriegsverlauf herunterzuspielen. Man müsse immer die Absichten der Feinde vergrößern und das, was sie dann tatsächlich erreicht haben, als vergleichsweise gering hinstellen: »Insgesamt sei es notwendig [...], nicht dem Versuch anheimzufallen, nun zu untersuchen, wieviele Kilometer wir zurückgegangen sind, sondern wieviel wir im vergangenen Jahre erreichten. Die 20 Kilometer, die zurückgegangen werden mußten, seien bedeutungslos gegenüber den Tausenden, die wir vormarschierten.« [139] Die Beispiele lassen erkennen, daß die Praktiken der nationalsozialistischen Propaganda in dieser Phase inhaltlich zwar im Gegensatz zu dem von Goebbels immer wieder postulierten Prinzip der *Sachlichkeit* standen, formal aber danach ausgerichtet wurden. Von einer die objektiven Verhältnisse richtig wiedergebenden Informations- und Nachrichtenvermittlung war die NS-Propaganda weiter entfernt denn je. Dieser Gegensatz von Theorie und Praktik war aber, wie ebenfalls deutlich geworden ist, weder das Produkt geistiger Mediokrität der Propagandisten, wie psychologisierende Faschismusdeutungen es nahelegen, noch Produkt des in der Krise »blindwütig« agierenden Hetzredners Goebbels. Die Realität selbst zerschlug ihm ein sachliches Konzept. Gerade Goebbels hatte sich als flexibler Sozialtechniker erwiesen, der Entscheidungen nach pragmatischen Gesichtspunkten fällte. [140] Sein machtpolitisches Propagandakonzept, nach dem »die Nachrichtenpolitik ein Kriegsmittel sei, das man benutze, um Krieg zu führen und nicht, um Informationen auszugeben« [141], war, wie die orientierungslos agierende Propaganda dokumentiert, dennoch zum Scheitern verurteilt.

Zusammenfassend läßt sich feststellen, daß dieses Scheitern auf veränderten Rezeptionsbedingungen beruhte, die ihrerseits auf die veränderte Kriegslage zurückgingen: In Zeiten militärischer Überlegenheit war es der propagandistischen Meinungs-Formierung teilweise gelungen, die aufgrund des objektiven Interessenwiderspruchs latent immer gegebenen kognitiven Dissonanzen im Massenbewußtsein zu schlichten. Solange die faschistischen Armeen siegreich waren, standen der nationalsozialistischen Propaganda sowohl praktisch wie ideologisch ausreichende Rationalisierungsmöglichkeiten zur Verfügung. Die durch ideologische Kompensationen, sozialpolitische Abschlagzahlungen und materielle Versprechungen erreichte moralische Degradation eines Großteils der Bevölkerung zu Mitläufern verlor in dem Maße ihre Integrationsfunktion, wie die als reales Pfand für die Einlösung der Versprechungen verstandenen Siege ausblieben. Es entstand ein qualitativ verändertes Bedürfnis nach Informationen und adäquater Ereignisinterpretation, die das Propagandasystem nicht zu erfüllen vermochte. Die militärische Krise erzeugte also notwendig eine verschärfte Legitimationskrise, die sich vorerst auf der Meinungs-

und Einstellungsebene niederschlug. Die beschriebenen Lähmungserscheinungen und Konfusionen der Propaganda waren Ausdruck dieses Prozesses. Mit der Krise aber vergrößerte sich zugleich der Wirkungsspielraum der alliierten Gegenpropaganda und der antifaschistischen Agitation. [142]

Die Meinungsveränderungen drohten darüberhinaus auch Konsequenzen für das Verhalten und Handeln der Bevölkerung zu bekommen. Um die Bevölkerung weiterhin auf die Fortsetzung eines nicht zu gewinnenden Eroberungskrieges zu orientieren, mußten die Propagandisten ihre Strategien, die nach eigenem Eingeständnis nur noch ein »System von Aushilfen« [143] darstellten, verändern. Von diesen Veränderungen hing es ab, wieweit die Einstellungen in der Bevölkerungsmehrheit sich realitätsgerecht im Sinne der sich abzeichnenden historischen Niederlage des Faschismus in antifaschistische Richtung entwickelten. Um diesen Prozeß zu bremsen, war es notwendig, Überzeugungen von der prinzipiellen Möglichkeit einer Abwendung der totalen Niederlage erneut zu verankern. Mit den organisatorischen und publizistischen Vorbereitungen zum totalen Krieg wurde dieser Versuch zu Beginn des Jahres 1943 unternommen.

### *»Neue Realistik« in der akzelerierenden Krise des NS-Systems*

Leitbegriff der Propaganda wurde mit Beginn des Jahres 1943 die *neue Realistik.* [144] Die Notwendigkeit zu größerer Realitätsnähe in den offiziösen Darstellungen der Wirklichkeit, die sich in den Propagandaanweisungen in Leitbegriffen wie *Sachlichkeit*, *Realistik*, *Offenheit* niederschlug, resultierte dabei nicht allein aus der Erfahrung, daß *Medienglaubwürdigkeit* Grundvoraussetzung jeder Propagandawirkung sei, sondern folgte der immanenten Logik einer aus der Defensive geführten Mobilisierungsstrategie: Lassen sich nämlich zusätzliche Kraftanstrengungen und Kriegsleistungen nicht mehr aus ideologisch verpackten Beuteerwartungen motivieren, so muß – dem realen Umschlagen des Eroberungskrieges in einen »Verteidigungskrieg« entsprechend – versucht werden, diese Motivation aus der Beschwörung realer Bedrohungen zu gewinnen. Der Übergang von der *Sieg* – zur *Durchhaltepropaganda* ist zunächst auch tatsächlich durch ein Bemühen um mehr »Realistik« gekennzeichnet. Daß die neuen Propagandarichtlinien den manipulativen Grundzug der Meinungs-Formierung nicht beseitigten, geht aus einer näheren Betrachtung der Richtlinien selbst und einzelner Praktiken der Propaganda hervor. [145] Der Versuch einer Lösung des Widerspruchs zwischen Unleugbarkeit der Realität und der Notwendigkeit, daraus resultierendes realitätsgerechtes Verhalten abzuwenden, wird dann auch letztlich in Pseudorealistik steckenbleiben.

Eine realistische Chance zur Bewältigung der militärischen Krise sahen die politischen, wirtschaftlichen und militärischen Führungsgremien in dieser Periode nur noch in einer »Radikalisierung« der »zivilen Kriegsführung.« [146] In der Ministerkonferenz vom 4. Januar 1943 äußerte sich Goebbels zur allgemeinen Situation, wobei er insbesondere auf die Lage der Propaganda eingeht und den Zusammenhang von propagandistischer und praktischer Mobilisierung umreißt. In den Besprechungsprotokollen heißt es dazu u. a.: »Jeder Tag beweise mehr, daß wir im Osten einem brutalen Gegner gegenüberstehen, den man auch nur mit den brutalsten Mitteln niederzwinge und hierzu müßte der totale Einsatz unserer gesamten Kräfte und Reserven erfolgen.« Von den durchzuführenden Maßnahmen erhoffte sich der Propagandaminister, daß auch die »deutsche Propaganda [...] wieder Boden unter den Füßen [gewinne], und der Gegensatz zwischen Theorie und Praxis [...] aufgehoben [werde]«. »Wenn das Volk spüre«, so heißt es, die besondere Bedeutung der Praxis hervorhebend, in den Protokollen weiter, »daß nicht nur Propaganda für den totalen Krieg gemacht, sondern auch die notwendigen Konsequenzen gezogen würden, so bekomme die Propaganda ihre richtige Substanz und Wirkung« wieder. [147] Auffällig ist an diesen Äußerungen das indirekte Eingeständnis der eigenen Unsicherheit, der Orientierungslosigkeit und der Zweifel gegenüber der Wirkung bisheriger Propaganda, die allen erfahrbaren Schwierigkeiten zum Trotz dort, wo sie nicht in *Schweigen* überging, weiter an einem verlogenen Siegesoptimismus festgehalten, die realen Ereignisse *verschleiert* und sich zur Mobilisierung der Bevölkerung mit allgemeinen Appellen an den »Geist« einer »verschworenen Volksgemeinschaft« begnügt hatte. Die Phase der Unsicherheit soll nun durch Vermeidung bisheriger Fehler überwunden werden; den Parolen sollen Taten folgen. Schon in den Reden der ersten Kriegsjahre hatte Goebbels den Begriff »totaler Krieg« zuweilen benutzt und – nach dem demagogischen Gebot: »Je unbestimmter der Inhalt, desto bestimmter der Sprachgestus« – betont, dieser »totale Krieg« müsse eine »totale Aktion zu einem totalen Ziel und unter Einsatz totaler Mittel« sein. [148] Am 30. September 1942 sprach er im Sportpalast davon, daß die »totalste« auch immer die »erfolgreichste Kriegsführung sei.» [149] Das offizielle Signal für die Propagierung des »totalen Krieges« und seine organisatorischen Voraussetzungen erfolgte in der Ministerkonferenz am 4. Januar 1943. Als allgemeine Richtlinie wird formuliert, daß die Kriegspropaganda auf »Kardinalsätzen« aufzubauen sei. [150] Dadurch werde die Uneinheitlichkeit der Propaganda, die sich in der Vergangenheit durch »Tagesereignisse zerfasert hätte« [151], behoben. Diese »Kardinalsätze«, die gleich »Leitmotiven in Wagneropern« in allen Berichten und Kommentaren der NS-Medien wiederholt und so ins Gewissen des Volkes eingehämmert werden sollten, daß sie das Handeln der Bevölkerung im Sinne der faschistischen Regiezentrale beeinflussten, formulierte Goebbels in derselben Konferenz. Sie lauteten:

»1. Der Krieg ist dem deutschen Volk aufgezwungen worden;

2. Es gehe in diesem Krieg um Leben und Sterben;

3. Es gehe um die totale Kriegführung.« [152]

Für sich genommen erscheint das in diesen Leitsätzen zum Ausdruck kommende Propagandakonzept durchaus logisch: Die Propaganda soll das im dritten Punkt avisierte Verhalten und Handeln durch Hervorheben moralischer (1.) und sich aus dem Prinzip der Selbsterhaltung abgeleiteter (2.) Rechtfertigungsgründe auf der Einstellungsebene vorbereiten. Der Erfolg dieses Konzepts in der Praxis erschien den Verantwortlichen allerdings nur gewährleistet, wenn es der Propaganda gelänge, der deutschen Öffentlichkeit klarzumachen, »daß wir nicht nur siegen wollen und müssen, sondern besonders auch, daß wir siegen *können*, weil die Voraussetzungen gegeben sind, sobald Arbeit und Leistung in der Heimat voll in den Dienst des Krieges gestellt werden.« [152] Angesichts des realen Kräftepotentials und der Ausdehnung der Ressourcen auf Seiten der Alliierten und der faktisch bereits an seine Grenzen gestoßenen Kriegsmaschinerie der »Achsenmächte« mußte sich die Vorstellung vom noch möglichen Sieg des deutschen Reiches und seiner Verbündeten als Illusion erweisen. Daraus ist nun aber keineswegs schon auf eine automatische Einschränkung aller Wirkungsmöglichkeiten der skizzierten Propagandastrategie zu schließen. Wie die Analyse der Befunde der Meinungs-Kontrolle ergeben hatte, bestand bezüglich der Kriegsaussichten in der Vorstalingradära durchaus eine ambivalente Haltung in der öffentlichen Meinung: Sie war gekennzeichnet durch ein zwischen Realistik und Phantastik changierendes Bewußtsein, das bei nüchterner Realitätsprüfung mit einem »Verlustfrieden« rechnete, gleichzeitig aber die Wunschvorstellung von einem »Siegfrieden« noch aufrechterhielt. Prinzipiell bestand also immer noch die Möglichkeit für die Propaganda, diese Einstellungsambivalenz propagandistisch auszunutzen. Was den Wirkungsspielraum der Verteidigungsdemagogie letztlich entscheidend einschränkte, waren zum einen die Widersprüche, die sich bei der Umsetzung der Strategie in die Praxis einstellten und last not least der reale Ereignisverlauf, der zudem eine nochmalige Potenzierung sozialer Spannungen mit sich brachte.

Mit Beginn der akzelerierenden Krise des nationalsozialistischen Systems wurde der deutsche Imperialismus gezwungen, eine neue Etappe der innenpolitischen Flankierung des Krieges einzuleiten. Zu diesem Zeitpunkt nahm die NS-Führung die Realisierung jener Maßnahmen in Angriff, die sie bereits bei der Vorbereitung des Eroberungskrieges in den Mobilmachungsplänen in Aussicht genommen hatte, von denen aber bisher nur ein Teil in die Tat umgesetzt worden war. Wenn Goebbels auch immer noch – im Gegensatz zu realistischeren Einschätzungen in seinem Tagebuch – offiziell kein »Symptom innerer Schwäche« [154] erkennen wollte, so war gerade die innenpolitische Brisanz totaler Kriegsmaßnahmen der Grund für ihre verspätete Verwirklichung.

Die im Winter 1942/43 anlaufenden Maßnahmen entsprachen der Militärdoktrin vom »totalen Krieg«. Sie stellten die letztmöglichen Abwehrmaßnahmen gegen eine drohende militärische Niederlage dar und gingen mit schärfsten innenpolitischen Disziplinierungen einher. Die Erwartung, angesichts der drohenden militärischen Niederlage könnten sich die innenpolitischen Gefahren bannen lassen, sollte sich als illusionär erweisen, weil der offen proklamierte »totale Krieg« die Widersprüche zwischen den Interessen der herrschenden Klasse und der Mehrheit der deutschen Bevölkerung immer offener zutage fördern mußte.

Die für den »totalen Krieg« anzuwendenden Mittel, die strategischen und organisatorischen Pläne zu ihrem Einsatz waren nicht neu. Die Konzeption des »totalen Krieges« kann wie die Blitzkriegsstrategie auf dem Hintergrund der Macht- und Expansionspläne des deutschen Imperialismus nach dem Ersten Weltkrieg verständlich gemacht werden. Sie stellt keineswegs eine nationalsozialistische Erfindung dar und ist nicht erst spontan aus einer »Verzweiflungsstimmung« nach der Niederlage bei Stalingrad entstanden. »Ihrer Entstehung und ihrem Inhalt nach ist diese Doktrin [...] eine Ausdrucksform der aggressiven Politik des deutschen Imperialismus [...], sie beinhaltet vor allem die allseitige totale Vorbereitung und Führung des Krieges, die rigorose Unterordnung des gesellschaftlichen Lebens unter die sich daraus ergebenden Notwendigkeiten, den ungehemmten und rücksichtslosen Einsatz aller Kräfte, die Anwendung auch der barbarischsten Methoden der Kriegführung [...].« [155]

Bereits in der militärtheoretischen Diskussion der zwanziger Jahre waren die Grundzüge dieser Konzeption umrissen [156] und in einem Buch Ludendorffs 1935 zum erstenmal zusammengefaßt worden. [157] In ihrem politischen und sozialen Inhalt stellte sie eine Reaktion auf die Ergebnisse des Ersten Welkrieges dar, während die konkreten Formen dieser Konzeption von dem Widerspruch zwischen maßlosen Eroberungszielen und einem beschränkten militärisch-wirtschaftlichen Potential bestimmt waren. »Da das deutsche Monopolkapital«, so erläuterte Bleyer die verspätete Inangriffnahme der totalen Kriegspläne, »mit keiner hohen Kriegsmoral und keiner hohen Einsatzbereitschaft des Volkes rechnen konnte, hofften die Faschisten, die Deutschen würden umso williger ihrer gewissenlosen Kriegspolitik folgen und sie unterstützen, je weniger jeder einzelne selbst für den Krieg zu tun brauchte, je geringer oder unmerklicher die eigentlichen Opfer waren, die jeder für den Krieg bringen mußte.« [158]

Diese Rechnung ging, wie wir gesehen haben, bis zu einem gewissen Grade während der zeitlich begrenzten militärischen Überlegenheit des Faschismus auch auf. Die Eroberungen ermöglichten zeitweise diese »Rücksichten« [159] und eine materielle Korrumpierung, deren positiven Einfluß auf die Stimmung der Bevölkerung die Nationalsozialisten auch in der Krise erhalten wollten. Deshalb zögerten sie auch nach den Niederlagen vom Winter 42/43 zuweilen noch, die Totalisierungsmaßnahmen rigoros durchzusetzen. Zur Wiedergewinnung der militärischen Initiative aber war eine effektive Durchsetzung der »totalen Mobilisierung« unerläßlich. Ziel der bereits Ende 1942 in Aussicht genommenen Maßnahmen war es, »aus allen Bereichen Menschenkräfte und Material für den Krieg zu gewinnen.« [160] Rüstungsminister Speer erklärte in einer Sitzung der »Zentralen Planung«, das Deutsche Reich sei »nicht mehr in der Lage [...] aus dem Vollen zu schöpfen; der Krieg erfordere es nunmehr, ›alles auf die Frontbedürfnisse‹ abzustellen.« [161] Die militärische Lage machte hohe Einziehungsquoten innerhalb kürzester Zeit notwendig. Dies aber erhöhte zugleich den ständigen Mangel an Arbeitskräften in Deutschland, der infolge des Stillstands und der Rückzüge an den Fronten, sowie aus politischen, organisatorischen und arbeitstechnischen Schwierigkeiten nicht beliebig durch Zwangsarbeiter gedeckt werden konnte. [162] Es mußte also ein Weg gefunden werden, der die von den Rüstungskonzernen dringend geforderten Erweiterungen der Rüstungsproduktion durch die Gewinnung neuer Arbeitskräfte möglich machte. [163] Die organisatorischen Vorbereitungen setzten Anfang Januar 1943 ein. Ihr zentraler Inhalt war die Einführung der »gesetzlichen Arbeitspflicht«. Die dabei zu lösenden Probleme betrafen die Regelung über den Einsatz von Frauen in der Kriegsproduktion, über die Stillegung von Produktionen des zivilen Bedarfs, die Aufrechterhaltung von Forschung und Lehre an den Universitäten und besonders die »Freigabe von UK-Gestellten aus Verwaltung und Industrie für die Wehrmacht.« [164]

Die gesetzlichen Bestimmungen wurden im sogenannten »Erlaß des Führers über den umfassenden Einsatz von Männern und Frauen für die Aufgaben der Reichsverteidigung« formuliert. Um die »wehrfähigen Männer für den Kriegseinsatz freizumachen« [165], wurde vorgesehen, Frauen im Alter von 17 bis 45 Jahren und Männer von 16 bis 65 Jahren in den Produktionsprozeß einzugliedern, wobei die weiblichen Personen das Hauptreservoir darstellten. Deren Mobilisierung sollte den Faschisten jedoch nur in geringem Maße gelingen: von Mai 1942 bis Mai 1943 erreichte man lediglich eine Steigerung von 14,4 Millionen auf 14,8 Millionen.

Diese geringe Steigerungsrate erklärt sich einerseits dadurch, daß im Vergleichszeitraum schon relativ viele Frauen beschäftigt waren, andererseits resultiert sie aus der »passiven Resistenz, die noch keineswegs bewußt politischen Charakter trägt, doch gewisse Auswirkungen auf die Ereignisse hatte.« [166]

In den ersten Stimmen zur Verordnung über die Meldung von Männern und Frauen für die Reichsverteidigung, die der SD vom 4. Februar 1943 auswertete, wird der Eindruck einer »außerordentlichen Aufgeschlossenheit« vermittelt: »Dies sei besonders deutlich daraus erkennbar geworden, daß bereits Frauen, auch ältere Jahrgänge, sich nach irgendwelchen Arbeitsmöglichkeiten umsahen.« [167] Über diese »außerordentliche Aufgeschlossenheit« hatten sich die Meinungs-Kontrolleure jedoch getäuscht, denn nur wenige Tage später erkannten sie die wahren Hintergründe der »spontanen« Einsatzbereitschaft, deren Charakter besonders die arbeitende Bevölkerung durchschaute. Man sprach davon, »daß die Arbeitsämter, aber auch direkt gewisse Behörden [Post, Wehrmachtdienststellen, Wirtschaftsämter usw.] von Frauen überlaufen würden, welche schnell noch eine ›angenehme Büroarbeit zu ergattern‹ suchen, bevor sie ›in eine Fabrik gesteckt‹ würden. Teilweise seien die Frauen durch Ausnützung von Bekanntschaften und ›Beziehungen‹ bemüht, auch noch in den Büros besonders angenehme Arbeitsplätze zu finden, wenn nicht sogar Arbeitsverhältnisse nur zum Schein einzugehen. Nach Meldungen aus allen Reichsteilen fragt man in der Bevölkerung, ob nicht endlich auch die Hausgehilfinnenfrage einer gerechten und befriedigenden Lösung zugeführt werden könne.« [168] Der Seitenblick auf besser gestellte Familien wird zum ständigen Motiv der informellen Kommunikation: Vor allem in der Arbeiterschaft wurde der Durchführung des Arbeitseinsatzes der bisher nicht erfaßten Männer und Frauen verstärkte Aufmerksamkeit gewidmet. Man beklagte die »weiche« und »inkonsequente Erklärung des Führererlasses«. Man befürchtete, »daß bei dem kommenden Frauenarbeitseinsatz die Angehörigen der Oberschicht es verstehen werden, sich der Dienstpflicht zu entziehen.« [169] In der Arbeiterschaft entstand also eine »positive« Hinwendung zum »totalen Krieg« großenteils aus einem zwar verständlichen, politisch aber ohnmächtigen Klassenressentiment, das die propagandistisch verbreitete »NS-Gerechtigkeit« von unten einklagte. Schon in der präkommunikativen Phase der publizistischen Vorbereitung der Goebbelschen Rede zum »totalen Krieg« rückt dieses Motiv daher ins Zentrum der Manipulation.

Durch die Dekrete und Verordnungen des »totalen Kriegs« in seiner Existenz bedroht sah sich vor allem der gewerbliche Mittelstand. Drohende Geschäftsschließungen und sogenannte »Auskämmaktionen« (Entzug von

Arbeitskräften und Personal) riefen in diesen Schichten beträchtliche Unruhe hervor. Zum ersten Mal erfuhren auch diejenigen, die in der Hauptsache die Massenbasis des Faschismus gebildet hatten, in aller Schärfe, daß sich der faschistische Staat unverhüllt gegen ihre Lebensinteressen richtete. [170] Zwar hatte die nationalsozialistische Wirtschaftspolitik entgegen ihren propagandistischen Proklamationen dieser Bevölkerungsgruppe mehrheitlich nie reale Vorteile gebracht: die restriktive Siedlungs- und Preispolitik führte zur dramatischen Verschlechterung der Massen der Kleinbauern und der Landarbeiter [171] und zwang Hunderttausende, sich in das städtische Proletariat zu integrieren. Aufgrund des Informationsmonopols der NSDAP und der realen Verbesserung gegenüber den Bedingungen zur Zeit der Weltwirtschaftskrise wurde dieser Prozeß in seiner sozialpolitischen Härte allgemein kaum wahrgenommen. Diejenigen, die ihren Besitzstand wahren konnten, mögen zudem den ökonomischen Ruin des potentiellen Konkurrenten – in der Hoffnung, selbst überleben zu können – mit Genugtuung aufgenommen haben. Das Konkurrenzprinzip feierte seine inhumanen Siege eben nicht nur im Hinblick auf die *Arisierung*, sondern auch auf die Ausschaltung der »arischen« Konkurrenz. Große Teile des mittelständischen Handels und mittelständischer Betriebe blieben im Schatten der Rüstungskonjunktur oder verloren ihre Existenzgrundlage. Das Handwerk verlor selbst in den Jahren der Hochkonjunktur zwischen 1936 und 1938 mehr als 150000 selbständige Betriebe. [172] Die Reaktion auf den *offenen* Angriff auf die ökonomischen Grundlagen des Mittelstands führt aber nur zur verzerrten Einsicht in die gesellschaftlichen Ursachen dieses Vorganges: »Seit dem Beginn der Geschäftsschließungsaktionen werden auch häufiger Äußerungen gemeldet, daß der Nationalsozialismus sich in der Praxis immer mehr bolschewistische Methoden annähere. In den Kreisen des Bürgertums, die von der Stillegung einzelner Branchen unmittelbar betroffen werden, prophezeihe man den ›Untergang des Mittelstandes‹ zugunsten einer staatskapitalistischen Konzentration der Wirtschaft, von welcher eine kleine Führungsschicht allein den Vorteil haben werde.« [173]

Die dem aktuellen Lagebewußtsein entsprechende antikapitalistische Kritik, im Bann eines typisch kleinbürgerlichen Antikollektivismus verbleibend, trägt noch deutlich den Prägestempel nationalsozialistischer Propaganda. Die Projektion der Schuld an der eigenen Misere auf »Plutokraten« und »bolschewistische Funktionäre« aber wirkt unter den veränderten Bedingungen als Bumerang: konkrete soziale Erfahrungen überführen die vermeintlichen politischen Interessenvertreter der Demagogie, wobei die gesellschaftlichen Ursachen ihres Täuschungsauftrags unbegriffen bleiben.

Die Mobilisierung für den »totalen Krieg« – so läßt sich resümierend festhalten – bewirkte aufgrund der geplanten zusätzlichen Eingriffe in den Alltags- und Arbeitsbereich breiter Personenkreise eine Zunahme des innenpolitischen Konfliktpotentials. Die Diskussion der Arbeitspflicht in der Öffentlichkeit ließ die real existierenden sozialen Gegensätze einer dem propagandistischen Selbstverständnis nach harmonischen Volksgemeinschaft für jedermann unmittelbar manifest werden. Um die Gefahren, die aus der Entwicklung der öffentlichen Auseinandersetzungen entstehen konnten, zu steuern, mußte die NS-Propaganda kritische Einstellungen der Bevölkerung aufgreifen und zu neutralisieren oder umzubiegen versuchen. Der komplizierte Funktionsmechanismus der *Rhetorik des Pseudoklassenkampfs* wird in der abschließenden Analyse der Sportpalastrede zur Beschwichtigung des Krisenbewußtseins thematisiert werden.

### *»Kraft durch Furcht« als Mobilisierungsmittel*

Das neue Grundkonzept der Propaganda bestand in einer die »Volksgemeinschaft« als eine auf Leben und Tod bedrohte Nation ansprechenden Strategie. Im wesentlichen wurde sie mittels zweier Techniken in die Praxis umgesetzt: mit einer kurzfristig auf Ablenkung von der Krisenlage zielenden Technik der *Heroisierung* und einer langfristig auf den Durchhaltewillen der gesamten Bevölkerung zielenden Angsttechnik, deren informeller – aus der Ironisierung des Kürzelunwesens im NS entstandener – Name: *Kraft durch Furcht* auch von den Offiziellen übernommen wurde. Im aktuellen Kontext der *Niederlage von Stalingrad* konnten beide Techniken zumindest zeitweise noch eine beschwichtigende Wirkung ausüben. Um das Ausmaß der Niederlage bei Stalingrad einer realistischen Beurteilung durch die Öffentlichkeit zu entziehen, ordnet das Propagandaministerium eine unter Ausnutzung aller der Propaganda zur Verfügung stehenden Mittel ausnutzende dezente Heroisierung der Opfer an. Schon in der Tagesparole des Reichspressechefs vom 23. Januar 1943, zwei Wochen vor der Kapitulation der sechsten Armee, wird den deutschen Zeitungen das Ausmaß der bevorstehenden Niederlage mitgeteilt. Für die Berichterstattung werden bestimmte Leitlinien festgelegt. Die psychologische Wirkung der Niederlage soll im Bewußtsein der Bevölkerung dadurch entschärft werden, daß man ein tragisch-heroisches Gemeinschaftsgefühl beschwört, gleichzeitig aber mit Berichten über Totalisierungsaktionen das Volk in Bewegung zu halten versucht: »Hitler wiederholt das Experiment des Vorjahres, dem Volk von sich aus die bittere Wahrheit mitzuteilen, aber mit dieser Nachricht gleichzeitig ein Aktionsprogramm zu verbinden, das in jedes deutsche Haus hineingreifen und Verzagtheit nicht aufkommen lassen soll. Was im Winter 41/42 die Wollsachensammlung war, ist in diesem Jahr die Arbeitspflicht der Frauen und die Geschäftsschließungsaktion. Die Durchsetzung des Totalkriegsgedankens in der Heimat.« [174]

Am 27. Januar 1943 greift Goebbels die Devise, daß »Stalingrad psychologisch zu einer Kräftigung unseres Volkes ausgenutzt« [175] werden müsse, auf. Bei der Berichterstattung soll »Heroismus herausgeholt« und nicht das »Grauenhafte« betont werden. [176] In den Ministerkonferenzen der nächsten Tage wurden weitere Details festgelegt. Um ein »tragisches Hochgefühl« zu evozieren, mußten zunächst einige Konkreta des tatsächlichen Geschehens verfälscht werden. So durfte z.B. die Gefangennahme des Oberbefehlshabers in Stalingrad in der Presse nicht gebracht werden. [177] Publizistisch sollten die Ereignisse mit »Instinkt« behandelt werden: »Nicht in Frage kommen Trauer, Sentimentalität, erst recht nicht Naßforschheit.« [178] Die drei vorgesehenen Gedenktage sollten nach dem Willen des Propagandaministers der »inneren Sammlung, Besinnung und Kraftkonzentration dienen.» [179] »Die ganze Propaganda müsse«, so formuliert Goebbels in einer aus Trivialstories vertrauten prophetischen Sprache, »aus dem Heldentum von Stalingrad einen Mythos entstehen lassen, der einen der kostbarsten Besitze der deutschen Geschichte bilden werde.« [180] Damit das »Heldengedenken« nicht von vornherein als Propagandamanöver beargwöhnt würde, sondern als spontaner Ausdruck des Volkswillens erscheine, empfahl Goebbels, daß man Worte wie »Märtyrertum« und auch die Verwendung des Wortes »Heldentum« möglichst vermeide und im Duktus möglichst *sachlich* verfahre. [181] Durch die kalkulierte Zurückhaltung sollte der mit der Heroisierung der Stalingradopfer verbundene moralische Appell zur Aktivierung der Massen als selbstauferlegte Verpflichtung erscheinen: »Es sei nicht nötig, dem einzelnen das Herz durch Berichte unnötig schwer zu machen, es sei aber nötig, jeden einzelnen zu zwingen, daß er sich die Frage vorlegt, ob und wie er noch zur Kriegsführung beitragen kann.« [182]

Ganz im Sinne der genannten Rahmenanweisungen wurde dann auch die Presseberichterstattung gestaltet. Die Zeitungen erschienen ohne Trauerrand. Im *Völkischen Beobachter* vom 4. Februar stand auf der ersten Seite die große, schwarz unterstrichene Schlagzeile: »Der Kampf der sechsten Armee ist zu Ende – Sie starben, damit Deutschland lebe.« Auf der gleichen Seite des Blattes befand sich die Reproduktion einer Zeichnung von Mjölnir, die den Kopf eines von einem Strahlenkranz umgebenen »Stalingradkämpfers« mit Kopfverband unter dem Stahlhelm zeigte. Unter ihm war das deutsche Volk dargestellt: Arbeiter, Bauern, Wissenschaftler und Frauen, deren Mienen Bereitschaft zum »totalen Kriegseinsatz« ausdrükken sollten. [183] Um den Aufforderungscharakter dieses Bildes, das mit dem in der NS-Malerei üblichen Klischee von der Volksgemeinschaft arbeitete [184], noch zu betonen, trug es die Unterschrift: »Stalingrad ruft zum Kampf!« [185] In einem Leitartikel Rosenbergs wurde der Untergang der 6. Armee mit dem sagenhaften Heldenkampf der Nibelungen »Wie die Könige, Ritter und Reisige der Burgunder in der fremden Königshalle sich bis zum letzten gegen die Hunnen wehrten, so stand die 6. Armee in Stalingrad vor dem anstürmenden Millionenhaufen des Bolschewismus.« [186] Durch historische Parallelen versuchen Kommentatoren und Leitartikler ihren Lesern »Größe« und »Erhabenheit« des Ereignisses zu suggerieren. Motive aus der deutschen Geschichte, die sich zu Symbolen stoischer Widerstandskraft und furchtlosen »Heldentums« stilisieren bzw. umfälschen ließen, wurden im Politikteil der Zeitungen wie im Feuilleton und in Filmen verarbeitet. [187] Dem Tenor des politischen Teils entsprechend war auch der übrige Inhalt der Zeitungen zu gestalten. Es durften nur ernste Unterhaltungsbeiträge, kein Sport und keine Witze erscheinen. [188]

Unter der Überschrift »Neben ihren Taten verblaßt alle menschliche Größe« wurden Pressestimmen der Verbündeten aus Rom, Tokio und Bukarest versammelt, um die selbstgefertigte Ereignisinterpretation durch »internationale Würdigung« zu stützen. Auf existenzielle Fragen aber, die die deutsche Bevölkerung an die Ereignisse um Stalingrad stellte – nach der Zahl der Überlebenden und dem Schicksal ihrer Angehörigen – wurde keine Antwort gegeben. Es wurde nicht einmal der Versuch unternommen, die mutmaßlichen Ursachen der als Katastrophe empfundenen Niederlage auch nur zu diskutieren. Nichtssagende Beteuerungen, daß es später einmal an der Zeit sei, Rechenschaft abzulegen, ersetzten sachliche Auskünfte. So hieß es beispielsweise: »Den Verlauf der Operationen zu schildern, die zu dieser Entwicklung geführt haben, ist noch zu früh, eines aber kann heute schon gesagt werden: das Opfer der Armee war nicht umsonst. Als Bollwerk der historischen europäischen Mission hat sie viele Wochen hindurch den Ansturm der sowjetischen Armeen gebrochen. Vom Feinde völlig eingeschlossen, hielt sie in weiteren Wochen schwersten Ringens und härtester Entbehrung starke Kräfte des Gegners gebunden. Sie gab damit der deutschen Führung die Zeit und die Möglichkeit zu Maßnahmen, von deren Durchführung das Schicksal der gesamten Ostfront abhing.« [189]

In diesen sybillinischen, jede konkrete strategische Angabe aussparenden Legitimationsversuchen der militärischen »Teil«-katastrophe ist die Propaganda bereits auf die noch kurz zuvor durch Sprachregelung verbotenen Formeln nationalsozialistischer *Verteidigungsdemagogie* eingeschwenkt. Die politische und militärische Defensive aber erlaubt der Propaganda nochmals einen Offensivversuch: Die Inszenierung des »Heroismus«, vordergründig als Ablenkung vom Ausmaß und der Tragweite der Stalingrader Niederlage angelegt, verfolgt gleichzeitig den Zweck, die während der »drei Tage der Besinnung« infolge der »menschlichen Tragödien in Stalingrad« entstehenden Gefühle der Verzweiflung, Furcht und Ratlosigkeit in jedem einzelnen (»unbeeinflußt« von der Propaganda) wirken zu lassen, um so den offiziell längst geplanten Ausweg – die Erklärung des »totalen Krieges« mit all seinen Konsequenzen – als volitiven Akt des Volkes selbst erscheinen zu lassen. [190] Die ideologische Ratlosigkeit der Massen, ihre Einstellungsambivalenz hinsichtlich einer Bewertung der Stalingrader Niederlage, sucht die Propaganda für ihre Zwecke zu nutzen, indem sie die spontan entstehenden emotiven Einstellungen durch Hervorhebung des Schreckens und der »Härte der Kämpfe« verstärkt, der inhaltlichen Zielunsicherheit der Einstellungen der Massen dabei aber gleichzeitig durch die Proklamation von »Kampfentschlossenheit« eine Handlungsrichtung zu geben versucht.

Den Grund dafür, daß die Propaganda mit der »neuen [harten] Optik des Krieges« noch beschwichtigend auf die Meinungsbildung der Bevölkerung einwirken konnte, interpretierte Ernst Bloch als propagandistischen Trick einer Flucht nach vorn: »Jetzt dagegen, wo Verschiedenes besonders schiefgeht, wo früher selbst ein bürgerlicher Ehrenmann sich überlegt hätte, alles zu sagen, wird der Nazi ungemein offen. Nur wenige Stunden später als die Russen teilt er den Fall von Rostow mit, die Lage insgesamt malt er verzweifelt. Mehr noch, er wird überdeutlich, spielt nach Stalingrad den Chopinschen Trauermarsch, schließt Theater, Kinos, Cafes auf drei Tage. Der Nazi wurde bekenntnisfreudig wie ein Büßer und ist doch alles eher als das. Was steckt dahinter, zu welchem Ende werden Lumpen ehrlich? Man könnte sagen, der Nazi schützt sich wiederum durch besondere Gerissenheit. Er nimmt den Mehltau, der sich aufs Land senkt, in eigene Regie, wie alles. Er macht die beginnende Verzweiflung offiziell, so daß sie sich schwerer als sonst gegen die Regierung richten kann. Wird der Propagandaminister selber der oberste Miesmacher, so mag die Revolte in Hoftrauer ertrinken.« [191] Diese Abwehr des Angriffs aus der Bevölkerung durch Identifikation mit dem Aggressor vermag nun zwar den Gegensatz von Führern und Gefolgschaft nochmals zu verschleiern, läßt sich aber schwerlich als aktive Formierungsstrategie einsetzen. Als propagandistischer »Motor« der Mobilisierungsmaßnahmen zum »totalen Krieg« wurde die oben erwähnte Technik der »Kraft durch Furcht«, die eine Verbindung von Schwarzmalerei und der Anrufung des bolschewistischen Schreckgespenstes darstelle, eingesetzt. [192] Diese Technik ist als die zeitgemäße Variante des seit der Oktoberrevolution von sozialliberalen bis rechten Parteien verwandte antibolschewistische Feindbilddemagogie anzusehen. [193] Ihren aktuellen Bezug hebt die Tagesparole vom 13.2.1943 hervor: »Die bolschewistische Gefahr, die in ganz Europa im Zusammenhang mit den militärischen Ereignissen wieder besonders deutlich geworden ist, muß in der deutschen Presse gerade jetzt tagtäglich unterstrichen werden. Dieses Thema, das wir ohnedies ständig behandeln, muß im gegenwärtigen Zeitpunkt bei jeder Gelegenheit in den Vordergrund treten und in den eigenen Stellungnahmen der Blätter immer wieder Ausdruck finden.« [194] Um die antisowjetische Haßpropaganda optimal umzusetzen, mußten die Einzelausführungen modifiziert und auf das in der Bevölkerung vorhandene Meinungsbild [195] abgestimmt werden. Zu diesem Zweck setzte sich Goebbels am 17.2.1943 intern mit »Vier Parolen zum Thema des Bolschewismus« auseinander:

»1. ›Der Bolschewismus hat sich gemausert.‹ – Dieser falschen Auffassung soll dadurch entgegengewirkt werden, daß speziell aus den letzten Jahren, nicht aber aus den ersten Jahren der Bolschewikenherrschaft praktische Beispiele für die Behandlung der unter den Bolschewikenterror fallenden Völker gebracht werden (Randstaaten, Bessarabien usw.);

2. ›Die Engländer und Amerikaner werden die Bolschewisierung schon verhindern.‹ – Dieser besonders in intellektuellen Kreisen des Inlandes verbreiteten Auffassung soll durch unentwegte Wiedergabe derjenigen englischen und amerikanischen Stimmen entgegengetreten werden, aus denen hervorgeht, daß England und Amerika bereit sind, Europa den Bolschewiken zu überlassen;

3. ›Mehr als arbeiten kann man ohnehin nicht.‹ – Diese besonders in den deutschen Arbeiterkreisen verbreitete Meinung ist durch Schilderung der Arbeitslager in den russischen Tundren usw. schlagkräftig zu widerlegen;

4. ›Die Bolschewiken werden nur die Nazis aufhängen.‹ – Dieser Parole ist durch Bekanntgabe von Zahlen über die Ermordung und Verschleppung von Arbeitern und sonstigen Angehörigen der breiten Masse in den von den Bolschewiken überfallenen Gebieten entgegenzutreten.« [196]

Diese Formierungsrichtlinien lassen deutlich die Defensivposition erkennen, in die die Propaganda geraten war. Sie beschränkten sich auf den Versuch, »Gegenbeweise« zur Bevölkerungsmeinung zu lancieren. Stellt man den Grad der Medienglaubwürdigkeit in jener Zeit in Rechnung, so läßt sich ermessen, wie fragwürdig dieses Unterfangen sein mußte. Darüberhinaus riskierten die Meinungsformierer mit der Angstpropaganda, daß statt der erhofften Mobilisierung der Bevölkerung der gegenteilige Effekt, eine allgemeine Lähmung und die Verbreitung fatalistischer Haltungen eintritt: »Die Gefahr, daß die Furcht aus ihrer dienenden Rolle heraustreten und zum allein bestimmenden Faktor der Verhaltensweise der angesprochenen Massen [!] werden könnte, zwingt sie zu wohlabgewogenen Dosierungen, denn der Furchtappell darf niemals eine Fluchtbewegung und Panikstimmung auslösen, sondern die Propaganda muß mit der Größe der Gefahr auch den Weg zu ihrer Überwindung weisen, damit Haß und Widerstandswillen eine reale Basis zu gewinnen vermögen.« [197] Daß diese »reale Basis« nur sporadisch zu erreichen war, zeigt der Inhalt gerade der letzten Parole. Um die mit dem Heranrücken der Roten Armee immer stärker werdende Dissonanz von propagandistisch beschworener Todesbedrohung [198] und Überlebenswunsch aufzulösen, mißtraut die Bevölkerung schließlich eher der eigenen Schreckenspropaganda und deren illusionären Rettungsversprechen und korrigiert aus Selbsterhaltungsgründen das Feindbild. Von der Propaganda lancierte Parolen wirken als *Bumerang*: Für uns, das Volk, besteht kein Grund zur Verzweiflung: Die Bolschewisten werden nur die Nazis aufhängen!

### *Propaganda des Terrors*

Die alle Klassen (die gesamte Nation) umfassende Beschwörung heroischer Haltungen und die auf die gesamte Bevölkerung zielenden Furchtappelle konnten den offensichtlichen Bankrott der »Gemeinschaftsideologie« nicht aufhalten. Im offen sich artikulierenden Bruch des erzwungenen Scheinfriedens der Klassen im »totalen Krieg« mußten die Führungsspitzen der NSDAP Position beziehen. Wiederum versuchen sie die aufbegehrenden Massen zu täuschen, indem sie sich rhetorisch auf ihre Seite stellen. Aber die Rhetorik dieses Pseudoklassenkampfes bleibt nur eine kurze Episode: [199] Je stärker die Auflösungstendenzen werden, desto mehr verzichtet die Propaganda überhaupt auf Inhalte. Dem Zerfall der »Heimatfront« wird immer ausschließlicher durch Strafandrohungen begegnet. Die Propaganda setzt immer weniger auf Formen der Überredung, sie wird zum bloßen Organ der Einschüchterung, das die Bevölkerung in Angst vor der NS-Herrschaft zu halten hat. Dem diente nicht nur die Publikation von Abschreckungsurteilen in den Zeitungen, sondern die jetzt zunehmenden offenen Drohungen mit dem KZ-System. Der Propagandaminister, der nach eigenem Bekunden einst angetreten war, um »Macht über die Herzen des Volkes« zu gewinnen [200], notiert am 12. November 1943 in sein Tagebuch: »Die ewigen Meckereien haben auch stark abgenommen, seit wir gegen Defaitisten Todesurteile aussprechen, vollstrekken lassen und veröffentlichen. Das hat doch auf die Defaitisten sehr ernüchternd und abschreckend gewirkt.« [201] Auch mit dieser neuerlichen Wendung entsprach die Propaganda der für die vorausgehenden Phasen nachgezeichneten Widerspruchsdynamik. Die Veröffentlichung von Todesurteilen wegen »Defaitismus«, »Miesmacherei«, »Plünderung« usw. bewiesen das Ausmaß der Resistenz und zerstörten die letzten Illusionen vom Klassenfrieden und einheitlichen Volkswillen; ungeschminkt kam in ihnen zum Ausdruck, was diese Gemeinschaft seit Anbeginn im innersten zusammenhielt: der Terror.

# III. DIALEKTIK DES PSEUDOKLASSEN-KÄMPFERISCHEN INHALTS DER NATIONAL-SOZIALISTISCHEN MEINUNGSFORMIERUNG ALS FOLGE DES UNAUFGELÖSTEN KLASSENKONFLIKTS

# GOEBBELS' REDE ZUM »TOTALEN KRIEG«

## 1. Inszenatorische Vorbereitung

Mit seiner Rede zum »Totalen Krieg« verfolgte Goebbels die Absicht, einen demonstrativen Beweis für die ungebrochene Einsatzbereitschaft der Bevölkerung für die Fortsetzung des Krieges zu bringen.

Organisatorisch wurde die Veranstaltung im Sportpalast bis ins Detail vorbereitet. Als Teilnehmer waren Gruppen und Einzelpersönlichkeiten aus verschiedenen gesellschaftlichen Bereichen geladen.

Um die Volksgemeinschaft rhetorisch zu konstituieren, werden einzelne Gruppen der Anwesenden vom Redner mit der Bemerkung vorgestellt, er habe mit ihnen »einen Ausschnitt des gesamten deutschen Volkes im *besten* Sinne des Wortes eingeladen«. [1] Er erwähnt Betriebsgruppen und Abgesandte aus den Behörden und Ämtern; er nennt Vertreter aus der Partei, weist auf Repräsentanten aus Wissenschaft und Kunst hin und hebt besonders die Vertreter der kämpfenden Front hervor. Die Aufzählung scheint zunächst nur dem Zweck zu dienen, die Zuhörerschaft als repräsentativen Querschnitt der ganzen Bevölkerung vorzustellen und sie damit als Sprecherin des ganzen Volkswillens zu legitimieren. Dieses Gruppengemisch muß nun vereinheitlicht werden; es muß sozusagen der größte gemeinsame Nenner gefunden werden, unter dem sich divergierende Meinungen und Interessen vereinigen lassen. Und – es muß versucht werden, auch den leisesten Widerspruch zu den Forderungen des Redners von vornherein auszuschalten.

Der Vereinheitlichungstrick besteht nun darin, das Publikum als Solidargemeinschaft anzusprechen. Als emotionaler Kitt dieser Gemeinschaft müssen die Kriegsopfer herhalten. Mit der Hervorhebung der in den ersten Reihen placierten Kriegsversehrten – den »Bein- und Armamputierten mit zerschossenen Gliedern, den Kriegsblinden, die mit ihren Rote-Kreuz-

Schwestern gekommen sind« – wird an menschliches Mitgefühl appelliert. Die Entmündigung des Publikums durch das Aufrühren des schlechten Gewissens geschieht also nicht nur abstrakt (nach dem Motto, daß wir allemal arme, schuldige Sünder seien), sondern wird ganz konkret und plastisch in die Wege geleitet. Mit dem zur unmittelbaren Anschauung gebrachten Kriegsleid präformiert Goebbels trickreich die Zustimmung zum »totalen Krieg«. Wer nämlich angesichts des demonstrierten menschlichen Elends nicht ja sagt zu dem, was der Redner fordert, der vergeht sich an diesen Opfern, der ist menschlich ein Schwein, unfähig, die elementarsten Gebote menschlichen Mitgefühls zu befolgen.

Mit der Vereidigung aufs Mitleid also wird hier die Volksgemeinschaft rhetorisch konstituiert. Wer sich passiv verhält, oder wer gar offen zu widersprechen wagt, stellt sich bloß als menschlicher *Versager.* Die einschüchternde Wirkung durch dieses präventive Verächtlichmachen jedes Widerspruchs erfährt zum Schluß der Rede noch eine Steigerung. Wer der Aufforderung zum Bekenntnis zum »totalen Krieg« zu widerhandeln wagen sollte, riskiert das den Kopf kosten könnende Stigma des *Verräters*.

Die Zusammensetzung des Publikums war sicherlich nicht spontan zustandegekommen, sondern durch ein bestimmtes Auswahlverfahren herbeigeführt worden, das folgende Institutionen zu berücksichtigen hatte: Lazarette, Wehrmachtsdienststellen, NS-Unterorganisationen und Berufsverbände. [2] Diese gezielte Zusammensetzung gehörte ebenso wie die oben interpretierten inhaltlichen Propagandastrategien zu den präkommunikativen Wirkungsbedingungen der Rede. Ob die unmittelbar in der Redesituation erzielten Effekte auf ein »weltanschaulich gleichgestimmtes Auditorium« zurückzuführen sind, wie Hagemann annahm [3], wird im Anschluß an die rhetorische Analyse zu erörtern sein. Der Erfolg des Redners beschränkte sich jedenfalls nicht auf die unmittelbare »Macht des Wortes« in der Kommunikationssituation; er hing eng mit dem Arrangement der gesamten Kundgebung und der postkommunikativen Verarbeitung zusammen. Dazu gehörte neben der Zusammensetzung des Publikums auch die räumliche Atmosphäre: ein nüchterner Saal mit breitem Mittelgang und nur einem riesigen Transparent mit der Aufschrift: *Totaler Krieg – kürzester Krieg!* – über der Rednertribüne. Die Wochenschau vom 24. 2. 1943 hebt beide Momente durch verschiedene Einstellungen wiederholt hervor. Als Propagandamittel innerhalb des faschistischen Manipulationsapparates nahmen diese Wochenschauen eine hervorragende Stellung ein. Ihre Produktion wurde vom Propagandaministerium direkt überwacht. Für die Aufnahme der Sportpalastrede wurden den Kameramännern genaueste Anweisungen geliefert; die Tonkamera hatte die wichtigsten Passagen des Manuskripts vorher erhalten: positive Reaktionen prominenter Zuhörer waren einzufangen, stürmische »Zustimmungskundgebungen« sollten fixiert werden.

Goebbels ließ sich später den stummen Rohschnitt und den Feinschnitt mit Begleitmusik vorspielen. Bevor sie in die Lichtspielhäuser ging, mußte sie dem Führerhauptquartier vorgeführt werden. [4] Neben dieser optischen Verbreitung der Rede war das Echo in der Presse ebenso gründlich vorbereitet worden. Noch vor der Rede, am 18. Februar, erhielt die Presse folgende Hinweise: »Die Zeitungen werden besonders darauf hingewiesen, daß die Stimmungsbilder dem Charakter der Goebbelskundgebung des Berliner Sportpalast Rechnung tragen müssen, d.h. diese Stimmungsbilder müssen die Volkskundgebung ansprechen und dem kämpferischen Willen des ganzen deutschen Volkes Ausdruck geben [...] [5]«

Das »modernste Mittel der Volksführung«, das nach Goebbels' Worten »seit dem 30. Januar 1933 ein treuer Diener der Politik des Führers« [6] war, das *Radio,* stellte das wichtigste technische Medium für die Verbreitung der Rede dar; trotz dieser technisch perfektionistischen Manipulationsmechanismen blieb die erwartete Wirkung auf die Einstellungen der Bevölkerung umstritten. Will man nun die spezifische Wirkung dieser, auch heute noch als Paradebeispiel nationalsozialistischer Propaganda und Verführungskunst apostrophierten Rede erfassen, so muß man neben den prä- und postkommunikativen Verarbeitungsformen vor allem Inhalt und Form der Rede auf die allgemeinen und konkreten Rezeptionsbedingungen hin interpretieren. Der rhetorische Erfolg dieser Rede ist vor allem auf die besondere Art und Weise zurückzuführen, in der Goebbels einzelne Elemente der Gesellschaftlichen Psychologie zu formieren versteht, um einen einheitlichen Willen der Versammelten in der Situation herzustellen. Klassische Topoi bürgerlicher Massenreden finden dabei ebenso Verwendung wie pseudoreligiöse Überredungsformeln und ein der innenpolitischen Spannungssituation angepaßter pseudoklassenkämpferischer Agitationsgestus.

## 2. Zum Zusammenhang von »idealistischer Innerlichkeit« und »heroischem Realismus« in der NS-Rhetorik

### *Innerlichkeit*

Im Vorwort zur ersten Ausgabe der Sportpalastrede wird Goebbels als »Dolmetsch unseres Empfindens« angekündigt, dem es gelungen sei, »die Naht der Zusammengehörigkeit untrennbar [zu schweißen]«. [7] Ganz im

Sinne dieser Charakteristik wendet sich der Redner, nachdem er den Ernst der Lage – die Niederlage von Stalingrad – als »Alarmruf des Schicksals (an die deutsche) Nation« [8] beschworen hat, an sein Publikum:

»Ich möchte zu Ihnen allen aus tiefstem Herzen zu tiefstem Herzen [sprechen] [...] und meine Ausführungen mit dem ganzen heiligen Ernst und dem offenen Freimut, den die Stunde von uns erfordert, ausstatten.« [9]

Dem Ton des Redners entsprach ziemlich genau die optische Szenerie der Kundgebung: ein karg geschmückter Raum mit breitem Mittelgang, der eher einem protestantischen Kirchenraum als dem Schauplatz einer »Massenorgie« glich. [10] Alles schien vorbereitet, um eine absolute Konzentration zu ermöglichen [11], dem Ton der Innerlichkeit ein äußeres Pendant zu bieten. Der Redner benutzte immer wieder Formeln, die dem Zuhörer aus der religiösen Gewissensbearbeitung vertraut waren:

»Unsere Herzen wollen wir erfüllen [...] [12]; ein ehernes Herz, das gegen alle inneren und äußeren Anfechtungen gewappnet ist [...] [13]; das deutsche Volk [ist] durch den tragischen Schicksalsschlag von Stalingrad innerlich auf das tiefste geläutert worden [...].« [14]

In den gleichen Zusammenhang gehört eine Zusatzbemerkung des Herausgebers, die den Effekt dieser von der lutherischen Anthropologie des schlechten Gewissens [15] herstammenden Mittel unterstreichen will: »Im Publikum fühle sich jeder einzelne angesprochen.« [16] So, atomisiert und der solidarischen Artikulation seiner Interessen beraubt, wollte ihn der faschistische Staat versammeln. Der faschistische Pseudokollektivismus, der die bestehenden Eigentumsverhältnisse nach dem Motto »Jedem das Seine« als natürliche Ordnung verklärte, mußte die einzelnen Mitglieder voneinander isolieren. Eben dazu werden alle gesellschaftlichen Kommunikationsmittel – Zeitung, Kino, Radio usw. – eingesetzt. »Sie sollen allen zuhören, vom Führer bis zum Blockwart, nur nicht einander [...]« [17]

### *Funktionswandel der Innerlichkeit*

Die Tradition der Techniken, mit denen die proletarischen und kleinbürgerlichen Massen der Artikulation ihrer sozialen und materiellen Interessen beraubt werden sollen, gleichzeitig aber die partikularen Interessen der herrschenden Klasse als allgemeine akzeptieren lernen sollen, hat der »frühe« Horkheimer mit deutlichem Bezug auf den Faschismus in »Egoismus und Freiheitsbewegung« analysiert. Weltliche und geistliche Führer des Bürgertums bedienten sich nach der Einsicht Horkheimers seit den Anfängen der bürgerlichen Gesellschaft hierzu ähnlicher Techniken. Jene verinnerlichende, spiritualisierende Tendenz, jener Aufruf zur inneren Umkehr, gehören genauso zum »Wesen der neueren Rhetorik« [18] wie eine menschenverachtende Grausamkeit und Strenge der Führer gegenüber ihren Anhängern. [19] Die historische Kontinuität in der formalen Verwendung dieser Mittel darf jedoch nicht den Blick für den partiellen Funktionswandel, den sie im Verlauf der sich entfaltenden Stufen der kapitalistischen Gesellschaftsordnung durchlaufen haben, verstellen. Ihr herrschaftstechnischer Charakter steht von Anfang an außer Frage. Wurden die »Unterklassen« in den vorkapitalistischen Gesellschaften, der Zeit personaler Herrschaft, noch stärker »durch physischen Zwang und Befehle, durch das abschreckende Beispiel furchtbarer irdischer Strafen und durch die Drohung mit der Hölle im Zaum gehalten« [20], so bedurfte die kapitalistische Produktionsweise, die den »freien« Unternehmer und »freien« Lohnarbeiter voraussetzte, verfeinerter Techniken, um die über das Privateigentum an Produktionsmitteln und den Zwangsmechanismus des Marktes verdinglicht fortlebende Form von Herrschaft abzusichern. Damit die Beherrschten die Ziele der Herrschenden zu ihren eigenen machten, traten neben den Zwang vermehrt Methoden, die »notwendige Herrschaft von Menschen über Menschen [...] im Inneren der Beherrschten selbst zu befestigen«. [21] Dies war in dem Maße notwendig geworden, wie die starre Anwendung manifesten Zwanges mit zunehmender Vergesellschaftung der Produktion und der damit einhergehenden Assoziationsmöglichkeiten der lohnabhängigen Massen selbst herrschaftsgefährdende Tendenzen hervorbrachte. Für den Beginn der bürgerlichen Epoche zeigt jener Prozeß der Verinnerlichung zugleich noch ein progressives, historisch notwendiges Moment: »Die Disziplinierung aller Schichten der Bevölkerung, die sich aus der Notwendigkeit ergab, die Massen in die bürgerliche Produktionsweise einzuordnen, hat auf die Entfaltung dieser Wirtschaftsform zurückgewirkt: nicht allein die Steigerung der menschlichen Macht über die Natur, sondern auch die menschlichen Voraussetzungen für eine höhere Form der Gesellschaft, sind ohne den Prozeß der Spiritualisierung und Verinnerlichung garnicht denkbar«. [22] Den wichtigsten geistigen Beitrag zu diesem Prozeß leisteten zu Beginn der bürgerlichen Gesellschaft die Reformatoren »in der Artikulation der Idee, daß das Heil der Menschen nicht von sakramentalen Veranstaltungen einer Priesterkaste, sondern vom seelischen Verhalten der Einzelnen abhänge«. Sie gaben so »dem Individuum in der Ideologie die Selbständigkeit [...] zu welcher es durch die Umgestaltung der Wirklichkeit berufen war«. [23]

Die ökonomischen Bedingungen der Unabhängigkeit des Individuums von »Mittlern« waren durch die freie Warenproduktion geschaffen, direkte Beziehungen zum Markt an die Stelle von Zunftschranken und Lehensabhängigkeit getreten. Ideologisch entsprach dem die Unmittelbarkeit zu Gott, die Idee der Innerlichkeit, das Bild des von äusseren Instanzen unabhängig reflektierenden, betenden, sein weltliches und geistliches Wohl verfolgenden einzelnen. Spiritualisierung und Verinnerlichung waren also nicht nur Mittel zur Disziplinierung der abhängigen Massen, sondern das notwendige Bewußtsein, das die erforderliche Selbstdisziplin des Bürgertums ermöglichte. Das falsche Bewußtsein der Reformatoren (die metaphysische Verankerung des nur historisch verlangten Arbeitsethos') war notwendig im Sinne einer Entwicklung der Produktivkräfte, während die richtige Einsicht in die Inhumanität des kapitalistischen Verwertungsprozesses eine reaktionäre Praxis zur Folge gehabt hätte und auch hatte. Dabei galt diese Ideologie nicht nur für die unterdrückten Klassen: »Die charakterologischen Vorbedingungen dieser von der neuen Wirtschaft geforderten, der Tätigkeit und nicht ihrem Inhalt verhafteten Gesinnung, mußten allgemein und kontinuierlich in die einander folgenden Generationen der verschiedenen Schichten des Bürgertums und mit entsprechenden Nuancen auch in die beherrschten Klassen hineingetragen werden.« [24] Das ändert sich im Laufe der Entwicklung: mit der durch Konzentration und Zentralisation der Kapitalien herbeigeführten Verfestigung einer kleinen Schicht von Monopolisten bestimmt sich die kulturelle Tätigkeit immer ausschließlicher als Beherrschung der Massen.« [25] Die kulturelle Tätigkeit sinkt immer mehr zum »bloßen Instrument der geistigen Überformung der Majorität im Interesse einer manipulierenden Minorität herab«. [26]

## *Der Kampf gegen den Bürger als Rettung des Bourgeois*

Die Innerlichkeit des frühen Bürgertums war nicht nur Kompensation realer Versagungen und die Rückzugsbasis bürgerlicher Freiheit; in ihr war zugleich, wenn auch in ideologisch verzerrter Form, der Gedanke an eine Gesellschaftsverfassung bewahrt, die anders wäre und das Versprechen von Freiheit, Gleichheit, Brüderlichkeit, vom Glück der möglichst vielen einlöste. Freilich hatte der Bourgeois des 19. Jahrhunderts die Citoyenideale nur in seiner Festtagsrhetorik präsent. Die Innerlichkeit wird in der monopolkapitalistischen Phase und ihren völkischen Bewegungen nicht nur abgelöst, wie Marcuse meint, wenn er den Prozeß der »Selbstaufhebung« der »affirmativen Kultur« als die »Ersetzung der idealistischen Innerlichkeit« durch die »heroische Äußerlichkeit« charakterisiert [27]; der nackte Pragmatismus, die machtpolitische Funktionalisierung vormals normativer Gehalte herrschte zwar in den Kreisen der »völkischen«

Machthaber und ihrer Ideologen selber [28], denen reale Befriedigungen von Bedürfnissen, wenn auch in pervertierter Form immerhin offenstanden; auf seiten der Mehrheit der Bevölkerung jedoch und in der Propaganda für diese konnte auf jene Innerlichkeit nicht verzichtet werden, da den Massen weiterhin reale Teilhabe- und Mitbestimmungspositionen verschlossen waren und sie trotz erheblicher politischer Erfolge ihrer Organisationen immer auf die Kompensation durch Scheinbefriedigungen angewiesen blieben.

Freilich wurde die bürgerliche Innerlichkeit auch hier fast nur als Internalisierungsform beibehalten, während ihre Inhalte, die intendierten Ziele, einem gewissen Wandel unterlagen: an die Stelle der bürgerlichen Vormärzideale von Freiheit und Gleichheit, nationaler Gemeinsamkeit, traten die schon im wilhelminischen Obrigkeitsstaat den »Untertan« prägenden reaktionären Ideale »völkischer Gemeinsamkeit«, des Gehorsams, des Opfers und dort wo das Pathos des bürgerlichen Freiheitsideals in die Reden der nationalsozialistischen Führer noch einfloß, wird dieses ganz bewußt umfunktioniert. [29] Der Begriff der Freiheit z. B., der im Liberalismus die Unabhängigkeit des Individuums vom Staat – Freiheitsrechte bedeuteten Schutz gegenüber staatlicher Willkür – meinte, wird im Faschismus zur »Freiheit der Nation« und meint die militärische Expansion. Haben auch die Ideologien des Opfers z. B. in der bürgerlichen Pflichtidee ihre kaum harmloseren Vorläufer, so bricht in der Neuauflage dieser Ideale selbst der martialische Gehalt ungleich offener hervor. In der faschistischen »Kultur« und der faschistischen Propaganda ergeben sich demnach komplizierte Verbindungen von »Idealismus« und »Realismus«, Innerlichkeit und Terrorismus der Gesinnung, wobei der Terror sich in Herausarbeitung einer seit jeher in der bürgerlichen Ideologie angelegten Tendenz [30], teils als Terror gegen Dissidenten, teils als Terror gegen die eigene Person, den »inneren Schweindehund«, darstellt. Diese Dialektik prägt auch die Goebbelssche Rhetorik. Dem »Dolmetsch unseres Empfindens«, der die »Naht der Zusammengehörigkeit untrennbar« schweißte, wird gleich im Vorwort die Drohung nachgeschickt, daß »niemend [...] es wagen [solle], diesen Schwur anzuzweifeln«. Dem Predigerton des Satzes: »Ich möchte zu Ihnen allen aus tiefstem Herzen zu tiefstem Herzen sprechen« [31] folgt der Klartext: »Wir müssen handeln und zwar unverzüglich, schnell und gründlich«. [32] Das Jünglingspathos von Langemarck »Unsere Herzen wollen wir erfüllen mit jener politischen Leidenschaft [...]«, findet im Nachsatz »[...] und nie jener falschen und scheinheiligen Objektivitätsduselei verfallen« [33] seine schnöde Verdeutschung.

Neben den formalen Aspekten zeigt sich aber auch eine Übereinstimmung zwischen den Überredungstechniken bürgerlicher und faschistischer

Massenredner in den Inhalten, in den Werten, an die das Interesse der Massen sich heften soll. Was beim faschistischen Agitator jedoch unverhüllter in den Vordergrund tritt, ist eine Ambivalenz, ein scheinbarer Widerspruch von wechselweisem Verdammen und Preisen der in den bürgerlichen Verkehrsformen geltenden Leitbilder und Normen. [34] In krassem Gegensatz zueinander stehen zum Beispiel die folgenden Passagen der Goebbelsrede: »Hier kämpft die deutsche Nation um ihr alles [...] Das deutsche Volk [hat] hier seine heiligsten Güter, seine Familien, seine Frauen und seine Kinder, die Schönheit und Unberührtheit seiner Landschaft, seiner Städte und Dörfer, das zweitausendjährige Erbe seiner Kultur und alles, was uns das Leben lebenswert macht, zu verteidigen [...]« [35] *und* »Es muß jetzt zu Ende sein mit den bürgerlichen Zimperlichkeiten«. [36] Kommentar des Herausgebers: »Jeder Satz des Ministers wird von wachsendem Beifall und stärkster Zustimmung begleitet «. [37] Die Goebbelssche Propaganda benutzt die alte Innerlichkeit, den Appell an »bürgerliche« Tugenden ineins mit ihrer Denunziation. Während jedoch die »heiligen Gefühle«: Kinderliebe, Natur- und Heimatliebe, Traditionsbewußtsein der Angesprochenen breit ausgewalzt werden, gestaltet sich der Angriff im Ton zwar scharf, im Inhalt aber umso unbestimmter. Trotzdem ist es nicht ohne weiteres verständlich, daß die antibürgerliche Attitüde des Agitators weder in den Reihen der Zuhörer auf Widerstand stößt, noch mit der Mißbilligung der sozial Mächtigen zu rechnen hat. Die Gründe hierfür werden klar, wenn man einmal die subjektive Seite des Problems beleuchtet, die Reaktionsweisen aus den positiv besetzten Inhalten der Gesellschaftlichen Psychologie erklärt und zum anderen den objektiven Aspekt thematisiert, indem man das soziale Fundament faschistischer Herrschaft in Rechnung stellend, prüft, ob die klassischen bürgerlichen Tugenden und Wertvorstellungen noch das angemessene Bewußtsein darstellen. Der Agitator weiß, daß er sein Formierungsziel nur über das Ausnutzen der Gesellschaftlichen Psychologie, die Ansprache der in den Massen aktuell vorherrschenden Gefühle und Stimmungen erreichen kann. Daß eine direkte *ideologische* Ausrichtung nur bei Interessenidentität (die freilich auch vorgetäuscht werden kann) mit Erfolg möglich ist, hatten die gescheiterten Versuche, eine eigenständige NS-Kultur zu etablieren, zur Genüge bewiesen. [38]

Auch das Eintreten für das pragmatische »Tagesziel«, »Kampf bis zum letzten Mann«, war nicht mit rasseideologischen Parolen von der »Überlegenheit und Mission der arischen Rasse« und dem Appell an »nationalsozialistische Tugenden«, die in Parolen wie »Deutschsein heißt, eine Sache um ihrer selbst willen tun« ihren Ausdruck fanden, zu motivieren, sondern nur über eine Verteidigungsdemagogie, die das geforderte Verhalten und Handeln aus moralisch legitimierbaren Interessen des einzelnen und der Nation begründete. Nicht der »Ukas der approbierten Weltanschauung« [39] schafft mithin die für das geforderte Handeln notwendigen Einstellungen, sondern der Appell an tradierte, das Alltagshandeln und -verhalten normativ bestimmende Werte. [40] Das geforderte Handeln selbst verlangt in der Krisensituation dabei zugleich, daß man die »bürgerlichen« Tugenden über Bord wirft: die »Glacéhandschuhe« der bürgerlichen Verkehrsformen auszieht und die »Faust bandagiert«. Die *Dehumanisierung* des Verhaltens erscheint in der Goebbelsschen und Hitlerschen Massenpropaganda dann auch nicht als weltanschauliches Ideal; sie wird vielmehr rational aus der aktuellen Notsituation begründet. Für die Unterklassen hatte das Wort »Bürger« in den Klassenkämpfen des 19. Jahrhunderts »den Charakter einer tödlichen Kriegserklärung« [41] an ihre Ausbeuter. Der verächtliche Sinn dagegen, der ihm in den völkischen Bewegungen des zwanzigsten Jahrhunderts anhaftet, setzte die Tradition der reaktionär feudalen Gegner des Kapitalismus fort. [42] Dem Großkapital ist dieser zweite depravierende Sinn des Wortes »Bürger«, in dem »vom Ökonomischen abgesehen wird, durchaus angenehm. [...] Durch den modernen Kampf gegen die ›bürgerliche‹ Geisteshaltung wird gerade das große Kapital selbst aus der Diskussion gelassen. Die, welche über es verfügen, haben die von diesem Kampf betroffenen Lebensformen längst abgestreift. Kaum ein Charakterzug, mit dem der kleine um seinen Unterhalt kämpfende, pedantische persönlich habgierige Bürger gewisser Perioden des vorigen Jahrhunderts gekennzeichnet war, trifft auf den Trustmagnaten und seine mondäne weltoffene Umgebung zu [...] so läßt die Großbourgeoisie ihre Ideologen gerne diese Attacken gegen den Bürger reiten, den sie in Wirklichkeit durch die reale Kapitalkonzentration zugrunde richtet.« [43]

Die kurze Skizze der Bedeutungsverschiebung des Wortes bürgerlich zeigt demnach, daß Goebbels' entgegengesetzte Verwendung von »Bürger« und »bürgerlich« nicht einfach unlogisch ist, nicht »geistiger Mediokrität« (Glaser) zuzuschreiben ist, sondern geschickt Doppelbedeutungen ausspielt, in denen sich der pseudosozialistische Charakter der faschistischen Bewegung zugleich verstecken und bewegen kann. Auf eine breite, klassenübergreifende Resonanz konnte die antibürgerliche Attacke des faschistischen Agitators deshalb stoßen, weil die Bürger wußten, daß die alten bürgerlichen Ideale (Rechtsstaat usw.) von rechts angegriffen waren, den Massen aber erneut suggeriert wurde, der Angriff erfolge doch noch von links.

Konkret knüpften die antibürgerlichen Invektiven des Redners an die im Zusammenhang mit den Totalisierungsmaßnahmen in der Bevölkerung wieder öffentlich lautwerdende, politische Kritik an. Eine Kritik, die allgemein den sozial Privilegierten galt; die aber wie sich an »Bonzengerüchten«, »Führerwitzen« usw. zeigte [44], insbesondere gegen die »Verbürgerlichung« der als »Goldfasanen« verspotteten Parteichargen gerichtet war. Der Propagandist Goebbels geht in dieser Rede noch einen Schritt weiter als in den propagandistischen Bewältigungsversuchen der Stalingrader Niederlage Anfang Februar: er macht nicht bloß die aufkommende Verzweiflungsstimmung, sondern auch die informelle politische Herrschaftskritik offiziell. Daß es sich hierbei wiederum nur um einen Trick rhetorischer Kumpanei handelt, mit dem sich der Agitator selbst aus dem Schußfeld der Kritik zu nehmen versucht, wird die rhetorische Analyse des propagandistischen Pseudoklassenkampfes ergeben. Hier ist zunächst festzuhalten: Mit dem Ansprechen konsensfähiger Besetzungsinhalte der Gesellschaftlichen Psychologie, mit der Verwendung tradierter religiöser Sprachformeln und einer aus der Tradition bürgerlicher Massenreden herstammenden Mischung aus Zuckerbrot und Peitsche in der Ansprache des Massenpublikums, mit einer, den sozialen und politischen Erfahrungen der Massen entsprechenden Umakzentuierung ambivalenter politischer Begriffe und der Betonung schicht- und klassenunspezifischer allgemeiner Wünsche nach Sicherheit, intakter Umwelt, sozialer Identität und privater Glückserfahrung schuf der Massenredner sich die (der Heterogenität seines Publikums und der Besonderheit der Situation Rechnung tragenden) allgemeinen Voraussetzungen, überhaupt gehört zu werden und mit seinen Forderungen auf positive Resonanz zu stoßen.

## 3. Pseudoklassenkampf als zentrale Kategorie der Faschismusanalyse

*»Mit dem Volk durch dick und dünn« – oder der umfunktionierte Antikapitalismus.*

Wiederholt betont Goebbels in seiner Rede die Ähnlichkeit der Situation 1943 mit der Zeit vor 1933: »Die Zeit, die wir heute durchleben, hat in ihrer ganzen Anlage für jeden echten Nationalsozialisten eine verblüffende Ähnlichkeit mit der Kampfzeit«. [45] Damit dieser Eindruck sich fortan auch in der Öffentlichkeit durchsetze, wurde von der Propagandazentrale eine Sprachregelung erlassen, die der Presse für die Darstellung der totalen Kriegsmaßnahmen den Rückgriff auf das »Vokabular der Kampfzeit« vorschrieb. [46] Nicht auf die objektive soziale und politische Situation bezieht der Propagandist den Vergleich, sondern rein tautologisch auf seinen eigensten Bereich, – auf die Ähnlichkeit der Manipulations- und Propagandamethoden. Da es vor 1933 wie nach 1943 keine Übereinstimmung der objektiven Interessen der Bevölkerung und der Führungscliquen gab, da der nach 1933 üblich gewordene Befehl allein die Integration der sich zunehmend vom NS-System distanzierenden Massen nicht ausreichend garantierte, wird versucht, all jene sozialdemagogischen Apparate wieder verstärkt in Betrieb zu setzen, die bei der Rekrutierung von Anhängern in der Aufstiegsphase des Nationalsozialismus eine wichtige Rolle gespielt hatten. Dabei mußten sie allerdings entscheidende Modifikationen erfahren. Vorweg behauptet der Agitator eine Gemeinsamkeit der Interessen von Partei und »Volk«, ohne sie jedoch näher zu konkretisieren: »[...] immer haben wir so gehandelt. Wir sind immer mit dem Volk durch Dick und Dünn gegangen und darum ist das Volk uns auch auf allen Wegen gefolgt.« [47] Für die Situation im Frühjahr 1943 soll nach dem Willen des Redners das gleiche gelten. Sein Publikum wird er deshalb zum Repräsentanten des »ganzen deutschen Volkes« erheben, die Abstimmung im Sportpalast zum Plebiszit aufwerten. Der angegebene Propagandaerfolg, »Einheit und Geschlossenheit« erzeugt bzw. nachgewiesen zu haben, rückte aber schon durch das Nebeneinander von einschmeichelndem Gefühls- und einschüchterndem Befehlston ins Zwielicht: Die Veranstalter schienen ihn sich selbst einreden und den Betroffenen dekretieren zu müssen. Davon zeugt auch die Vehemenz, mit der Goebbels immer wieder eine Identität des allgemeinen mit dem herrschenden Partikularinteresse sprachlich beschwört. »Das ganze Volk [...], die ganze Nation [...], wir alle, Kinder unseres Volkes [...] wollen [...]«. Die Vehemenz verrät indirekt, wie man sich und anderen gewaltsam versichern muß, daß die »Gedanken der Herrschenden« auch wirklich die »herrschenden Gedanken« sind. Im Monopolkapitalismus und seiner faschistischen Ausgabe kann die spontan aus den Produktionsverhältnissen entspringende Gesellschaftliche Psychologie der Massen und deren herrschaftskonforme Ausrichtung durch die herkömmlichen ideologischen Apparate von Kirche, Staat und Unternehmerverbänden den Schutz des herrschenden Partikularinteresses nicht mehr ausreichend gewährleisten. Terroristisch muß das, was zu stürzen droht, gestützt werden. »Je windiger es um notwendige Ideologien bestellt ist«, heißt es in Horkheimers »Dämmerung«, »mit desto grausameren Mitteln muß man sie schützen. Der Grad des Eifers und des Schreckens, mit denen wankende Götzen verteidigt werden, zeigt, wie weit die Dämmerung schon fortgeschritten ist.« [48] Einmal davon abgesehen, daß jene mythische Einheit »Volk« den in den sozialen Kämpfen der Weimarer Republik ausgetragenen Klassenantagonismus verbal verdeckt und den vor allem von der organisierten Arbeiterschaft getragenen antifaschistischen Widerstand verleugnet [49], verrät der Ton der Kameraderie gleichzeitig, welcher Art diese Partnerschaft zwischen Nationalsozialismus und Volk immer war: sie war von Anfang an auf das Prinzip Befehl / Gehorsam, Führer / Gefolgschaft gegründet. »Gefolgschaft« aber ließ sich nicht einfach dekretieren, »Gemeinsamkeit« nicht durch bloße Einflüsterung von oben herstellen. Um eine Massenbasis zu gewinnen, mußte der Faschismus Elemente des sozialen Unbehagens in seine Programmatik und Agitation aufnehmen. Das antikapitalistische Ressentiment [50] wurde so zum inhaltlichen Kernstück der NS-Propaganda und blieb in gewandelter Form Bestandteil seiner herrschaftstechnischen Integrationsmaßnahmen bis in die Kriegszeit. [51]

Die programmatische Fixierung des »nationalsozialistischen Antikapitalismus« weist ebenso wie dessen agitatorische Umsetzung eine Reihe von Widersprüchen auf, die sich je nach Adressaten- und Situationsbezug unterschiedlich darstellen. Klassen- und schichtübergreifend konzipiert waren diejenigen Programmpunkte, die »Volksgemeinschaftsdenken« als eine die ganze Nation verpflichtende Norm postulierten und als kohärenzstiftende ideologische Klammer auf die Bildung eines National- und Rassebewußtseins [52] abhoben, sowie diejenigen Passagen, die auf die Selbstdarstellung der NSDAP als einer »Bewegung grundlegender Erneuerung« abzielten. Daneben aber werden auch Interessen bestimmter sozialer Adressatengruppen direkt angesprochen. Die konkreten Programmpunkte bilden ein heterogenes Gemisch aus mittelstandsorientierten bzw. an den sozialen Interessen der Arbeiterschaft ausgerichteten Forderungen. Auf den Mittelstand beziehen sich die Punkte 11 (»Brechung der Zinsknechtschaft«), 16 (»Schaffung eines gesunden Mittelstandes [...]«) und 17 (»Bodenreform«). Die Punkte 10 (»Erste Pflicht eines Staatsbürgers muß sein, geistig oder körperlich zu schaffen«) und 11 (»Abschaffung des arbeits- und mühelosen Einkommens«), sowie die Punkte 13 und 14, welche Forderungen nach »Verstaatlichung von bereits vergesellschafteten Betrieben« und »Gewinnbeteiligung an Großbetrieben« erheben, geben sich hingegen einen sozialistischen Anstrich. [53] »Eine Partei«, so beurteilten Experten der Reichsbank 1930 die Ziele der NSDAP, »die auf *der einen Seite* mit kapitalistischen Wirtschaftsführern liebäugelt (Krupp, Thyssen, Kirdorf, Abbé, Mannesmann, Siemens), sich gleichzeitig mit der sozialistischen Arbeiterschaft nicht entzweien will [...] und überdies noch auf kräftigen Zuzug aus der Landwirtschaft hofft, *auf der anderen Seite* aber auf die Durchführung ihrer eigenen Ideologie nicht verzichtet, muß notwendigerweise nach allen Richtungen hin weitgehende Konzessionen machen.« [54] Das Urteil der Experten hinsichtlich der Realisierbarkeit wirtschaftspolitischer Anträge der NSDAP im Reichstag mündete dann in dem Fazit: »Ihre [der

NSDAP, J. B.] wirtschaftspolitischen Anträge bilden [...] ein Kuriosum, wie es in der Wirtschaftsgeschichte wohl einzig dasteht.« [55] Doch dieses »vernichtende Urteil« war noch nicht das letzte Wort, das eine fachkundige Funktionselite zur Praktikabilität nationalsozialistischer Politik sprechen sollte. Weitgehend einig war sich die Mehrzahl der politischen Kritiker vor 1933 in der Einschätzung des NS-Programms als eines – der Programmatik moderner catch-all-parties nicht unähnlichen – pragmatischen compositum mixtums: »Ist diese Paragraphenserie [das NS-Programm, J. B.]«, so fragte z.B. Theodor Heuss in seiner Studie *Hitlers Weg* (1930), »nicht ein fast zufälliges Nebeneinander, in dem Großes und Kleines vermengt wird, zwischen dessen Einzelheiten die Widersprüche und Unklarheiten lauern, sind die berühmten 25 Punkte nicht einfach eine schlechte Architektur ohne rechtes Maß, mit unsicheren Stützen und einem Schnörkelschmuck, der aus allerhand Stilkatalogen zusammengetragen wurde?« [56] Der Ansatz bloß ästhetischer Kritik, der in diesen Fragen zum Ausdruck kommt, wird dann in der Antwort aber insofern zurückgenommen, als Heuss auf den opportunistischen Charakter der faschistischen Bewegung hinweist: »Sie [die NSDAP, J. B.] richtet sich taktisch ein und bedarf dazu natürlich mannigfacher Instrumentation.« [57] Im Unklaren gelassen wird der Leser dann allerdings bezüglich der Frage, um wessen Taktik es sich dabei handelte, wie der soziale Interessenhintergrund dieser Partei beschaffen war. Deutlichere Hinweise auf die der NS-Taktik zugrundeliegenden Zwecke gaben wiederum die Experten der Reichsbank in einer 1932 – also nur zwei Jahre nach ihrem Statement über die wirtschaftspolitische Inkompetenz der NSDAP – abgegebenen Expertise, in der sie auf die prinzipielle Systemkonformität und die politische Funktionstüchtigkeit dieser Partei zur Erhaltung des von der Krise erschütterten kapitalistischen Gesellschaftssystems hinweisen: »An der Spitze des nationalsozialistischen Wirtschaftsprogramms steht der Grundsatz des unbedingten Schutzes des Privateigentums. Die Grundlage der modernen kapitalistischen Wirtschaftsordnung wird hiermit vom Nationalsozialismus anerkannt. Mit dem freien Eigentum wird auch die freie Konkurrenz, die Vertragsfreiheit, das Gewinnstreben und die Rentabilität anerkannt. Der Kampf des Nationalsozialismus gilt nur dem sogenannten Finanzkapital oder, wie Hitler sich auszudrücken pflegte, dem raffenden im Gegensatz zum schaffenden Kapital. In der Praxis dürfte die Grenze zwischen diesen beiden nur schwer zu finden sein. Für die Propaganda des Nationalsozialismus genügt es, daß die eine Kapitalart als arisch, die andere als jüdisch bezeichnet werden kann.« Ohne die propagandistische Funktionsweise im einzelnen erklären zu können, hoben die Experten abschließend den »Nutzen« der nazistischen Zerlegung des Kapitalbegriffs für die »Staatsgestaltung« hervor:

»Es muß auf die wertvollen Kräfte hingewiesen werden, die in dieser Bewegung ruhen. Der nationale Schwung, die ideale Opferbereitschaft, der sogenannte [!] Irrationalismus sind Werte, die für die gesamte Staatsgestaltung und das Staatsleben fruchtbar werden können und müssen.« [58]

Umstritten ist bis heute die Frage, ob das Bürgertum – hier stellvertretend durch seine auf Geldpolitik spezialisierten Wirtschaftsexperten zu Wort gekommen – erst unter dem Druck der Staats- und Wirtschaftskrise am Ende der Weimarer Republik »den Faschismus gelernt« hat? Eine Antwort sei hier nur insoweit angedeutet, als sie im Zusammenhang unseres Versuchs, das Wesen des propagandistischen Antikapitalismus zu bestimmen, von Bedeutung ist. Insbesondere sollen dabei Widerspruchsmomente eine Erklärung finden, wie sie beispielsweise in der Kuriosität zum Ausdruck kommen, daß eine politische Bewegung, die ihre Anhänger vor allem im Mittelstand fand, den Namen »National *Sozialistische* Deutsche *Arbeiterpartei*« trug. Diese Antinomie wird noch vor jeder qualitativen Inhaltsanalyse verstehbar, wenn man die ursprünglichen Intentionen der Gründer und frühen Förderer dieser Partei verfolgt.

Aufschluß über die ursprünglichen Intentionen liefert die Entstehungsgeschichte der NSDAP. Folgt man der neueren sozialgeschichtlichen Faschismusforschung, so entstand die NSDAP, wie eine Reihe weniger erfolgreicher nationalistischer und »völkischer« Konkurrenzgründungen nach 1918, unter der geistigen Patenschaft des *Alldeutschen Verbandes* und der organisatorischen Patronage der *Reichswehr* als »Propagandaorganisation des Monopolkapitals« (Kuczynski), deren erstes Ziel darin bestand, Arbeiter für die »nationale Sache« zu gewinnen. [59] Diese Zielsetzung machte eine scharfe ideologische Abgrenzung und den offenen Kampf gegen die sozialistische Arbeiterbewegung bei gleichzeitiger Anknüpfung an antikapitalistische Stimmungen und das soziale Interessenbewußtsein der Arbeiter notwendig. Mittels einer bewaffneten paramilitärischen Kampftruppe (SA) und des Aufbaus eines weitverzweigten Propagandanetzes sollte diese Doppelaufgabe in Angriff genommen werden. Das Übergewicht »sozialistischer« Programmpunkte erklärt sich hieraus ebenso wie der Name der Partei, die virtuose, jede präzise Bedeutung auflösende propagandistische Handhabung des Sozialismusbegriffs [60] und eine Reihe weiterer Agitationsmerkmale.

### *»Der Angriff – Für die Unterdrückten / Gegen die Ausbeuter!«*

Die NS-Agitation zur Gewinnung von Arbeitern bediente sich vorwiegend der propagandistischen Methode herrschaftstechnisch kalkulierter »Entwendungen aus der Kommune« (Bloch). Dazu gehörte die Verwendung von Emblemen der Arbeiterbewegung, wie z. B. der Abdruck von Hammer und Sichel auf der Maiplakette von 1934, sowie die Übernahme von Kampfparolen und Liedern der Arbeiterbewegung. Die von Goebbels herausgegebene Zeitschrift *Der Angriff* bspw. trug das Motto: »Für die Unterdrückten / Gegen die Ausbeuter«. Die Mimikry erstreckte sich darüberhinaus aber auch auf die Inszenierungs- und Organisationsformen der Massenpropaganda. Zur Gewinnung von Arbeitern für die NSDAP während der »Kampfzeit« soll Hitler 1942 u. a. folgende Mittel angeführt haben:

»1. Ebenso wie die marxistischen Parteien habe er politische Plakate in schreiendstem Rot verbreitet. 2. Er habe Lastkraftwagenpropaganda betrieben, wobei die Lastkraftwagen über und über mit knallroten Plakaten beklebt, roten Fahnen ausgestattet und mit Sprechchören besetzt waren. 3. Er habe dafür gesorgt, daß alle Anhänger der Bewegung in die Versammlungen ohne Schlips und Kragen und ohne sich fein gemacht zu haben, gekommen wären und dadurch Vertrauen bei der handarbeitenden Bevölkerung erweckt hätten [...]« [61]

Das hier von Hitler retrospektiv geschilderte propagandistische Verfahren der frühen NSDAP zur Gewinnung von Arbeitern war von den Förderern dieser Partei in seiner rein instrumentellen Funktion durchaus begriffen worden. Von Teilen des Bürgertums wurde der plebejische Gestus der Selbstdarstellung und der Scheinsozialismus in Ideologie und Programmatik freilich lange Zeit beargwöhnt; man befürchtete sogar, daß Hitler »kleinbürgerliche und studentische Kreise mit seinen pseudo-sozialistischen Gedanken verseuche«. [62] Wenngleich sich diese Irritation, ebenso wie die Furcht vor einer Realisierung der antikapitalistischen Programmpunkte als unbegründet erweisen sollte, bestanden – wie die späteren Massenerfolge der NSDAP bei den Wählern der bürgerlichen Mittelparteien dann auch zeigten – die Konkurrenzängste aus parteipolitischer Perspektive durchaus zu Recht. Mit der Wahl von 1930 war im wesentlichen ein Einbruch ins Kleinbürgertum erfolgt. Auf die ursprüngliche Zielgruppe – die Arbeitermassen – blieben die beabsichtigten Überzeugungseffekte ohne jede größere Wirkung: »Es ist den Nationalsozialisten nicht gelungen«, so kommentierte die *Berliner Börsenzeitung* den Wahlsieg der NSDAP vom September 1930, »die Idee zu verwirklichen [...], die deutsche Arbeiterschaft dem Internationalismus zu entreißen und den deutschen sozialistischen Arbeiter zum Nationalismus zu erziehen«. [63] Gleichwohl setzte die NSDAP ihren – durch die Doppelstrategie von terroristischer Unterdrückung und demagogischer Verführung gekennzeichneten – Kampf »um den deutschen Arbeiter« fort. Die zur politischen

Entmündigung der Lohnabhängigen verwandten Versatzstücke der NS-Propaganda entsprachen aber in ihrem antikollektivistischen, psychologisierenden Zuschnitt in der Regel eher kleinbürgerlichen Erfahrungshorizonten und fanden deswegen auch in deren Reihen stärkere Resonanz. Dasselbe gilt für die »antikapitalistische« Diskussion in der sogenannten NS-»Linken«. Der pseudosozialistische Charakter ihrer Politik wird nicht erst in der Konfrontation von ideologischem Anspruch und politischen Handeln greifbar; schon aus der Widersprüchlichkeit und Praxisferne ihrer Propagandainhalte läßt sich deren demagogischer Grundzug erkennen. [64]

Das städtische Proletariat und die Angestelltenmassen der norddeutschen und nordwestdeutschen Großstädte sollten vor allem durch die Politik und Programmatik der sogenannten NS-»Linken« mobilisiert werden. Die »Kampfverlagspresse« des Strasser-Flügels unterstützte z.B. bei konkreten Streiks offen die Forderungen der Streikenden. [65] Während Hitler und Rosenberg »Klassenkampf« als »marxistisch-jüdische Erfindung« denunzierten, während sie künstlich zwischen »schaffendem« (= deutschem) und »raffendem« (= jüdischem) Kapital unterschieden und so versuchten, die Klassenauseinandersetzungen in »Rassenkampf« umzumünzen, bestanden die Propagandaexperten der NS-»Linken« auf der Notwendigkeit des »Klassenkampfes«, »deuteten ihn aber um in eine ›Auseinandersetzung zwischen schaffender Arbeit und arbeitslosem Einkommen‹ und stellten damit lediglich das Leihkapital und die Aktionäre auf die andere Seite der Barrikade«. [66] Ausbeutung und das den Massen vorenthaltene Recht auf Arbeit wird in den gesellschaftstheoretischen Spekulationen der NS-»Linken« dann auch nicht aus der kapitalistischen Form des Produktionsprozesses abgeleitet, sondern zur »Charaktersache« erklärt: »Man unterscheidet zwischen guten Unternehmern und schlechten Kapitalisten«. [67] Außerdem sind es in erster Linie die Agenten der Zirkulation, gegen die sich die Angriffe richten.

Für die programmatische »Diskussion« übernahm die NS-»Linke« einige gängige Thesen aus der marxistischen Theorie wie »Wachsende Konzentration des Kapitals«, »Gefährdung und Proletarisierung der Mittelschichten«. [68] Auch sie forderten die »Brechung der Zinsknechtschaft«, die »Kommunalisierung der Trusts und Warenhäuser«, die entschädigungslose Enteignung der großen Güter und die Zerschlagung der Macht des Finanzkapitals. [69] Zum Teil zitieren diese Forderungen in ihrem anachronistischen Zuschnitt den sozialdemagogischen Charakter dieser Forderungen selbst. Mit »Kommunalisierung« war nämlich nicht die sozialistische Forderung nach Vergesellschaftung der Produktionsmittel, nach einer den gesamtgesellschaftlichen Bedürfnissen entsprechenden planvoll produzierenden Ökonomie gemeint: in ihren Forderungen adaptierten die Theoretiker für ihre Propaganda sozialromantische Vorstellungen, welche die Erscheinungsformen des sozialen Elends im Monopolkapitalismus durch einen Rückzug auf vormonopolistische, »ständisch« gegliederte Produktionsformen, eine vorkapitalistische Welt der Kleingewerbetreibenden, der Handwerker und der ihr »Erblehen« bestellenden Bauern zu beheben gedachten. Was die Nationalsozialisten in ihre »Strategie der Negation« vornehmlich einbauten, waren weniger die restaurativen Inhalte als die rebellische Form des kleinbürgerlichen Antikapitalismus. Sowenig wie die Partei-»Rechte« tastete auch die NS-»Linke« die sozioökonomischen Grundlagen des Kapitalismus in Wahrheit an. Während die Führer beider »Fraktionen« in Vorträgen, Denkschriften und Geheimabsprachen der herrschenden Klasse ihre Loyalität versicherten [70], bedienten sie sich in der Massenpropaganda einer Sprache, die noch weitgehend von den realen Interessen und der antikapitalistischen Sehnsucht ihrer Parteigänger aus dem Volk geprägt war.

*Das Feindbild als Projektion der eigenen Misere*

Für die Goebbelsrede vom Februar 1943 trifft dies nicht mehr zu. Auch die projektive Ablenkung der antikapitalistischen Haltungen auf das jüdische Finanzkapital, wie es die Parteirechte vor 1933 betrieb, war 1943 nicht mehr wirksam, da der Nationalsozialismus die ökonomische Existenz der Juden durch die sogenannte »Arisierung« und ihre physische in den Vernichtungslagern fast völlig zerstört hatte. Antisemitischen Verschwörungstheorien war innenpolitisch damit viel an Boden entzogen, umso extensiver werden sie für den propagandistischen Kampf gegen den äußeren »Feind« mobilisiert. [71]

Die von Goebbels vorgetragene »Sozialkritik« an der Sowjetunion bedient sich der Projektion von noch nicht zielsicherem Unbehagen an deutschen Zuständen: »Der östliche Bolschewismus verfolgt seine Ziele und Zwecke ohne jede Rücksichtsnahme auf Glück, Wohlstand und Frieden [...] Die Massen von Panzern, die in diesem Winter unsere östliche Front berennen, sind das Ergebnis eines 25jährigen sozialen Unglücks und Elends des bolschewistischen Volkes«. [72] Damit der Anwalt dieser Kritik von den skeptisch gewordenen Massen nicht durchschaut werde, diese Elemente der antisowjetischen Propaganda sich nicht gegen das staatsmonopolistische System selbst wendeten, muß sich die Propaganda eines Tricks – einer entpolitisierenden Umbenennung des »Feindes« – bedienen: »Der Minister weist [...] darauf hin, daß wir immer Bolschewismus sagen müßten und nicht Kommunismus, weil das Wort Kommunismus einen anderen

Klang habe und vielleicht in der Lage sei, bei diesem oder jenem vergangene Zeiten anklingen zu lassen«. [73] Aber auch diese Vorsichtsmaßnahme konnte den Wirkungsspielraum der antisowjetischen Propaganda kaum erweitern, der, wie wir sahen, durch die Erfahrungsmöglichkeiten der Manipulierten selbst abgesteckt war. [74] Die Einsicht, daß die einzelnen Konkreta der antisowjetischen Propaganda in der informellen Kommunikation in ihrem Wahrheitsgehalt bezweifelt wurden, konnte nun aber nicht dazu führen, die Propaganda entsprechend zu ändern: da die imperialistische Eroberungspolitik mittels eines nationalen Narzißmus und versprochener realer Vorteile [75] eine große Zahl auch derjenigen in ihren Bann gezogen hatte, die letztlich nur die Kosten zu tragen hatten, gescheitert war, blieb als ultima ratio *propagandistischer* Systemerhaltung noch ein Mittel: »[...] Nicht mehr von Eroberungen, sondern vom Kreuzzug gegen den Bolschewismus zu reden«. [76] Der Appell an die Angst, die Beschwörung apokalyptischer Visionen vom »Untergang des Abendlandes« waren mit der letzte Ausweg, mit dem die Propaganda versuchte, die Massen an die Verteidigung eines gesellschaftlichen Zustandes zu binden, der nie ihren Interessen entsprochen hat. Nach dem Propagandakonzept der »Kraft durch Furcht« ließen sich infolgedessen am Feindbild nur Akzentverschiedungen von »schwach/lächerlich« zu »bedrohlich/ernst« anbringen, wobei die neue Art der Greuelpropaganda vor allem die »totale Mobilisierung« als letzten Ausweg zu begründen hatte. »Der Minister«, so heißt es in den Protokollen der geheimen Ministerkonferenz, »bittet darum aus der deutschen Presse Karikaturen herauszunehmen, die unsere Gegner kleinmachen«. [77] Verzichten konnte die nationalsozialistische Propaganda auf derartige Korrekturanweisungen zur Wiedergewinnung der Glaubwürdigkeit nur um den Preis ihrer Selbstaufgabe.

Je weniger nun aber eine realistisch drapierte Diffamierung des »Feindes« wirksam werden konnte, umso mehr versuchten die Propagandisten ihren Einfluß über die Lancierung absurder Verschwörungstheorien auszuüben. Die Teilvernunft in den Argumentationsmustern der »Siegpropaganda« wird in den Überredungstopoi der »Durchhaltepropaganda« weitgehend zurückgestellt zugunsten irrationalistischer Bedrohungsbilder. »Das Ziel des Bolschewismus«, versucht Goebbels seinen Zuhörern zu suggerieren, »ist die Weltrevolution der Juden. Sie sollen das Chaos über das Reich und über Europa hereinführen, um in der daraus entstehenden Hoffnungslosigkeit und Verzweiflung der Völker ihre internationale, bolschewistisch verschleierte, kapitalistische Tyrannei aufzurichten [...].« [78]

Neben dieser zentralen Passage, die die wesentlichen Elemente des antisemitischen »Tickets« und des Einheitstricks faschistischer Agitatoren bereits versammelt, wird das Bild des »Feindes« im Verlauf der Rede mit den bekannten Bildern aus dem Arsenal paranoider Wahnvorstellungen ausgestattet. In einer dehumanisierenden Sprache, die auf emotionale Abscheu spekuliert und Tötungshemmungen abzubauen versucht, attackiert Goebbels die Juden als »infektiöse Erscheinung« und »Weltpest« [79], als »teuflisches Ferment der Dekomposition« [80], das »geistige Lähmungserscheinungen « [81] hervorruft und als »plastischen Dämon des Verfalls und Träger eines international kulturzerstörerischen Chaos«. [82] Die »Bolschewisten« werden in beispielhafter Verknüpfung kulturverteidigender und antizivilisatorischer Stoßrichtung sowohl als »Aufstand der Steppe« [83] wie auch als »mechanisierte Roboter« [84], die mit »ihren infamen Weltbetrugsmanövern« eine »infernalische politische Teufelei«, nämlich »die Weltrevolution der Juden« [85] im Schilde führten, beschimpft.

Will man sich nun bei der Interpretation dieser Passagen nicht damit begnügen, sie als Ausdruck »der geistigen Auflösungserscheinungen des Dritten Reiches« (Hagemann) zu verstehen, sondern versuchen, den rationalen Kern dieser Verschwörungsdemagogie im Hinblick auf die Adressaten zu ermitteln, so muß das soziale Substrat jenes projektiven Zusammenschließens gesellschaftlich gerade entgegengesetzter Kräfte, die Identifizierung von Kommunisten und Kapitalisten in einem Feindbild benannt werden. Dieses Zusammenschließen knüpft an Dimensionen der sozialen Erfahrungen des Kleinbürgertums an, das sich von Großkapital und Organisationen der proletarischen Massen bedroht sah. Während die einen ihnen ihr »Eigentum« streitig machten, schien ihnen im Kollektivismus der anderen nicht nur dieses, sondern auch ihre »Einzigkeit« verloren zu gehen; diese hatte ihnen das Großkapital in der Ideologie nicht nur ausdrücklich zugestanden, sondern auch noch mit dem Herrenmenschenprädikat der »arischen Rasse« veredeln lassen. Die Furcht vor wirtschaftlichem Ruin und vor »Vermassung«, vor dem Verlust der materiellen Basis und sozialer Identität öffnet dem propagandistischen Doppelangriff auf Monopolkapital und Kommunismus ein Einfallstor bei den kleinbürgerlichen Massen. Als ein aus dem eigenen Erfahrungshorizont stammendes Bindemittel fungiert ein »antimechanistischer Affekt« (»Roboterdivisionen«), der mit dem rassistischen (»Aufstand der Steppe«) rhetorisch raffiniert verschmolzen wird. In der Bildersprache dieser Kombination von kulturverteidigender und antizivilisatorischer Attitüde zeigt sich, daß der Agitator das Einstellungssyndrom nicht beliebig und allgemein handhabt, sondern in einer, die konkreten, situativen Erfahrungen berücksichtigenden Weise.

Den Ambivalenzen des »Russenbildes« in der deutschen Bevölkerung – von den Meinungsforschern des SD sorgsam herauspräpariert » trägt der

Meinungs-Formierer in der aktuellen Situation im Sinne seiner Zielvorstellungen dadurch Rechnung, daß er sie nicht einfach ignoriert, sondern aufgreift und ausspricht, dabei aber immer versucht, ihnen einen negativen Sinn zu unterschieben: Die Bevölkerung ist beeindruckt vom hohen technischen Standard der Roten Armee, von den »riesigen Rüstungswerken«, »Stauwerken« usw. [86] – Goebbels spricht von »Roboterdivisionen«! Die »Volksgenossen« sind »besonders erstaunt [...] über das in der Sowjetunion teilweise hochentwickelte Schulwesen« und über den »Familiensinn« der »Ostarbeiter« [87] – Goebbels nimmt die Konkreta der NS-Demagogie vom »Untermenschentum« (»sture, stumpfe und vertierte Horden«) zurück und flankiert den nurmehr symbolisch aufrechterhaltenen Kern des alten Feindbildes (»Aufstand der Steppe«) mit Erklärungen von der »internationalen Verschwörung«, von »östlichem Bolschewismus« und »westlichem Kapitalismus«.

Da eine rationale Begründung des Zusammenschließens dieser »feindlichen Brüder« dem Alltagsdenken der Massen nicht unmittelbar zu entnehmen ist – Antikommunismus und Antikollektivismus begründen allenfalls den Haß gegen, nicht aber das Identische von beiden –, muß von den Ideologen der herrschenden Klasse eine kohärenzstiftende personalisierende Erklärung gefunden und über alle zur Verfügung stehenden ideologischen Apparate verbreitet werden. Was die Massen ihrerseits zur Übernahme des hierzu modellierten und modernisierten Antisemitismus disponierte, ist paradoxerweise ihr Anspruch auf eine vernünftige, dem Prinzig der Kausalität verpflichtete Erklärung der Welt. Das Fehlen jedes »dynamischen Antisemitismus« in der Bevölkerung [88] verweist seine Erklärung aus »Aggressivität« oder »Psychopathologie« der Massen ins Reich der Spekulation. Die faschistische Variante des Antisemitismus entsteht vielmehr aus einem Rationalisierungsbedarf der imperialistischen Gewaltpolitik des Systems. Sie wird von Teilen der Bevölkerung allerdings nach Maßgabe des Verstricktseins in diese Politik auch subjektiv (zur Rationalisierung des eigenen Anteils an den Verbrechen) angeeignet. [89]

Was nun die mögliche Wirksamkeit des Einheitstricks vom »Weltjudentum« in der Rede anbelangt, so ist auf die Tatsache zu verweisen, daß das Bündnis der ungleichen Partner in der Antihitlerkoalition dem Verschwörungsverdikt scheinbare Evidenz verleiht. Die Rede von der »bolschewistisch verschleierten kapitalistischen Tyrannei des Weltjudentums« ist mithin weder als inhaltsleere Haßtirade noch als Ausdruck eines paranoiden Weltbildes des Redners zu verstehen. Sie gehorcht vielmehr einer durchaus situationsadäquaten Logik der Vernebelung.

Die Schuldverlagerung auf den »äußeren Feind«, von dem nach Stalingrad in der Tat eine reale Bedrohung ausging, enthielt implizit auch das

Eingeständnis der eigenen (inneren) Schwäche. Diese konnte der Propagandist dem »Judentum«, von dem er im Übrigen behauptete, daß es im Reich längst »fertig gemacht worden sei«, nicht gleichzeitig wieder anlasten. Die ungelösten innenpolitischen Probleme, die Widersprüche zwischen propagiertem und realisiertem Handeln bei der Durchführung der Totalisierungsmaßnahmen ließen sich nur bedingt nach außen ableiten. Der neue »Sündenbock« war, wie die »Meldungen aus dem Reich« ergaben, von der Bevölkerung immer häufiger in den Reihen der eigenen Führungscliquen, unter den »Bonzen« und »Plutokraten« in Wirtschaft und Politik gesichtet worden.

### *Die Gleichheit im Übel als Mittel gegen das Übel der Gleichheit*

Das von der Propaganda für den »Totalen Krieg« deshalb zu entdeckende Bild des innenpolitischen Feindes wird fast ausschließlich von dessen angeblichen Lebensgewohnheiten her konstruiert. Mit der neuen outgroup der »Säumigen« [90], dem »kleinen Kreis von Drückebergern und Schiebern, die mitten im Kriege Frieden spielen und die Not des Volkes zu eigensüchtigen Zwecken ausnützen wollen« [91], dem Gegenbild der »Hunderttausend anständigen Arbeiter und Arbeiterinnen« [92] schuf die Propaganda zugleich vorbeugend Elemente einer zeitgemäßen Dolchstoßlegende. [93] Die Angriffe auf die gesellschaftlich Privilegierten unter jenen, die sich »an der Verantwortung des Krieges vorbeidrücken«, soll den betrogenen Massen Ventil und Ausdrucksmöglichkeit ihrer unter ständigen sozialen Repressionen und materiellen Entbehrungen angestauten Wut sein und sie zugleich von der Gerechtigkeit der nationalsozialistischen Herrschaft überzeugen. Die Propaganda greift die Kritik der Massen auf, schürt den Volkszorn mit der Absicht, ihm seine politische Spitze zu nehmen. Das gelingt durch eine soziale Entspezifizierung der Angegriffenen. Vor ihrer Funktion als Ausbeuter, als ökonomisch Herrschende und Kriegsprofiteure macht der Radikalismus des Agitators halt; nur bestimmte Züge ihrer Lebensweise, die Anlaß zu den immer häufiger zirkulierenden Bonzengerüchten gegeben hatten, trifft seine Polemik. Bei Goebbels wird der angedrohte Entzug von Privilegien bezeichnenderweise nicht, wie es die Logik der allumfassenden Gerechtigkeitsgebärde verlangte, sozial begründet, sondern als »ausschließliche Notmaßnahme für die Kriegszwecke und Kriegsbedürfnisse« legitimiert: »Wenn beispielsweise gewisse Männer und Frauen sich wochenlang in den Kurorten herumräkeln, sich dort Gerüchte zutratschen und Schwerkriegsversehrten und Arbeitern und Arbeiterinnen, die nach einjährigem hartem Einsatz Anspruch auf Urlaub haben, Platz wegnehmen, so ist das unerträglich und deshalb abgestellt worden. Der Krieg ist nicht die richtige Zeit für einen gewissen Amüsierpöbel.« [94]

Dieser despektierliche Jargon unternimmt es scheinbar, die »Reichen« ihrer Dekadenz und Lächerlichkeit zu überführen. In Wirklichkeit zielt er aber auch auf die Entzauberung einer Wunschwelt und soll damit helfen, einen »heroischen Realismus« zu begründen. Gleichzeitig versucht der Agitator mit seinen Ausfällen gegen die »Reichen«, seine Anhänger von seinem eigenen Radikalismus und der Glaubwürdigkeit seiner sozialrevolutionären Phrasen zu überzeugen. [95]

Wie Privilegien noch propagandistisch vertuscht, nicht aber abgeschafft werden, zeigt das folgende Beispiel, das wegen seines selbstentlarvenden Charakters hier ausführlich zitiert werden soll:

»Auch an Kleinigkeiten entzündet sich manchmal der öffentliche Unmut. Es ist beispielsweise aufreizend, wenn junge Männer und Frauen morgens um neun Uhr in Berlin durch den Tiergarten reiten und dabei vielleicht einer Arbeiterfrau begegnen, die eine zehnstündige Nachtschicht hinter sich hat und zuhause drei, vier oder fünf Kinder betreuen muß. Das Bild einer wie im vollen Frieden vorbeigaloppierenden Kavalkade kann in der Seele dieser braven Arbeiterfrau nur Bitterkeit erregen. Ich habe deshalb das Reiten auf öffentlichen Straßen und Plätzen in der Reichshauptstadt für die Dauer des Krieges verboten.« [96]

Das Engagement für die Massen erweist sich hier wiederum als heuchlerisches Lippenbekenntnis. Goebbels durfte voraussetzen, daß die oberen Zehntausend wenn auch gehaßt, so doch als unabänderliche Notwendigkeit akzeptiert wurden. Der Trotz gegenüber den Nutznießern der eigenen Politik bleibt rhetorisch. Augenzwinkernd wird ihnen lediglich Zurückhaltung empfohlen. Man verbietet ja nicht das Herren-Reiten überhaupt, es sollte nur nicht in der Öffentlichkeit geschehen. Goebbels appelliert hier an latente Klassenressentiments, deren Ohmacht und Richtungslosigkeit er in dieser Situation noch zynisch kalkulieren konnte. Jene Ressentiments sind der verzerrte begriffslose Ausdruck eines Bewußtseins der Massen, das über ein bloßes Aufbegehren gegen Druck und Ungerechtigkeit nicht hinauskam. Die »Bitterkeit« der Arbeiterfrau, von Goebbels mit scheinbarem Mitgefühl angesprochen, trifft diese Haltung recht genau. Trotzdem genügen die letztlich äußerst zahmen Parolen der Rede, einige »klassenkämpferische Exzesse« [97] im Deutschen Reich auszulösen; sie werden jedoch, sobald sie außer Kontrolle zu geraten drohen, sofort unterdrückt. In der Wochenzeitschrift *Das Reich*, »dem Leib- und Magenblatt der bürgerlichen Intelligenz und [der] meistgelesenen Zeitung im Offizierskorps« [98], schreibt Goebbels am 4. April 1943 einen Leitartikel unter der Überschrift »Ein offenes Wort zum ›totalen Krieg‹«. Er scheint seinen Lesern, die von der Radikalität der angekündigten Maßnahmen beunruhigt waren, bedeuten zu wollen, daß sie nichts zu befürchten hätten. Es heißt dort unter anderem: »Daß beispielsweise ein paar Heißsporne die günstige Gelegenheit auszunutzen versuchen, um ihre unverdauten Klasseninstinkte abzureagieren, ist durchaus unerfreulich, wird aber mit einiger Geduld und wenn nötig auch Strenge abzustellen sein. Man braucht diese Begleiterscheinungen nicht übermäßig zu dramatisieren [...] Je mehr Menschen ihre Pflicht freiwillig, freudig und ohne Zwang erfüllen, umso besser für die Nation. Erst wo diese Bereitschaft fehlt, da setzt der Druck von oben ein [..]«. [99] »Sehr wirksam«, heißt es in Moltmanns Darstellung der Rede, »mußte überdies der Appell an eine soziale Gerechtigkeit sein [...] Goebbels konfrontierte ›die breiten arbeitenden Massen des Volkes mit einer bestimmten Volksschicht‹, die noch an einem ›hohen Lebensstandard‹ interessiert sei [...]. Die ›nationalsozialistische Gerechtigkeit‹ nehme ›keine Rücksicht auf den Beruf. Arm und reich und hoch und niedrig müssen in gleicher Weise beansprucht‹ werden [...]. Frauen, auch wenn sie aus bevorzugten Kreisen stammten, könnten sich zur Verfügung stellen«. Und das Paraphrasierte kommentierend, fährt Moltmann fort: »Dies sozialistische Moment, für Goebbels aus früheren Jahren der Kampfzeit noch geläufig, konnte, gerade weil es im Dritten Reich ignoriert worden war, jetzt umso stärker Anklang finden.« [100]

Die Paraphrase hat vom Faschismus so wenig begriffen, wie der Kommentar vom Sozialismus. Indem die faschistischen Verlautbarungen beim Wort genommen werden, nach ihrem sozialen Inhalt aber nicht gefragt wird, kommt man beiläufig zu der Einsicht, daß in der faschistischen Ausgabe von »Gerechtigkeit« ein »sozialistisches Moment« stecke. Zwar ist es richtig, daß der Faschismus »sozialistische Momente« aufnahm, nicht aber, um sie auch nur in abgeschwächter Form wahrzumachen, sondern um – wie es im Kunstwerkaufsatz von Benjamin heißt – »die Massen zu ihrem Ausdruck, beileibe nicht zu ihrem Recht [kommen zu lassen]«. [101] Die Übernahme sprachlicher und agitatorischer Elemente des proletarischen Klassenkampfes hatte, wie Haug in einer kritischen Weiterführung der Benjaminschen Überlegungen ausführt, »damals die Funktion, durch Abtrennen des Ausdrucks der Arbeiterbewegung von der Arbeiterbewegung und ihren Zielen, durch getrennte Befriedigung des bloßen Ausdrucksbedürfnisses, die Arbeiter – nicht anders als die Massen der Angestellten, Kleinbürger und Bauern – durch ästhetische Faszination politisch zu überwältigen. Die oberflächlichen Entwendungen bei den Kommunisten waren also Waffe des Antikommunismus, rundeten den Erfolg der Gestapo und der Konzentrationslager ab.« [102] Faschismus muß also gerade als »Schein-Sozialismus« begriffen werden, die hämische Gleichheit als Perversion des Sozialismus, als »schamlose Verwertung des Evangeliums der Ausgebeuteten für die Ausbeuter« [103] durchschaut werden.

Auch ohne eine explizite Theorie über den sozialen Charakter des Faschismus hätte schon eine genaue Lektüre der Rede den Ausdruck »soziale Gerechtigkeit« in die gebührenden Anführungszeichen verwiesen. Denn so sehr auch die soziale Härte der Forderungen für einen totalen Kriegseinsatz als leidvolles Muß gleichmäßig alle treffen soll, verraten die von jedem genau faßbaren sozialen und ökonomischen Sinnentleerten Versprechungen, daß sich für die Masse auch nach dem Krieg wenig ändern würde: laut Goebbels sollte danach wieder der Grundsatz »Leben und leben lassen« gelten: »Feinschmecker wollen wir wieder nach dem Krieg werden [...], gemütlich werden wir es uns wieder machen, wenn der Sieg in unseren Händen ist [...]«. [104] Nur einmal wird der Redner konkreter. Nachdem er beteuert hatte, daß nach dem Krieg alles, »was wir heute auflösen, größer und schöner denn je wieder neu aufgebaut wird«, fährt er fort: »Ich wende mich in diesem Zusammenhang eindringlich gegen die Behauptung, daß mit unseren Maßnahmen die Stillegung des Mittelstandes oder eine Monopolisierung unserer Wirtschaft bezweckt würde. Nach dem Krieg wird der Mittelstand sofort wieder in größtem Umfange wirtschaftlich und sozial hergestellt.« [105] Die Beschwichtigung der Händler, Gewerbetreibenden und kleinen Unternehmer war besonders dringlich geworden, da die staatsmonopolistische Entwicklungstendenz zu immer stärkerer Konzentration durch den Krieg noch beschleunigt wurde und der Vorwand, alles geschehe nur aus Kriegsnotwendigkeit, von den Betroffenen zu Recht als Propagandalösung beargwöhnt wurde. »Das Kleinbürgertum, das die Massenbasis des Faschismus in Deutschland gebildet hatte, spürte zum ersten Male am eigenen Leibe, daß der Krieg sich auch gegen es selbst wendete.« [106] Die SD-Meldungen vom ersten März 1943 wußten dazu zu berichten, daß unter den Betroffenen die Auffassung wachse, daß der Mittelstand zerschlagen werde »zugunsten einer staatskapitalistischen Konzentration der Wirtschaft, von welcher eine kleine Führungsschicht allein den Vorteil habe.« [107]

Die Propaganda versuchte dann auch, alle Verlautbarungen, die diesen Prozeß zum Teil zynisch kommentierten, konsequent zu unterdrücken. So kritisierte Goebbels beispielsweise in der Ministerkonferenz vom 27. März 1943 die Veröffentlichung von Auszügen einer Rede des Reichswirtschaftsministers Funk, in der dieser geäußert hatte, »daß der Krieg eine harte und erbarmungslose Auslese sei, und daß nur das, was widerstandsfähig ist und eine große innere Kraft besitzt, übrig bleiben werde« als »psychologisch verfehlt«. [108] Das offen ausgesprochene »Wolfsgesetz« des Kapitalismus, das die realen Wirkungen des staatsmonopolistischen Systems hervorkehrte, hintertrieb die propagandistischen Bemühungen zur Integration der betrogenen kleinbürgerlichen Massen.

## 4. Zur propagandistischen Integrationswirkung des Führermythos

### *Ubiquitäres Führerbild*

Im Zentrum der faschistischen Propaganda und an zentraler Stelle der Goebbelsschen Rede steht der »Führermythos«, eines der am häufigsten verwendeten Integrationssymbole der »Volksgemeinschaftspropaganda«. [109]

In den zehn Fragen am Schluß der Rede wird dieses Symbol wiederholt eingesetzt:

»Glaubt ihr mit dem Führer an den [...] Sieg [...]?
Seid ihr entschlossen, dem Führer durch dick und dünn zu folgen?
Zweitens [...]
Seid ihr bereit, mit dem Führer diesen Kampf fortzusetzen [...]?
Drittens [...]
Seid ihr [...] entschlossen, wenn der Führer es befiehlt [...] das Letzte herzugeben für den Sieg? [...]
Fünftens [...]
Ist euer Vertrauen zum Führer größer und gläubiger denn je? [...]« [110]

Um die Bedeutung und Wirksamkeit dieser Wiederholungen zu verstehen, muß der Führerbegriff in seiner Funktion für die nationalsozialistische Propaganda etwas umfassender behandelt werden. Der »Führermythos« war nicht spontan in einer Notsituation entstanden, sondern systematisch vorbereitet worden. Durch jahrelange Propagandaarbeit war das Führerbild von Goebbels und seinen Mitarbeitern modelliert und mit bestimmten funktionsspezifischen Eigenschaften ausgestattet worden. Die Techniken, deren sich die Propaganda zu seiner Verbreitung bediente, waren deutlich kommerziellen Werbepraktiken entlehnt. Dieser Zusammenhang von politischer Propaganda und kommerzieller Reklame ist mehrfach analysiert und Goebbels als »Markentechniker« apostrophiert worden. [111] Die markentechnische Inbeschlagnahme bestimmter Namen, in der sich die spezifischen Realisationsprobleme und Konkurrenzverhältnisse des Großkapitals niederschlagen, finden in der Propaganda ihr Pendant, indem auch sie bestimmte Ausdrücke monopolisiert und wie

Markenartikel »gesetzlich schützen« läßt. Zu diesen Ausdrücken gehörte unter anderem der Begriff des »Führers«. Die Anwendung kapitalistischer Reklame in der Politik geschah nicht zufällig und unbewußt. Goebbels selbst, dessen Tätigkeit entscheidende Anstöße von Werbespezialisten erfahren hatte [112], verstand sich als Reklametechniker, der sich selbst einmal geschmeichelt darüber geäußert haben soll, daß der amerikanische Konzern schon gewußt habe, »was er tat, als er mich vor einigen Wochen als Reklamechef engagieren wollte« [113], und der seine wichtigste Leistung in der Schaffung des »Führermythos« sah. Er machte es sich zur Aufgabe, »aus dem mehr oder weniger naturwüchsigen Beiwort einen Begriff zu machen, der den Massen zumindest dem (Marken-)Namen nach bekannt ist, und dafür zu sorgen, daß die Bezeichnung »Führer« Monopol für die Person Hitlers blieb«. [114] Um das Führerbild allseitig präsent zu machen, wurde neben der Reklame in der Massenkommunikation seine Propagierung in allen kulturellen Institutionen und Medien vorgeschrieben. Während sich die Funktionsträger der NSDAP in der Förderung des Hitlerkultes gegenseitig überboten, ersannen die akademischen Rechtfertiger des Führerprinzips immer neue Legitimationsmuster: In Kindergärten lehrte man die Kinder beispielsweise beten: »Händchen falten, Köpfchen senken / und an Adolf Hitler denken / der uns Arbeit gibt und Brot und uns führt aus aller Not«. [115] Mit den Führerhymnen etwa der folgenden Machart – »Den Weg zum Führer wollen alle wandern, nur sind die einen schneller als wir andern [...]« [116] wetteiferte die Hitlerjugend in der Hitlerverehrung. Gauleiter Wagner pries Hitler als den »größten Künster aller Zeiten«, Robert Ley, der Führer der Deutschen Arbeitsfront, weiß von Hitler zu berichten, er sei ein Mensch, »der sich als einziger auf der Erde und in der ganzen Geschichte niemals irrt«, Rudolf Hess (der sog. Stellvertreter des Führers) nannte ihn die »menschgewordene reine Vernunft schlechthin«, Himmler schließlich stellte ihn an die Spitze der »arischen Menschheit«: »die ganze arische Menschheit hat seit ihrem ersten Erstehen niemals etwas auch nur vergleichbares hervorgebracht wie unsern Führer Adolf Hitler.« [117] Carl Schmitt beweist mit fragwürdigen historischen Parallelen, daß der »Führer« auch der »oberste Richter« sei: »Aus dem Führertum fließt das Richtertum und die Tat des Führers untersteht nicht der Justiz, sondern war selbst höchste Justiz«. [118] Durch den werbetechnischen Einsatz und die Kenntnis des Apparates zur Verbreitung der Hitlerlegenden aber ist die Bedeutung des Führerbegriffs für die Propaganda nur zum Teil erklärt; gezeigt werden muß, welche *Inhalte* ihn ausfüllten und welchen Bezug diese Inhalte zu den sozialen und politischen Erfahrungen ihrer Adressaten hatten, auf welche rationalen und psychosozialen Dispositionen damit aufgebaut bzw. spekuliert wurde und schließlich, welche Momente dieses aggregierten Symbols in der konkreten Kommunikationssituation zur Wirkung kommen konnten.

## *Führerfunktionen*

Zentraler Inhalt des faschistischen Führerprinzips war die Übertragung militärischer Führungsformen auf das Parteiwesen. [119] Im politischen Bereich sollte dieses Prinzip der Führung »völlige Handlungsfreiheit [schaffen] und [...] jede Möglichkeit einer Kontrolle von unten von vorne herein [ausschalten]« [120] Damit ließen sich je nach Opportunität – unabgängig von weltanschaulich programmatischen Festlegungen – politische Entscheidungen fällen, selbst gegen die Interessen der eigenen Anhänger. Die Durchsetzung des Führergedankens war aber nicht auf politische Willensbildung im staatlichen Bereich beschränkt, alle gesellschaftlichen Bereiche sollten nach dem Prinzip von Befehl/Gehorsam organisiert werden. Die neuerlich verstärkte, machtgeschütze Betonung von Autorität in allen gesellschaftlichen Bereichen »betraf für die Familie die väterliche Autorität, für das Erziehungswesen die Autorität der Lehrer, für die Verwaltung die Autorität der Vorgesetzten und für die Wirtschaft die Autorität der Unternehmer«. [121] Man braucht nicht die Tiefenpsychologie zu bemühen, um zu erkennen, daß ein Großteil derjenigen, deren Autoritätspositionen durch einen allgemeinen gesellschaftlichen Strukturwandel brüchig geworden waren, der staatlichen Sanktionierung ihres Autoritätsanspruches freiwillig zustimmten. Dem Bewußtsein des Offizierskorps entsprach das autoritäre Gesellschafts- und Führermodell nicht nur traditionsgemäß, sondern auch deshalb, weil damit eine soziale Aufwertung ihres Berufsstandes verbunden war. Die Mehrzahl der privaten Unternehmer begrüßten das Führerprinzip, zumal es ihnen im »Gesetz zur Ordnung der nationalen Arbeit« vom 20. Januar 1934 wieder die unumschränkte Gewalt im eigenen Betrieb einräumte. [122] Von den Handwerksverbänden wurde das Führerprinzip begrüßt, weil es, wie es euphemistisch in einer Verbandsschrift hieß, gegen Entpersönlichung der Beziehung zwischen Meister und Gesellen wirke. [123] »Aber auch für Angestellte und Beamte, die in hierarchische Systeme eingegliedert waren, in denen sich die Willensbildung strikt von oben nach unten vollzog, lag es nahe, ihre Berufserfahrungen in dieser Weise politisch umzusetzen.« [124] Die Mehrzahl der Arbeiter war, wie man aus den Wahlanalysen schließen kann, vor 1933 gegenüber dem faschistischen Führertum resistent geblieben. Dauerarbeitslosigkeit und anhaltende soziale Not erzeugten für die »Führer«- und »Retterdemagogie« der Nationalsozialisten aber auch in deren Reihen

Resonanz. [125] Das aus der Krise resultierende desolate Lagebewußtsein begünstigte die Wirksamkeit irrationaler Lösungswege. Der von den Nationalsozialisten zielstrebig manipulierte »Führerkult«, der eine blinde Bindung an die Person Hitlers, den unbedingten, blinden Gehorsam, eine schlechthin innige Gefühlsabhängigkeit bis »zur Heils- und Wunderwartung in Bezug auf den Mann, den »Schicksal«, »Vorsehung« und Gott gesendet hatten, implizierte, blieb auf diesem Hintergrund nicht bloße Propaganda, sondern wurde »subjektiv angeeignet und praktiziert«. [126] Mit der Übertragung religiöser Elemente auf die Propaganda des »Führermythos« nutzten die Nationalsozialisten das sich religiös artikulierende Krisenbewußtsein der Massen durch die Verkündung säkularer (politischer) »Heilserwartungen«. Die religiöse Drapierung politischer Propaganda aber bietet, sieht man einmal davon ab, daß praktizierende Christen bestimmte Übertragungen als Gotteslästerung ansahen, die Möglichkeit, auf die Angabe konkreter politischer Lösungen für einzelne gesellschaftliche Gruppen weitgehend verzichten zu können. Religion kann als »ideale Gemeinschaft« begriffen werden. »Sie vermag auf unterschiedlicher materieller und gesellschaftlicher Basis entstandene Gemeinschaften, heterogene Sozialformen, Klassen, Stände, Nationen zusammenzubinden«. [127] Diese Qualität suchten die NS-Propagandisten für die Verankerung ihrer »Volksgemeinschaftsidee« in den Massen fungibel zu machen.

Die subjektive Aneignung autoritärer Gesellschaftsvorstellungen und deren personalisierter Leitbilder kann also weitgehend aus dem Praxiszusammenhang einzelner Gruppen erklärt werden; fehlt aufgrund der Erziehung und der vorherrschenden antidemokratischen politischen Kultur bei den Abhängigen die Einsicht in die objektiven Ursachen der ökonomischen, sozialen und kulturellen Krise, so können auch sie nach Maßgabe der Stärke und Resistenz ihrer Organisationen [128] in entfremdete, mystifizierte Formen wie den Führerkult flüchten. Zur Erklärung dieses Phänomens kommt es nun aber entscheidend darauf an, festzustellen wie und mit welchen Intensitätsgraden die Verankerung dieser Bewußtseinsinhalte auf der Einstellungsebene gelingen kann.

### *Teilvernunft im Führerkult*

Wir erinnern uns, daß die Freudsche Massenpsychologie die Beziehung zwischen »Führer« und »Masse« auf individualpsychologische Prozesse zurückführte. Bei der Massenbildung wie bei der Ich-bildung spiele der Mechanismus der Identifizierung die zentrale Rolle. An die Stelle des individuellen Vaters trete in der Massenbildung die Führergestalt, in deren Zügen die des individuellen Vaters überdimensional repräsentiert sei und die so, wie Freud meinte, unbewußt archaische Vorstellungen eines allmächtigen »Urvaters« reaktivieren könnten. Der Führer müsse einerseits als »Übermensch« erscheinen, andererseits aber gewöhnliche, alltägliche Züge annehmen, in denen sich der Durchschnittsmensch erkennen kann. Nach der psychoanalytischen Theorie vermittelt sich die Notwendigkeit, das Bild des Führers in der Propaganda den Geführten anzuähneln, über den latenten Narzißmus der Geführten. »Wegen der Anteile der narzißtischen Libido der Geführten«, schreibt Adorno, »die nicht in das Führerbild investiert werden, sondern mit dem eigenen Ich verbunden bleiben, muß der Übermensch zugleich doch noch den Geführten ähnlich sein und als seine ›Vergrößerung‹ erscheinen. Einer der Hauptkunstgriffe der personalisierenden faschistischen Propaganda ist darum der Topos des ›großen-kleinen Mannes‹, einer Person, die ebenso die Vorstellung von Allmacht erweckt, wie die, daß er bloß einer der Geführten ist [...] Das Bild des Führers befriedigt den doppelten Wunsch der Geführten, sich der Autorität zu unterwerfen und zugleich selbst Autorität zu sein.« [129] Für die Erklärung dieser Verhaltensdisposition hatte die psychoanalytische Literatur den Begriff des Sadomasochismus geprägt, der auch die psychologische Schlüsselkategorie sozialpsychologischer Faschismustheorien bildet. Die Abläufe in diesem »*sadomasochistischen autoritären* Charakter«, in denen Adorno, Fromm u.a. die »Persönlichkeitsgrundlage des Faschismus« [130] sahen, werden in der psa-orientierten Sozialpsychologie bis auf ihren ontogenetischen Ursprung in der bürgerlichen Familie zurückverfolgt: durch strenge, irrationale Erziehung werde das kindliche Triebleben unterdrückt und rufe so aggressive Strebungen gegen die Erzieher hervor. Da die Realisierung dieser Aggressivität von Strafe bedroht ist, wird sie vom »Ich« des Kindes angstvoll abgewehrt. Dieser Prozeß vollziehe sich bei allen von der sexualfeindlichen bürgerlichen Familie verbotenen Triebregungen. Die ständige Abwehr lasse den Trieb auf prägenitale Stufen regredieren, wodurch die heterosexuellen Strebungen eine Schwächung erfahren und als anal und phallisch-sadistische Tendenzen erneut zur Befriedigung drängen, ohne daß sie jedoch, wegen der nun perversen Form vom »Ich« akzeptiert werden könnten. [131] Zum Teil werden diese Bedürfnisse durch charakterologische Formationen (Geiz, krankhafte Reinlichkeit, Pünktlichkeit usw.) relativ gebunden. Eine permanente Abwehr sexueller und aggressiver Strebungen aber steigere sich schließlich bis zu sadistischer Wut, die die erfolgten Reaktionsbildungen zu durchstoßen droht. »Angesichts dieser mächtigen sadistischen Strebungen unterwirft sich das Ich immer mehr dem Über-Ich, ohne dessen Kraft es sich nicht gegen die anstürmenden pervers gewordenen Triebregungen der unterdrückten Sexualität und der unterdrückten Aggression erwehren kann. Eingeklemmt zwischen Es und Über-Ich, durchdrungen von Schuldgefühlen (Schuldangst) und Angst, wird die Vernunftinstanz, das Ich, machtloser, schwächer und masochistisch. Der Verzicht auf Triebbefriedigung und die Verinnerlichung der Aggression, einst Bedingungen von Selbststärkung, schlagen nun aus in Triebkräfte der Selbstzerstörung. Aus dieser Triebfigur – in der bürgerlichen Familie erzeugt – leitet sich das heftige, ambivalente, sadomasochistische Verhalten der Autoritären her: die zugleich rebellisch und unterwürfig liebenden Haltungen gegenüber mächtigen Autoritäten, ihr Haß aufs Schwache und ihr Mangel an offensiver Potenz gegen die herrschenden Mächte.« [132] Überträgt man die psychoanalytische Argumentation auf Verhaltensweisen der Massen im Faschismus, so ließe sich folgern, daß die sadistischen Komponenten ihren zerstörerischen Ausdruck im antisemitischen Syndrom finden konnten, während die passiv masochistischen Anteile in der Projektion einer allmächtigen ungezügelten Vaterimago gebunden wurden. Legten wir nun dieses Modell zur Erklärung der rhetorischen Wirkung des Führermythos an, so hätten wir selbst dann, wenn das Publikum aus einer homogenen Gruppe bestünde, die mehr oder weniger stark das beschriebene Triebschicksal miteinander teilte, keine befriedigende Lösung des Problems. Der Agitator setzt nämlich nicht unterhalb der Meinungsinhalte bei der Charakterstruktur der einzelnen Zuhörer an, sondern nutzt die kollektiv psychischen Determinanten [133] der Situation, die für die unterschiedlichen Individualcharaktere dieselben sind. Bei dem von der Goebbelsschen Propaganda in dieser Situation lancierten Führerbild fällt dann auch auf, daß sich zwar die ambivalenten Züge des »grossen-kleinen Mannes« entdecken lassen, daß sie aber immer in einem rationalen, mit den (vermeintlichen) Interessen der Angesprochenen verbundenen Kontext stehen.

Von den Befehlen des »Führers«, der über allen »Volksgenossen« steht, gehen alle geschichtlichen Aktivitäten aus:

»[...] Parteigenosse Speer hat vom Führer den geschichtlichen Auftrag erhalten [...], die deutsche Rüstungswirtschaft zu mobilisieren [...] [134]

Der »Führer« ließ »am 22. Juni 1941 (die deutsche Wehrmacht) im Osten zum Angriff antreten!« [135]

Der »Führer« kann den »Volksgenossen« die »Aufnahme auch der schwersten persönlichen Belastungen« abverlangen und sie sind »entschlossen«, wenn der Führer es befiehlt, »10, 12, und wenn nötig 14 und 16 Stunden zu arbeiten [...]«. [136]

Die Legitimation für seine Befehlsgewalt wird nun aber nicht, wie früher üblich, aus seiner Person, sondern aus seinen Verdiensten abgeleitet. Nicht das abstrakte »Über-Ich«, nicht der »religiöse Retter«, sondern das konkrete Vorbild wird von der Propaganda in dieser Situation bemüht. Goebbels versucht so etwas wie eine rationale Begründung des Personenkults. Der Führer, so wird von Goebbels argumentiert, habe selbst durch sein »gutes Beispiel« das Recht, den Geführten dieselbe Bedürfnislosigkeit und dieselben Pflichten abzuverlangen, denen er sich seit eh und je unterzogen habe: »Der Führer hat seit Beginn des Krieges und lange vorher nicht einen Tag Urlaub gehabt. Wenn also der erste Mann im Staate seine Pflicht so verantwortungsvoll auffaßt, dann muß das für jeden Bürger und jede Bürgerin des Staates eine stumme, aber doch unüberhörbare Aufforderung sein, sich auch danach zu richten«. [137] Daß die »Bedürfnislosigkeit« des »Führers« auf die Diätverordnung seines Arztes zurückzuführen sein mochte und er in seiner »Bescheidenheit« durch die Tantiemen für den Zwangsverkauf von *Mein Kampf* immerhin zum mehrfachen Millionär aufstieg [138], bleibt dabei Staatsgeheimnis.

Das Verbindende und Gemeinsame zwischen »Volk« und »Führer«, wird behauptet, sei die Arbeit. Die Arbeitsleistung des »Führers« wird dabei aber zugleich dermaßen übertrieben, daß die nötige Distanz zwischen ihm und der übrigen Bevölkerung erhalten bleibt. Das zynische Quid pro quo, in dem die Physiognomie der Herrschenden die der Ausgebeuteten annimmt, soll letzteren Gemeinsamkeit signalisieren; »[...] durcharbeitete Tage und durchwachte und zersorgte Nächte« sollen Privilegien legitimieren und als Glaubenssatz die aus dem Verantwortungs- und Risikoargument der Unternehmerphilosophie stammende Überzeugung in den Massen verankern, daß »der am besten fährt, der ganz unten steht [...] und der am schwersten trägt, der ganz oben steht und befehlen muß.« [139] Hierin liegt der soziofunktionale Sinn dieser Methode. Die durch Führerbefehl legitimierten harten Forderungen (der Führerbefehl ist hier keineswegs nur Selbstzweck, der die durch den Wandel ökonomischer Verhältnisse abstrakt gewordene Autorität des Vaters in der bürgerlichen Familie reflektiert) werden nicht deshalb begeistert aufgenommen, weil sie masochistisch den Verzicht jedes eigenen Glücksanspruchs implizieren, oder weil sie auf die sadistische, unerbittliche Verfolgung der Ansprüche anderer abzielen, sondern deswegen, weil der Agitator durch den gesamten Kontext der Rede versucht, diese Befehle als einzig noch möglichen Ausweg auszugeben; als notwendiges Übel, durch das allein eine Lösung der Krise noch denkbar erscheint.

### *Compliance*

»Je hilfloser das Massenindividuum aufgrund seiner Erziehung in Wirklichkeit ist«, hatte Reich geschrieben, »desto stärker prägt sich dann die

Identifizierung mit dem Führer aus, desto mehr verkleidet sich das kindliche Anlehnungsbedürfnis in die Form des Sich-mit-dem-Führer-eins-Fühlens«. [140] Für den konkreten Kommunikationsvorgang ist allerdings fraglich, ob eine sozialisationsbedingte »Ich-Schwäche« die Akklamationsbereitschaft der Massen bei Erwähnung des »Führers« ursächlich erklären kann. Zwar liegt es in der Absicht des Propagandisten, daß sich die Massen dem »verheißungsvollen Schein eines Mythos ausliefern, der ihnen Erfüllung durch Unterordnung, persönliche Stabilisierung durch Selbstaufgabe, neue Hoffnung durch alten Glauben verspricht.« [141] Die Rede vom »autoritativen Erwartungshorizont ohnmächtiger und klassenindifferenter Massen« [142] als Schlüssel für den Erfolg der Überredung aber bleibt solange mißverständlich, wie die Ursachen für Ohnmacht und Klassenindifferenz auf psychosoziale und diese auf individualpsychologische Einstellungssyndrome reduziert werden. Der Reduktionismus psychoanalytischer Wirkungserklärungen des Führermythos für die vorliegende Kommunikationssituation wird offenbar, wenn man die *sozialen Einflußprozesse* mitthematisiert, die beim rhetorischen Akt der Meinungs-Formierung im Spiel sind. [143] Hinter der im Sinne des Redners positiven Reaktion des Publikums auf das angebotene Identifikationssymbol »Führer« mochte es sich bei vielen um bloße *Compliance* [144], eine oberflächliche Übernahme des Kommuniqués handeln, die unter dem Druck der äußeren Bedingungen angesichts der immer noch faktisch wirksamen Macht des Kommunikators zustande kam; ein geringer Teil der Zuhörer mochte noch *Identifikationen* [145] aufrechterhalten, die sich in der Phase nationalsozialistischer Erfolge gebildet hatten, als eine gewisse Attraktivität des Mythos bestand [146], weil sich ein Teil der von der Propaganda mit ihm in Verbindung gebrachten Hoffnungen (Beseitigung der Arbeitslosigkeit, Lösung vom Versailler Diktat usw.) tatsächlich erfüllten. Angesichts des in den »Meldungen aus dem Reich« eruierten und von offizieller Seite eingestandenen Manipulationsbewußtseins der Bevölkerung war *Internalisation* [147], eine weitgehend situations- und ereignisunabhängige (gleichwohl aber an die Glaubwürdigkeit des Kommunikators gebundene) stabile Übernahme des Meinungsbildes der Propaganda längst die Ausnahme.

Die Reaktion auf das Führerimago in den zehn Suggestivfragen am Ende der Rede legt prima vista die Annahme nahe, in der Bevölkerung existiere tatsächlich ein unerschütterlicher, fest verankerter Glaube an den »Führer«. Insgesamt fünf Mal wird, wie schon zitiert, der »Führer« eingespannt, um eine zustimmende Antwort des Publikums zu den Forderungen des Redners zu evozieren. Die angeblich durchschlagende Wirkung dieser Fragen wird im Kommentar enthusiastisch hervorgehoben: »Die Menge erhebt sich wie ein Mann. Die Begeisterung der Masse entlädt sich in einer Kundgebung nicht dagewesenen Ausmaßes. Vieltausendstimmige Sprechchöre brausen durch die Halle: ›Führer befiel, wir folgen!‹ Eine nicht abebbende Woge von Heilrufen auf den Führer braust auf. Wie auf ein Kommando erheben sich nun die Fahnen und Standarten, höchster Ausdruck des weihevollen Ausdrucks, in dem die Masse dem Führer huldigt.« [148] Das verräterische »Wie auf ein Kommando« überführt die hervorgehobene Spontaneität der Massen der Lüge, und deutlich tritt am beschworenen Schein der Unmittelbarkeit der dahinterstehende kalkulierte Eingriff hervor. Dieser beschränkt sich nicht auf die rhetorische Stimulierung von Identifizierungswünschen. Die nicht nur von den propagandistischen Kommentatoren behaupteten, sondern durch das historische Tondokument nachweisbaren Reaktionen des Sportpalastauditoriums werden bereits präkommunikativ programmiert. Um als Redner zu reüssieren, manipuliert der faschistische Propagandist bereits die Bedingungen. Dazu gehört neben den oben beschriebenen Details der äußeren Inszenierung der Veranstaltung auch die geschickte Plazierung von Claqueuren und überzeugten Anhängern innerhalb der einzelnen Gruppen des Publikums, die – als spontane »Meinungsführer« – ihrer Gruppe das erwünschte Verhalten signalisieren. Selbst im »Block der Rüstungsarbeiter« genügen letztlich ein paar fanatische Anhänger, um die Gruppe zu applaudierenden Heilrufern zu machen. Das Risiko, öffentlich als »Defaitist«, »Miesmacher«, »Kritikaster« stigmatisiert zu werden, erhöht den Konformitätsdruck. Die libidinöse Hinwendung zum »Führeridol« mag für den einzelnen Fanatiker, für einen Teil der Jugend, eine Rolle gespielt haben. Die pathologische Persönlichkeitsstruktur des Sadomasochisten mag für die berüchtigten KZ-Wächter und Henker typisch gewesen sein; für viele Mitläufer, Passive, »innerlich Abseitsstehende« und sogar Gegner mußten bei der Aufforderung zur Akklamation durch den Propagandisten andere Mechanismen wirken. Die experimentelle Sozialpsychologie hat nachgewiesen, wie stark sich individuelle Meinungen und Einstellungen unter Gruppendruck [149] verändern können; wie unter Situations- und Autoritätsdruck absurde »pathogene« Meinungsveränderungen und Verhaltensänderungen erzeugt werden können. Ähnlich wie Nationalsozialisten sich gesellschaftliche Gruppierungen gefügig machten, indem sie Schlüsselfiguren in den einzelnen Lebensbereichen für sich gewannen – Adelheid von Saldern hat diese Strategie an den verbandspolitischen Aktivitäten der Nazis bei Handwerkern, Händlern und Bauern eindrucksvoll nachgewiesen – ähnlich wie sie mit dem Blockwartsystem durch Verteilung von Macht im Alltag Kolporteure und Kontrolleure für ihre Formierungsmaßnahmen gewannen – ähnlich verfuhren sie mit den Inszenierungen ihrer Massenveranstaltungen.

Das echte »Bekenntnis« der Schlüsselfiguren im Auditorium, das von den Kameraleuten ebenso im Einzelbild festgehalten wird, wie die mittelbare »Ansteckungswirkung« ihres Verhaltens, verleiht dem ganzen den Schein der Authentizität. Die Manipulation wird schwerer durchschaubar, weil der Eingriff nicht in der Situation selbst erfolgt, sondern dieser vorausgeht. Nicht eine massenweit vorhandene und durch den Redner aktualisierte libidinöse Führerbindung löst das Rätsel der Beifallsstürme, nicht das individualpsychische Syndrom des »Autoritären Charakters« ist der direkte Schlüssel zum Verhalten der Massen im Sportpalast, sondern die situationsspezifischen gruppen- und massenpsychologischen Phänomene. [150] Für die Triftigkeit dieser Annahme spricht nicht zuletzt die Tatsache, daß die in den Reaktionen des Auditoriums im Sportpalast zum Ausdruck kommenden Stimmungen den Erkenntnissen der Meinungsforscher über die Einstellungen der Bevölkerung zur politischen Führung in dieser Zeit diametral entgegengesetzt sind. [151] Der im Sportpalast mitjubelnde »Volksgenosse« mußte im Alltag kein Hitlerverehrer sein. War er es überhaupt jemals, so begann er spätestens mit der Niederlage von Stalingrad, dem faktischen Ereignisverlauf entsprechend und die Folgen eines verlorenen Krieges vor Augen, den Glauben an die politische Führung (einschließlich der Person A. Hitlers) zu revidieren.

*Zur Sozialpsychologie der Goebbelsschen Maieutik*

Der synthetische Schein einer plebiszitären Abstimmung für den »totalen Krieg« am Ende der Rede gelingt vordergründig durch die Einbeziehung des Publikums nach dem einfachen Muster einer »Kasperletheater-Befragung«. Wie das Kasperle die Kinder durch Einbeziehung in seine Entscheidungen zu Mitakteuren macht, sein Spiel scheinbar von ihren Interessen und Ansichten lenken läßt, so läßt der faschistische Agitator seine Sicht der Dinge, seine Urteile über falsch oder richtig, gut oder böse als die vom Publikum (gleich Volk) vorgegebenen und gewollten erscheinen, bzw. er läßt sich die aus seiner Lageanalyse abgeleiteten Forderungen als die der Auffassung seines Auditoriums gemäßen bestätigen. Freilich bedarf es bei dieser Parodie der »sokratischen Methode« angesichts der zu gewärtigenden schwerwiegenden Folgen der anstehenden Entscheidungen noch besonderer rhetorischer Sorgfalt, um den »zersetzenden Verstand«, die aus Selbsterhaltung im Alltag durchaus intakte Vernunft des Volkes in der aktuellen Überredungssituation auszuschalten.

Die Sozialpsychologie der Goebbelsschen Maieutik stellt sich genau besehen folgendermaßen dar: Der Agitator spricht in seinen Fragen Kognitionen an, die, wie wir sahen, in der deutschen Bevölkerung allgemein verbreitet sind: Er redet vom fehlenden Glauben an einen deutschen Sieg, von Kampfesmüdigkeit, von Abwehrhaltungen gegen totale Kriegsmaßnahmen, vom fehlenden Vertrauen in den »Führer« – versieht diese Äußerungen jedoch mit dem alles entscheidenden apodiktischen Vorsatz: »Die Engländer behaupten [...]«. In die chorische Empörung gegen die als Propagandalügen des »Feindes« ausgegebenen eigenen Überzeugungen stimmt nun nolens volens auch derjenige ein, der die Ansichten des Gegners im Grunde längst teilt, weil er sich, dem versteckten Angriff des Agitators zufolge, als Verräter an der eigenen (gleich deutschen) Sache fühlen muß. Er wird – dem Gruppendruck und der Stigmatisierungsgefahr gehorchend – sein »Ja« umso lauter brüllen, je deutlicher er »Nein« meint.

Die Bearbeitung der durch Stimulierung von »Schuldgefühlen« aktuell geschürten Dissonanz hat der Agitator nun fest in der Hand. Schon mit der den Widerspruch provozierenden Eingangsformel »Die Engländer behaupten [...]« hat er allen einen Weg möglicher Dissonanzreduktion gewiesen: die extrapunitive Projektion des schlechten Gewissens. Mit der uneingeschränkten Zustimmung zum »totalen Krieg« kann schließlich allen völlige »Absolution« zuteil werden.

Der zuletzt angesprochene Gesichtspunkt verweist zugleich noch auf ein weiteres Moment Goebbelsscher Rhetorik. Die Einstellungsformierung gelingt nicht zuletzt wegen des parareligiösen Charakters der verwendeten Überredungsform. Dem Inhalt der Überredung, den »Führer« als »Retter« in der Not auch weiterhin zu akzeptieren, korrespondiert die *liturgische* Form. Die Art der Wiederholungen entspricht ziemlich genau einem kirchlichen Ritual. [152] Die Prüfung des Sportpalastauditoriums ist dem katholischen »Taufexamen« nachgebildet, in welchem die (Tauf-)Gemeinde aufgefordert ist, dem Teufel zu widersagen und durch rhythmisch chorische Wiederholungen ihren Glauben an Christus und die Kirche zu bekennen:

Der Priester: »[...] Wenn Sie bereit sind als gläubige Menschen diese Aufgabe [die christliche Erziehung der Kinder, J. B.] zu übernehmen, dann sagen Sie jetzt im Gedanken an Ihre eigene Taufe dem Bösen ab und bekennen Sie Ihren Glauben an Jesus Christus, den Glauben der Kirche, [...].
Deshalb frage ich Sie: Widersagen Sie dem Satan und allen Verlockungen des Bösen?«

Die Gemeinde: »Wir widersagen.«

Der Priester: »Glauben Sie an Gott, den Vater, den Allmächtigen, den Schöpfer des Himmels und der Erde?«

Die Gemeinde: »Wir glauben.«

Der Priester: »Glauben Sie an Jesus Christus, seinen eingeborenen Sohn ... der von den Toten auferstand und zur Rechten Gottes sitzt?«

Die Gemeinde: »Wir glauben.«

Der Priester: »Glauben Sie an den Heiligen Geist, die heilige katholische Kirche, die Gemeinschaft der Heiligen, die Vergebung der Sünden, die Auferstehung der Toten und das ewige Leben?«

Die Gemeinde: »Wir glauben.«

Der Priester: »Das ist unser Glaube, der Glaube der Kirche, zu dem wir uns alle in Christus Jesus bekennen.« [153]

Der responsorische Wechsel von *Aufforderung* (dem »Bösen« zu widersagen), *Abschwören*, *Aufforderung* (sich zu Christus und zur Kirche zu bekennen) und wiederholter Glaubensaffirmation wird mit den entsprechenden säkularen Übertragungen (»Engländer«, »Führer«, »NS-Regierung«) in verschiedenen Variationen im Frageritual am Schluß der Sportpalastrede verwendet:

Goebbels: »Ich möchte aber zur Steuer der Wahrheit an Euch, meine deutschen Volksgenossen und Volksgenossinnen, eine Reihe von Fragen richten, die ihr mir nach bestem Wissen und Gewissen beantworten müßt [...]

Die Engländer behaupten, das deutsche Volk habe den Glauben an den Sieg verloren.«

Das Auditorium: (Stürmische Rufe) »Nein!« »Nie!« »Niemals!«

Goebbels: »Ich frage Euch: Glaubt Ihr mit dem Führer und mit uns an den endgültigen und totalen Sieg der deutschen Waffen?«

Das Auditorium: (Stürmische Rufe) »Ja!« (Starker Beifall, Sprechchöre) »Sieg Heil! Sieg Heil!«

Goebbels: »Ich frage Euch: Seid Ihr entschlossen, dem Führer in der Erkämpfung des Sieges durch dick und dünn und unter Aufnahme auch der schwersten persönlichen Belastungen zu folgen?«

Das Auditorium: (Stürmische Rufe) »Ja!« (Starker Beifall, Sprechchöre) »Sieg Heil! Sieg Heil!«, »Wir grüßen den Führer«, usw., usf. [154]

Die Vertrautheit dieser formalen Reaktionsschemata, ihr gruppenunspezifischer Verbreitungsgrad und kultureller Vertrauenskredit erleichtert eine allgemeine Überrumpelung. Derart verfestigte Denkhaltungen, die antirationales (nicht aber notwendig inhumanes) Verhalten befördern, können für die inhumanen Zwecke der faschistischen Machthaber fungibel gemacht werden. [155] Die Gesellschaftliche Psychologie der Massen, von der kulturellen Aktivität der Kirchen zementiert, öffnet ihren erklärten ideologischen Widersachern eine propagandistische Angriffsfläche bei den Verführten.

# SCHLUSSBEMERKUNG

Die Beurteilung der relativen *Macht* wie notwendigen *Ohnmacht* propagandistischer Formierung unter der Herrschaft des Nationalsozialismus war Thema unserer Untersuchung. Sie mündete – ausgehend von einer Bestandsaufnahme der Denk- und Verhaltensgewohnheiten der Bevölkerung und der Diskussion meinungsformierender Strategien – in eine Fallstudie, die den Wirkungsmöglichkeiten *einer* Propagandakampagne bis in einzelne rhetorische Überredungstechniken hinein nachging.

Die Ergebnisse unseres Vorhabens nun summarisch aufzulisten oder thesenartig zu kondensieren, würde selbst dem flüchtigen Leser kaum Vorteile bringen, weil ihm die erreichte Präzision konkreter Gegenstandsanalysen entginge und die einer theoretischen Durchdringung des Problems dienlichen Differenzierungen wieder preisgegeben werden müßten. Zur retrospektiven Überprüfung der Bedeutung des Gelesenen mag es indes nützlich sein, den Anlaß unserer Untersuchung, ihren Argumentationsgang und die propaganda*theoretisch* gesetzten Akzente abschließend noch einmal in Erinnerung zu rufen:

Wenn heute von faschistischer Propaganda und ihrer Macht die Rede ist, werden teilweise immer noch Einschätzungen bemüht, mit denen sich die Propagandisten einst selbst der vermeintlich durchschlagenden Wirkung ihrer Methoden zu vergewissern suchten. Das Wesen von Propaganda bestand nach solchen Auffassungen etwa darin, »Menschen für eine Idee zu gewinnen, so innerlich, so lebendig, daß sie am Ende ihr verfallen und nicht mehr davon loskommen.« Derartige Formulierungen, die eine idealistisch verkürzte Sicht des Integrationsproblems vornehmen, werden zudem nicht lediglich als Absichtserklärungen verstanden; man nimmt sie vielfach als Indiz für tatsächlich eingetretene Wirkungen. Dabei beziehen Vorstellungen über die Massenwirksamkeit propagandistischer Formierung im Faschismus ihre Evidenz nach wie vor aus Propagandaprodukten, die selbst Teil eines Apparates sind, dessen persuasive Gewalt sie gerade beweisen sollten. Daß auf diese Weise viele Zeitgenossen und selbst eine Reihe moderner Interpreten noch (gewollt oder ungewollt) zu Trittbrettfahrern des Wunschdenkens der politischen Verführer von Gestern wurden, mag nicht verwundern; ebenso wenig wie eine dem projektiven

Selbstbild manches Geistesarbeiters entspringende Vorliebe für den Topos von der »Macht des Wortes«, die sich zuweilen sogar mit der Annahme einer grenzenlosen Suggestibilität der Massen verbindet.

Der in der vorliegenden Studie unternommene Erklärungsversuch der relativen *Macht* wie notwendigen *Ohnmacht* von Propaganda im Nationalsozialismus mißtraut den verbreiteten (empirisch kaum ausgewiesenen) Selbstgewißheiten einer elitären Kulturkritik ebenso wie den Gemeinplätzen einer (zwar notwendigen, ohne das historiographisch detaillierte Erschließen bisher vernachlässigter herrschaftstechnischer Konkreta aber zirkulär bleibenden) kritischen Theoriediskussion.

Der Begriff *Propaganda* wurde im Kontext unserer Untersuchung verstanden als Formierung handlungsrelevanter Meinungen und Einstellungen sozialer Großgruppen. Gegenstand, an dem die Wirkungsmechanismen propagandistischer Beeinflussung vornehmlich expliziert wurden, war die *Massenrede.* Die gesellschaftliche Funktion dieses propagandistischen Genres wurde dabei nie isoliert aus sich selbst heraus zu erklären versucht, sondern immer im Hinblick auf objektive Gegebenheiten der sozialen Praxis und deren Sedimentierung in subjektiven Erfahrungsstrukturen. Die herrschaftstechnische Bedeutung von Massenreden innerhalb des Ensembles spontan wirkender, wie bewußt praktizierter Integrationsmodi zu bestimmen, setzte zudem voraus, daß man sie stets im Zusammenhang mit anderen ideologisch-geistigen, ideologisch-praktischen, vor allem aber auch praktisch-terroristischen Formierungsmethoden diskutierte.

Die propagandistische Modellierung von Einstellungen und Handlungsbereitschaften basierte – so die Ausgangshypothese unserer wirkungsgeschichtlich orientierten Argumentation – auf einer präkommunikativ erschlossenen Kenntnis vorhandener Massenstimmungen und Haltungen. Diese ließen sich anhand von historischen *Wirkungsdokumenten,* wie z. B. den »Meldungen aus dem Reich« rekonstruieren. Daß die Voraussetzungsforschung für die Bedingungen von Wirkungen im Bezug auf geplante oder abgeschlossene Propagandaaktivitäten wie sie die Nationalsozialisten mit einem aufwendigen Apparat der Meinungs-Kontrolle betrieben, auch den Ausgangspunkt unserer Analyse bildete, hatte mehrere Gründe:

Erstens konnten wir aus den geheimen Dossiers der sogenannten »Lebensgebietsberichterstattung« ein relativ realistisches Bild von den Erfolgen und Mißerfolgen propagandistischer Formierung gewinnen. Das häufige Auseinanderfallen von Intention und Wirkung war so nicht mehr nur theoretisch deduzierbar, sondern empirisch nachweisbar.

Zweitens ließ sich die auch im Zusammenhang mit Propagandaproblemen wichtige faschismustheoretische Streitfrage um irrationale Dimensionen faschistischer Herrschaft sinnvoll erörtern. Allein schon die Tatsache, daß sich die faschistischen Agitatoren systematisch der Sozialtechnik *Meinungsforschung* bedienten, wirft ein Licht auf die technisch rationale Organisation ihrer Eingriffe. Irrationale Überschüsse entsprangen demnach nicht der Willkür und dem Fanatismus einzelner Führer, sondern gingen ursächlich auf inhaltliche Zielwidersprüche der von ihnen zu exekutierenden Politik zurück.

Drittens ließ die Auswertung der Befunde der Meinungs-Kontrolle eine Überprüfung des unentschiedenen Respekts gegenüber bestimmten propagandatheoretischen Erklärungsansätzen zu, die den Erfolg der Formierung von Massen im Faschismus auf die Stimulierung irrationaler Potentiale und die bloße Reproduktion konformer Mentalitäten reduzierten: So kann angesichts sozial heterogener und situativ wechselnder Massenstimmungen von *überredeten* (der Faszination völkischer Verführer erlegener) *Massen* nur sehr bedingt die Rede sein. Ähnliches gilt für die These von der »ideologischen Wucht« des NS; zeigten viele Berichte doch, daß dem offiziösen Verbreitungsgrad ideologischer Syndrome nur selten eine entsprechende Tiefe auf der Einstellungsebene entsprach. Auch Auffassungen, die davon ausgehen, daß die Alltagsvernunft des Volkes dem irrationalen Sog der »Volksgemeinschaft« total erlag, konnten der Konfrontation mit der jeweils vorherrschenden Meinungskonstellation nicht standhalten. In der Regel nämlich folgte das soziale Lagebewußtsein den Realerfahrungen und nicht den Zerrbildern der Propaganda.

Auf dem Hintergrund dieser quasi erfahrungswissenschaftlich abgesicherten Einblicke ins Adressatenbewußtsein konnten in einem zweiten Argumentationsschritt *Strategien der Meinungs-Formierung* dargestellt und beurteilt werden. Sie waren darauf hin zu untersuchen, ob sie das, worauf sie zielten – das Einstellungen und bedingt auch Handlungen regulierende Alltagsbewußtsein – adäquat berücksichtigten. Als Materialgrundlage dienten propagandistische *Anweisungsdokumente,* insbesondere die Protokolle der Geheimen Ministerkonferenzen im RMVP. Den Propagandaverantwortlichen konnte nun zwar einerseits ein ausgeprägtes Problembewußtsein, Sachkompetenz, sowie ein hohes Maß an pragmatischer Flexibilität bescheinigt werden. Die Untersuchung ergab aber auch, daß eine inhaltlich richtige Abstimmung von Maßnahmen auf das Adressatenbewußtsein und die Erfordernisse der jeweiligen Lage zwar eine notwendige aber keine zureichende Bedingung für Propagandaerfolge darstellte. Die propagandistische Bindung der Massen an die faschistische Politik stieß, zumal in kritischen Situationen, immer wieder an objektive Grenzen. In besonderem Maße galt dies für die akzelerierende Krise des Systems nach der militärischen Niederlage bei Stalingrad. In dieser Phase hatte sich die informelle Meinungsbildung schon weitgehend von der offiziösen gelöst.

Dem Apparat der ideologischen Formierung drohte ein totaler Funktionsverlust, der an einer Reihe formierungstechnischer Aporien festzumachen war:

- am manifest werdenden Gegensatz von Realitätskenntnis der Bevölkerung *und* Realitätsinterpretation der Medien;
- an der Diskrepanz von realitätsgerechten Überlebenshaltungen *und* (kriegsbedingt) geforderten Opferhaltungen;
- an der Unvereinbarkeit von krisenbedingt notwendig gewordenem gemeinsamen Handeln *und* einer die sozialen Gruppen gegeneinander ausspielenden pseudoklassenkämpferischen Mobilisierungsdemagogie.

An diesen Widersprüchen zeichnete sich das notwendige Scheitern einer Propaganda ab, welche die Massen an eine ihren objektiven Interessen zuwiderlaufende Politik zu binden suchte. Der endgültige Bankrott des Systems der Meinungs-Formierung, das nach Auskunft von Propagandaminister Goebbels einst konzipiert worden war, um »Macht über die Herzen des Volkes zu gewinnen« wurde schließlich zu dem Zeitpunkt offenbar, an dem der Terror einer pausenlos den »Volksgemeinschaftsgeist« beschwörenden Propaganda in die offene Propagierung des Terrors umschlug.

Dennoch: Den objektiv bedingten Auflösungstendenzen zum Trotz gelangen einzelnen Propagandisten noch sporadisch größere publizistische Erfolge. Dies verwies, über die Beachtung der Dialektik von Meinungskontrolle und Meinungsformierung hinaus, auf ein weiteres notwendiges Bedingungsmoment wirksamer Propaganda; die situationsgerechte *inszenatorische* und *rhetorische Umsetzung* geplanter Formierungsstrategien. Als bekanntestes Beispiel einer höchst publikumswirksamen Veranstaltung gilt Goebbels' Sportpalastrede zum »Totalen Krieg« am 18. Feburar 1943. Den Verführungstechniken dieser Rede wurde abschließend nachgegangen. Gezeigt wurde, wie die Macht geschickter Inszenierung und das rhetorische Vermögen eines versierten Massenagitators in der unmittelbaren Kommunikationssituation trotz extrem gesunkener Glaubwürdigkeit des Kommunikators noch riesige Akklamationsstürme hervorrufen konnten, deren Vehemenz freilich keinen Beweis für praktische Handlungskonsequenzen bot. Im Gegenteil. Der ausbleibende praktische Mobilisierungseffekt ließ sich mit gewissem Recht durch die Umkehrung des Schlußappels des Redners – »Kein Volk stand auf, kein Sturm brach los!« – kommentieren.

# ANMERKUNGEN

## *Einleitung*

1 *Hochhuth* 1977, 41 f. Diese Argumentationsfigur findet sich nahezu in allen Interpretationsansätzen zur faschistischen Propaganda, wobei freilich, je nach wissenschaftstheoretischer Position und politischem Standort, die Begründungen für die »Macht« des Manipulators und die »Ohnmacht« der Massen voneinander extrem abweichen (vgl. z.B. *Adorno* 1951, 61; *Kotze/Krausnick* 1966, 32; *Klöss* 1967, 18; *Winckler* 1970, 63; *Vondung* 1971, 198 f.; *Grieswelle* 1972, 182).

## *I. Formen nationalsozialistischer Meinungskontrolle als Ausdruck ungelöster gesellschaftlicher Konflikte*

1 Vgl. z.B. *Bisky/Friedrich* 1971, insbes. 18 ff. Einen informativen Überblick über die Entwicklung der Massenkommunikationsforschung sowie zur Anwendung materialistisch-dialektischer Prinzipien und Kategorien auf den Kommunikationsprozeß gibt das *Autorenkollektiv Wissenschaftspsychologie* 1975, 331–366.

2 Vgl. hierzu das Aufgliederungsschema der Kommunikationssysteme sowie die entsprechenden Erläuterungen und Literaturangaben in: *Koszyk/Pruys* $1976^4$, 165–172.

3 Vgl. *Schmeer* 1953, 363; *Scheel* 1968, 67 f.

4 Zum Zusammenwirken der verschiedenen (im Ziel einheitlich gerichteten) Institutionen der Meinungsbeeinflussung im Nationalsozialismus vgl. *Scheel* 1968, 67 ff. und *Scheel* 1969, 1283–1303. Eine knappe, aber informationsreiche und präzise Darstellung des Propagandaapparats bietet *Sywottek* 1976, 23 ff. Über die Prozeduren der »Gleichschaltung« der Presse berichtet anschaulich: *Sänger* 1975.

5 Vgl. v.a. *Scheel* 1968, 72–87.

6 Zur »Meinungsforschung« im Nationalsozialismus vgl. *Boberach* 1965 (Einleitung); *Unger* 1965/66; *Jäckel* 1966; *Dröge* 1970, insbes. 45 ff.; *Steinert* 1970; *Stokes* 1972; *Stokes* 1975.

7 Vgl. zum folgenden vor allem das quellenkritische Kapitel bei *Dröge* 1970, 45–68. Hinweise zu weiteren Quellen der »Volksmeinung« bei einzelnen Autoren von *Bayern in der NS-Zeit* 1977 ff. Berichte über dieses Projekt: *Broszat* 1976; *Fröhlich* 1980.

8 Vgl. hierzu die Dokumentation von *Boberach* 1971.

9 Eine systematische Darstellung dieses Problems steht bisher noch aus. Auf sei-

ne Bedeutung für die Sozialgeschichtsschreibung und speziell für die Faschismusforschung hat *Mason* (1975, XXII) hingewiesen.

10 Zur Datenqualität entsprechender Quellen vgl. *Mann* 1980, 35 ff.

11 Vgl. *Dröge* 1970, 48.

12 Vgl. *Berghahn* 1967, 83–119.

13 Eine authentische, von propagandistischer »Stilisierung relativ wenig beeinflußte Berichterstattung« nimmt Kershaw für die unteren und mittleren Staats- und Parteibehörden an (*Kershaw* 1979, 283); Stoke dagegen kennzeichnet die Berichte von Parteistellen als »superficial, implausible and ›rose coloured‹« (*Stokes* 1975, 261).

14 Vgl. *Hano* 1963, 14; *Dröge* 1970, 47.

15 Vgl. *Höhne* 1967, 219; *Stokes* 1975, 236.

16 Zur Geschichte des SD vgl. die Darstellungen von *Buchheim* 1965; *Zipfel* 1965; *Aronson* 1966; *Höhne* 1967; *Stokes* 1972.

17 Vgl. *Boberach* 1965, XIII f. sowie *Dröge* 1970, 50. Seit 1937 war der Ausbau der Meinungs-Kontrolle durch den SD systematisch in Angriff genommen worden. Nach einer kritischen Bestandsaufnahme der SD-Zentrale erschien die bisherige »Lageberichterstattung« sowohl ihrer Quantität wie ihrer Verläßlichkeit nach als unzulänglich.

18 Über die Personalstärke dieses Apparats werden die verschiedensten Zahlen genannt. Joseph Wulf schätzte die hauptamtlichen SD-Mitarbeiter schon für 1937 auf 3 000, denen 50 000 Informanten zur Seite gestanden hätten (zit. nach *Höhne* 1967, 202). Nach dem Krieg gab der Leiter des Inlandsnachrichtendienstes als durchschnittliche Personalstärke im Kriege 3 000 hauptamtliche und 30 000 ehrenamtliche Mitarbeiter an. Danach kam in diesem Zeitraum ein SD-Mann auf 2 500 »Volksgenossen« (vgl. *Dröge* 1970, 53).

19 *Dröge* 1970, 53.

20 Für die Außenstellen des Bezirks Koblenz wies Boberach nach, daß elf der vierzig V-Leute reputierlichen bürgerlichen Berufen nachgingen: vier waren Verwaltungsbeamte, vier Polizeibeamte, einer Arzt, einer Tierarzt und einer Lehrer (vgl. *Boberach* 1965, XV). Vgl. auch die Zusammensetzung der V-Leute der Außenstelle Aschaffenburg (*Bayern in der NS-Zeit* 1977, Bd. I, 593).

21 Vgl. Ebda.

22 Vgl. dazu auch die Anweisung der SD-Zentrale an alle Berichtsinstanzen, nicht nur negative, sondern auch positive Wertungen ihrer Befunde vorzunehmen.

23 Vgl. *Dröge* 1970, 59.

24 Zit. nach *Dröge* 1970, 53.

25 Vgl. Ebda; vgl. auch *Stokes* 1975, 260.

26 Vgl. *Boberach* 1965, XVI. Zur personellen Zusammensetzung der SD-Führung vgl. *Zipfel* 1965, 165 ff., *Höhne* 1967, 196 ff., *Stokes* 1975, 243. Mit einer Ausnahme waren alle Hauptabteilungsleiter des SD-Hauptamtes Vollakademiker. Auch die Hauptberichterstatter der Außenstellen kamen aus dem mittleren oder gehobenen Bürgertum (vgl. *Dröge* 1970, 230).

27 *Dröge* 1970, 57.

28 Zum Verbot bzw. zur Einschränkung der Berichtstätigkeit des SD vgl. *Boberach* 1965, XXVII f.; *Dröge* 1970, 56 f. Zur Begründung dieser Maßnahmen und deren herrschaftstechnischen Sinn vgl. Seite 77 ff. dieser Arbeit.

29 Vgl. *Dröge* 1970, 51. Auch Fröhlich rückt die Meinungsforschung des SD als »rudimentäre Vorform in die Nähe der wissenschaftlichen Demoskopie« (*Bayern in der NS-Zeit* 1977, Bd. I, 594). Indem Stokes den Mangel an quanti-

tativen Techniken durch den »Idealismus« der Mitarbeiter kompensiert sieht, kommt auch er zum gleichen Ergebnis (vgl. *Stokes* 1975, 260 f.).

30 Vgl. *Stokes* 1975, 260.

31 Ministerialdirektor Ohlendorf an den Leitenden Minister der Geschäftsführenden Reichsregierung, Graf Schwerin von Krosigk: Flensburg, Mai 1945. Abgedruckt in: *Boberach* 1965 (Anhang), 535.

32 Zit. nach *Boberach* 1965 (Anhang), 536.

33 Zit. nach *Boberach* 1965, IX.

34 Zit. nach *Boberach* 1965 (Anhang), 536.

35 Zit. nach *Höhne* 1967, 219.

36 Vgl. *Dröge* 1970, 58.

37 *Dröge* 1970, 205.

38 Ebda.

39 Vgl. *Dröge* 1970, 35.

40 Auf unterster Ebene wurde versucht, die Meinungen auch schichtspezifisch zu »erheben«. Vgl. *Bayern in der NS–Zeit* 1977, Bd. I, 595.

41 Eine relativ große Zuverlässigkeit wird den »Meldungen« vom überwiegenden Teil der Forschungsliteratur bescheinigt (*Unger* 1965–66; *Jäckel* 1966; *Dröge* 1970, 54 und 59; *Stokes* 1975, 260 f.) Schon vor Kriegsende kam auch die Gegenspionageabteilung der alliierten Streitkräfte zu dem Ergebnis, daß »[d]iese Berichte [...] außerordentlich offenherzig [sind] und [...] ein vollständiges und unverfälschtes Bild von den Meinungen und Haltungen der Deutschen (enthalten)« (IMT, Bd. XIII, 441). Broszat schätzt die Berichte der unteren Ebene für eine Rekonstruktion von Volksstimmungen und -reaktionen günstiger ein als die »abstrakteren Berichte der mittleren oder höheren Stufe« (vgl. *Bayern in der NS-Zeit* 1977, Bd. I, 13). Huar, der sich beim Versuch einer Qualifizierung des Umdenkungsprozesses im Frühjahr 1943 allgemein auf die Aussagen der *Geschichte der deutschen Arbeiterbewegung* (1966) bezieht, ist gegenüber den Berichten generell skeptisch. Sein Argument, der Terror, der auch die »Meinungsforscher« bedroht hätte, habe zu Verzerrungen geführt, kann aber für den SD kaum geltend gemacht werden. Sein Hinweis dagegen, daß nur eine interdisziplinäre Forschung von Historikern, Philosophen, Soziologen, Psychologen, Ökonomen eine Analyse des »Umdenkungsprozesses« exakt lösen könne, kann nur unterstrichen werden (vgl. *Huar* 1968, XV).

42 Vgl. hierzu Hennigs programmatische »Anmerkungen zur Durchführung einer Analyse faschistischer Öffentlichkeit« (*Hennig* 1975, 115 f.).

43 Fritz Eberhards Vermutung, daß »in Biographien, auch in mündlichen Erfahrungsberichten, [...] vielleicht enthalten [ist], was man getan haben möchte und nicht, was man wirklich getan hat« (zit. nach *Mann* 1980, 35) verweist auf den problematischen Charakter von ex-post-facto Berichten als Geschichtsquelle. Die Unzuverlässigkeit von Interviews für eine »Rekonstruktion der Fakten« hat Renzo de Felice moniert; sie seien zu »95 v.H. wertlos«, gleichwohl aber aufschlußreich für die Einstellungen der Befragten (vgl. *Renzo de Felice* 1977, 18 und 22).

44 Vgl. *Dröge* 1970, 51; *Bayern in der NS-Zeit*, Bd. I, 594.

45 Eine vollständige Liste der Veröffentlichungen würde mehrere hundert Titel umfassen; stellvertretend seien hier nur einige Aufsätze genannt, die über Thematik und Problematik der wichtigsten Veröffentlichungen Auskunft geben: Einen Literaturüberblick zur Meinungsmanipulation im Faschismus gibt *Scheel* 1969; s. auch die Sammelrezension von *Wette* 1972. Zum Thema »Spra-

che und Nationalsozialismus« informiert am präzisesten *Voigt* 1974. Vgl. neuerdings auch die Bibliographien von *Stachura* 1977; *Winkler/Schnabel* 1979; *Hüttenberger* 1980.

46 *Schmeer* 1953, 370.

47 Prototypisch für diese Art von Geschichtsbetrachtung sind eine Reihe von biographischen und propagandaanalytischen Arbeiten: für *Reimann* (1971) z.B. ist der Nationalsozialismus »tatsächlich durch seine Redner groß geworden« (96); für *Kotze/Krausnick* (1966) hätte das Dritte Reich »gewiß nicht ohne das ›Wort des Führers‹ [...] Wirklichkeit« (8) werden können. Diese Autoren kommen zu ihren Aussagen, indem sie schlicht das Selbstverständnis bekannter nationalsozialistischer Redner übernehmen, zustimmend zitieren und als beweiskräftig ausgeben. Eines der krassesten Beispiele dieser Art von mimetischer »Einfühlung« stellen die Kommentare von *Domarus* (1965) zu den von ihm herausgegebenen Reden und Proklamationen A. Hitlers dar, die sich wie eine Mischung aus mehr oder weniger wörtlichen Übernahmen aus *Mein Kampf* und irrationalistischen Abwehrmetaphern vom Typus: der »Dämon Hitler« lesen. Zur Kritik dieser Richtung in der Faschismusliteratur vgl. *Haug* u.a. 1965, 7ff.

Neben der personalisierenden und psychologisierenden Erklärung von Propagandawirkungen, die in der bürgerlichen Historiographie weitgehend dominierte, gab es freilich auch immer vereinzelte Erklärungsansätze, die den Erfolg der NS-Propaganda auf die Verwendung bestimmter Sozialtechniken zurückführten. Schon *Burke* (1939) 1967 bescheinigte Hitler die »›Rationalität‹ eines gewiegten Werbefachmanns« (29); Heiber porträtierte in seiner Goebbels-Biographie den nationalsozialistischen Propagandaminister als »eigenartigen ›Rationalisten‹« (*Heiber* 1962, 326). Das geläufige Bild von Goebbels als einem »blindwütigen Hetzredner« wird von Heiber schon partiell korrigiert, indem er zeigt, wie der Agitator seine Propagandaeffekte nüchtern kalkulierte und nur routiniert den »Fanatiker« mimte (vgl. auch *Speer* 1969, 267 und *Heiber* 1971, Bd. 1, XVII). Am Beispiel der Presselenkung und Sprachregelung hat G. Voigt diese Ansätze kritisch weiterentwickelt. Ausgehend von Lukács' Charakterisierung der nationalsozialistischen Propaganda als Verschmelzung von »deutscher Lebensphilosophie und amerikanischer Reklametechnik« (*Lukács* 1974, Bd. 3, 165) analysierte er den Zusammenhang von Werbung und Propaganda und zeigte, wie Goebbels als »Markentechniker« begriffen werden kann (*Voigt* 1975, 231ff.; s. auch die Bemerkung in *Haug* 1971, 39f.).

48 Vgl. hierzu u.a. *Boelcke* 1966, insbes. 31–35; *Bollmus* 1970; *Abel* 1968, 13–22.

49 Der Zusammenhang von politischer Entwicklung und Theorienwandel, der diese Modifikationen bewirkte, kann hier nicht erörtert werden (vgl. dazu *Lozek* 1966; *Kühnl* 1972; *Opitz* 1974; *Kühnl* 1978). Die konstatierten Interessen- und Meinungsdifferenzen zwischen verschiedenen nationalsozialistischen Instanzen, die sich lediglich auf Durchsetzungsstrategien bezogen oder notwendiger Durchschlag der Heterogenität der Massenbasis auf die Struktur des Integrationssystems darstellten (vgl. z.B. den Gegensatz zwischen dem Amt Rosenberg, dessen Funktion vornehmlich in der Irrationalisierung der Parteielite bestand, und dem Propagandaministerium, das mit Rücksicht auf die Gesellschaftliche Psychologie der Massen pragmatisch orientierte und populäre Inhalte und Ausdrucksformen durchsetzte), werden zu prinzipiellen Differenzen stilisiert, deren gemeinsame, an imperialistischen Zielen orientierte Basis

ausgeblendet bleibt. Damit wird es möglich, lediglich noch die sich durchsetzende Extremvariante imperialistischer Politik als »faschistisch« zu klassifizieren und Einzelelemente, Einzelinteressen sowie Einzelgruppen aus ihrer Einbindung in die Funktion nationalsozialistischer Herrschaft herauszulösen. Auch die begrenzte weltanschauliche Gleichschaltung durch die nationalsozialistische Propaganda wird dann nicht aus den soziostrukturellen Grundlagen und Widersprüchen des faschistischen Systems abgeleitet, sondern den als systemdysfunktional stilisierten Differenzen angelastet.

50 Fasziniertheit gegenüber der perfekten »Regie des öffentlichen Lebens« im Dritten Reich prägt bis heute den überwiegenden Teil der wissenschaftlichen und publizistischen Literatur in der Bundesrepublik. Diese Haltung gegenüber nationalsozialistischer Propaganda spiegelt sich schon in Publikationstiteln wider, unter denen Hitler- und Goebbelstexte heute auf den Markt gebracht werden. Herausgeber und/oder Verlag bieten ihre Ware in derselben Weise an wie einst ihre Urheber. Der von Goebbels und anderen NS-Propagandisten nach werbetechnischen Gesichtspunkten geformte und propagierte »Führermythos«, der in Buchtiteln wie *Reden des Führers* (*Klöss* 1967) oder *Es spricht der Führer* (*Kotze/Krausnick* 1966) auftaucht und vordergründig verkaufsfördernder Absicht entspringen mag, befördert aber zugleich den Schein des »Einmaligen«, des »Besonderen« und steuert so die Rezeption in eine affirmative – allenfalls ohnmächtige – Richtung.

Diese Form der »Aufarbeitung der Vergangenheit« tritt gegenwärtig unter dem entpolitisierenden Deckmantel einer »Hitlernostalgie« wieder verstärkt auf. Die damit verbundene partielle Rehabilitierung des Nationalsozialismus zielt darauf ab, einen Teil der durch die Krise verunsicherten Bevölkerung propagandistisch »autoritäre« Lösungsmöglichkeiten nahezubringen (vgl. zur Analyse dieses Trends u. a. *Krause* 1975, 50ff.;*Hautsch* 1974, 3ff. sowie die in den Medien geführte Debatte über Joachim C. Fest's und Chr. Herrendoerfers Film »Hitler – Eine Karriere«; s. auch *Berlin* u. a. 1978; *Fischer* 1979; *Mannzmann* 1979).

51 *Boberach* 1965. 1984 wurde eine Edition der vollständigen Texte aus dem Bestand des Bundesarchivs Koblenz vorgelegt. Die 17 Bände (u. 6740 Seiten) umfassende Dokumentation wurde ebenfalls von H. Boberach besorgt. Sie wird im folgenden zitiert als *Boberach* 1984.

52 *Steinert* 1970.

53 *Dröge* 1970.

54 Vgl. *Zittel* 1972; 1972 b; 1974/75; 1975 a; 1975 b.

55 Vgl. vor allem *Bayern in der NS-Zeit* 1977 ff., sowie die im Kontext dieses Projekts entstandenen Arbeiten von *Domarus* 1977; *Kershaw* 1980.

56 Vgl. *Märthesheimer* 1979.

57 Aus der umfangreichen Literatur seien nur einige mir wichtig erscheinende Titel genannt.
*Abendroth* u. a. 1980; *Benz* 1980; *Berlin* 1978 a; *Dudek/Jaschke* 1981; *Dudek/Jaschke*1982; *Erdmann* u. a. 1979; *Hinkelammert* 1976; *Höffken/Sattler* 1980; *Lang* 1982; *Meyer* 1980; *Neofaschismus* 1979; *Paul/Schoßig*1980; *Peters* 1980; *Pomorin/Junge* 1978; *Pomorin/Junge* 1979; *Pomorin* u. a. 1980; *Pomorin* u. a. 1981; *Rabe* 1980; *Schneider* 1981; *Winkler* 1980.

58 *Mannzmann* 1979; *Berlin* u. a. 1978; *Fischer* 1979.

59 S. hierzu im einzelnen die Bibliographien von *Stachura* 1977; *Winkler/Schnabel* 1979; *Hüttenberger* 1980. Als neuere Einführungen und Überblicke seien

genannt: *Wippermann* 1975; *Saage* 1977 sowie der kritische Leitfaden von *Kühnl* 1979.

60 Dennoch fällt insgesamt eine starke Aufwertung theoretischer gegenüber Materialanalysen auf. Während 60 der insgesamt 168 in einer Bibliographie (*Hüttenberger* 1980) genannten Titel zur Faschismustheorie in den siebziger Jahren erschienen, betrug die Anzahl der unter der Rubrik NS-Propaganda und Sprache aufgeführten Titel für die siebziger Jahre nur 16 von insgesamt 72 (davon lediglich 6 Buchveröffentlichungen). Für die Massenmedien sehen die Relationen folgendermaßen aus: Rundfunk 9 : 2; Presse 42 : 6; Film 11 : 3; günstiger ist die Relation in Literatur/Schöne Künste 69 : 18. Seit dem *Bericht vom Ende der Sprache des Nationalsozialismus* hat sich, ausgehend von Benjamins Kategorie einer Ästhetisierung der Politik (vgl. dazu etwa die Studie von *Emmerich* 1977) die Forschung von einem ursprünglich engeren politischen Propagandabegriff gelöst und die ehemals vorherrschenden Bereichsanalysen, die sich vornehmlich auf Massenmedien (Presse, Rundfunk, Film) erstreckten, nicht nur erweitert, sondern auch teilweise durch neue ideologietheoretische Ansätze qualitativ verändert. Zu nennen wären hier vor allem die am Begriff »faschistische Öffentlichkeit« orientierten Arbeiten um die Zeitschrift *Ästhetik und Kommunikation*, insbes. Heft 19 (1975) und Heft 26 (1976) (s. u. a. auch die Arbeiten von *Negt/Kluge* 1972; *Hinz* 1974; *Hinz* u. a. 1979), sowie die auf Gramsci rekurrierende, an Althusser und Laclau anknüpfende Ideologietheoriedebatte in der Zeitschrift *Das Argument*. Mit einem Konzept, das Ideologie als »Vergesellschaftung von oben« versteht, unternimmt das *Projekt Ideologie Theorie* eine Reinterpretation des alten Materials. Soweit Ergebnisse dieser Ansätze unseren Untersuchungsgegenstand berühren (vgl. vor allem unten die Übersicht zum Phasenverlauf der NS-Propaganda), werden wir sie heranziehen. Eine Auseinandersetzung mit dem Theoriegehalt muß einer gesonderten Arbeit vorbehalten bleiben. Zur Ideologietheorie-Diskussion vgl. die Argumenthefte 117, 121, 122 sowie die Argument-Sonderbände 40, 60, 62.

61 Dies trifft beispielsweise auch noch auf Wincklers seinerzeit innovative und theoretisch anspruchsvolle *Studie zur gesellschaftlichen Funktion faschistischer Sprache* (*Winckler* 1970) zu. In der Analyse der Sprache von Hitlers *Mein Kampf* gelingt es dem Autor zwar durch den gewählten gesellschaftstheoretischen Bezugsrahmen (der Faschismus wird im Anschluß an die ›Kritische Theorie‹ als Produkt des in die Krise geratenen Monokapitalismus begriffen) die *Genese* der Hitlerischen Weltanschauung und Sprache politisch *allgemein* zu bestimmen; ebenso werden *Struktur*elemente der Sprache nicht nur deskriptiv benannt, sondern auch als notwendiger Ausdruck der Wirkungsintentionen des Schreibers herauspräpariert. Dadurch entsteht der einsichtige Nachweis vom ausschließlich technisch-instrumentellen Charakter von Hitlers Sprache. Dieser Nachweis aber erfüllt keineswegs schon eine Einlösung des Titels. Sprache und Ideologie im Faschismus wird trotz wichtiger Teileinsichten hinsichtlich der funktionalen Kontinuität bestimmter Ideologeme (bspw. der »imperialistischen Rassendoktrin« – vgl. *Winckler* 1970, 72) immer nur abstrakt und ausschließlich in kulturkritischer Perspektive geführt. Die gnoseologisch statt pragmatisch argumentierende Studie ist hierin als Konsequenz der Kritischen Theorie (hier besonders Marcuses Aufsatz *Der Kampf gegen den Liberalismus in der totalitären Staatsauffassung*) anzusehen. Der erkenntnistheoretische Beweis vom »schlechten Denken« A. Hitlers, der diese Position kennzeichnete, kommt aber schlechterdings um eine Betonung der

»Primitivität« und »Emotionalität« der Massen nicht herum. So wichtig die am Sprachmaterial nachgewiesene Wesensverwandtschaft von faschistischer und imperialistischer Ideologie auch ist, so hilflos läßt sie in dieser abstrakten Form unter politischer Perspektive den daraus resultierenden Antifaschismus. Was im Ansatz Wincklers fortentwickelt werden müßte, ist die konkret-historische Vermitteltheit des Gegenstandes, was sowohl die genetische und strukturelle Dimension, vor allem aber seine funktionale Seite erweitern und verändern würde. Die neuere sozialgeschichtliche Forschung hat dazu bereits Ergebnisse vorgelegt (vgl. *Stegmann* 1972; *Gossweiler* 1980). Auch die auf Materialstudien gerichtete Arbeit des *Projekts Ideologie Theorie* des *Arguments* hat die ideologische »Transformationsarbeit« Hitlers näher auf die gesellschaftlichen Praktiken bezogen. So kann z.B. Haug den Sinn des NS-Rassismus nicht mehr nur als voluntaristisch gesetzten und/oder historisch allgemein bewährten Einheitstrick nationaler Demagogie begreifen, sondern als ein kohärenzstiftendes Ideologem, das eine historisch ganz konkrete Aufgabe, die ideologische Vereinheitlichung der »völkischen und nationalistischen Gruppen« leistet. Dieses Herangehen ist der Propagandaanalyse als »pragmatischer« Sprachanalyse schon wesentlich näher und läßt statt geistiger »Mediokrität« geradezu einen antirationalen Intellektualismus beim Autor von *Mein Kampf* hervortreten.

62 Die Versuche einer propagandistischen Steuerung der Bevölkerungsmehrheit waren determiniert durch die objektiven Schranken faschistischer Politik. Auch im Nationalsozialismus waren die Grenzen »willkürlicher« – im Sinne monopolkapitalistischer Interessen operierender – Politik dort zu ziehen, wo die Interessen der herrschenden Klasse *unverschleiert* mit den Grundbedürfnissen der Bevölkerung kollidierten.

63 Zu denken wäre hier zum einen, neben den Berichten der oben genannten Instanzen, auch an Berichte von Gendarmerie-Posten, Landräten, Ortsgruppen- oder Kreisleitern, die vor allem auch für die Jahre 1933–39 Aufschluß geben können. Genutzt wurde ein Teil dieser Berichte bisher u.a. von *Vollmer* 1957; *Steinert* 1970; *Bayern in der NS-Zeit* 1977, Bde. I–IV; *Domarus* 1977; *Eiber* 1979; *Kershaw* 1980. Für die Zeit vom April 1934 bis April 1940 stehen seit kurzem auch die vom Exilvorstand der Sozialdemokratischen Partei (Sopade) herausgegebenen *Deutschland-Berichte* zur Verfügung. Nach *Mann* 1980, 37 lassen sich diese »interessanten Informationsquellen« mit den »Meldungen aus dem Reich« vergleichen. Eine systematische Analyse dieser Quellen liegt m.W. bisher nicht vor. In unserer Arbeit werden sie im Phasenüberblick zur Propaganda vorerst auch nur illustrativ genutzt werden.

64 Obwohl außer Frage steht, daß die deutsche »Sonderentwicklung« eine politische Kultur hervorbrachte, die durch die genannten Merkmale geprägt war und vielfach auch von den Unterschichten subjektiv angeeignet wurde, ist der Anteil dieser Denkweisen an der Erzeugung kollektiver Handlungsbereitschaften doch bei weitem überschätzt worden. Vor allem wird allzu leicht außer acht gelassen, daß der von Heinrich Mann porträtierte Untertan, der akademisch gebildete mittlere Unternehmer Diederich Heßling, der »sadomasochistische Charakter« mithin in den »höheren Ständen« angesiedelt wird. Zum literarischen Porträt der Varianten des Typus »herrschende Klasse« vgl. *Seghers* 1949. Den Zusammenhang von Wirtschaft, Politik und Propaganda, historisch etwa in der Beziehung von Hugo Stinnes und Eduard Stadler greifbar, hat Heinrich Mann in einer packenden Groteske »Kobes« beschrieben, die

sich, will man sie als Schlüsselnovelle verstehen, auf die historischen Personen bezieht. In der grotesken Übersteigerung nimmt sie geradezu schon »visionär« die Sozialdemagogie der entfalteten Hitlerpropaganda vorweg.

65 Der Einfluß des gruppenspezifisch unterschiedlichen Interesses an den verschiedenen Dimensionen des Krieges auf die Stimmung hing zudem von der jeweils anderen Ereigniskonstellation ab: »Dominanzgewinnung, Rezession oder Gleichwertigkeit [des jeweiligen Interesses am Frontgeschehen oder an den Lebensbedingungen in der Heimat, J. B.] erfolgt im historischen Prozeß nicht mechanisch, sondern gehorcht dem sie gestaltenden Ereignisverlauf und den Bewußtseinsrelationen zwischen den Menschen und den Ereignissen« (*Dröge* 1970, 86).

66 *Dröge* 1970, 149.

67 Diese Aussage soll weder die starke Verbreitung ethnozentrischer Vorurteile leugnen, noch soll sie entsprechende Formen des Alltagsdenkens exkulpieren. Wo aber Aggressivität sich kollektiv äußert, ist zuallererst auf die umfassenden Formierungsmaßnamen abzuheben, die praktisch durch den industriellen Marschrhythmus des kapitalistischen Systems, durch die paramilitärischen Organisationen des Nationalsozialismus und durch den komplex angelegten Versuch geistiger Mobilmachung zu verwirklichen gesucht wird.

68 Zu den organisatorischen und inhaltlichen Versuchen der propagandistischen Vorbereitung der deutschen Bevölkerung auf den Zweiten Weltkrieg vgl. *Sywottek* 1976. Diese Studie gibt einen guten Überblick über die institutionelle Bandbreite der ›Kriegspropaganda‹ vor 1939 und arbeitet detailliert die ideologisch-inhaltliche Seite der Mobilisierungsstrategien heraus. Vgl. auch die frühe Studie über die Wehrmachtsideologie von *Schreiner* (1939) 1981.

69 Vgl. *Brecht* 1967, Bd. 20, 270 f.

70 Vgl. *Abendroth* 1967, 499.

71 *Steinert* 1970, 91.

72 Vgl. *Steinert* 1970, 12.

73 Die Tatsache, daß es bei der allgemeinen Stimmung zu keinem aktiven Widerstand des Volkes kam, ist einmal auf die Realohnmacht der atomisierten Individuen im Nationalsozialismus zurückzuführen – nach der terroristischen Zerschlagung der Organisationen einer möglichen sozialistischen und demokratischen Opposition hätte dieser Widerstand allenfalls aus den eigenen Reihen der Nationalsozialisten erfolgen können oder aus den Kreisen des Militärs. Beides aber war unwahrscheinlich, zumal die an den organisatorischen Schaltstellen dieser Machtapparate sitzenden Parteiführer und führenden Militärs an seiner Planung aktiv mitgewirkt hatten. Differenzen gab es hauptsächlich hinsichtlich der Terminierung, der Einzelziele sowie strategischer und taktischer Kalküls. Die Antikriegsstimmung der Bevölkerung aber war schwerlich ohne politische Organisations- und Führungszentren in einen kollektiven Widerstand umzusetzen. Die Mehrheit hatte sich in der Normalität eines vertrauten (wenn auch nicht unbedingt geliebten) Alltags eingerichtet. Viele versuchten mit dem »Antiideal« zu leben und waren unter der Hand häufig zu Mitläufern geworden. Hinzu kam, daß auf der anderen Seite die außenpolitischen Erfolge Hitlers vor 1939 durchaus auch einen affirmativen Effekt hatten: das Vertrauen in die politische Führung Hitlers wuchs; es setzte sich eine gewisse Bewunderung durch.

Dieser von den ›Meldungen‹ registrierte Tatbestand ist also durchaus als realitätsgerechte Widerspiegelung der öffentlichen Meinung zu akzeptieren. Als

Untergrund dieser ›Bewunderung‹ der politischen Abenteuer Hitlers blieb aber stets die Furcht vor dem Kriege erhalten (vgl. zu diesem Komplex auch *Shirer* 1963, Bd. I, 618 und Jacobsen 1959, 460; *Kershaw* 1980, 113 ff.).

74 Vgl. *Boberach* 1984, Bd. 2, 339; es ist kaum mehr überprüfbar, inwieweit dieses Gerücht lanciert oder Manifestation des allgemeinen latenten Friedenswunsches war.

75 Vgl. *Dröge* 1970, 78 f.

76 Zit. nach *Steinert* 1970, 315.

77 *Boberach* 1984, Bd. 11, 4164.

78 Vgl. z. B. *Boberach* 1984, Bd. 10, 3639.

79 *Steinert* 1970, 319.

80 *Boberach* 1984, Bd. 12, 4454.

81 Vgl. *Steinert* 1970, 380.

82 Vgl. *Steinert* 1970, 315.

83 *Boelcke* 1967, 271 und 273.

84 *Boberach* 1984, Bd. 11, 4355.

85 *Boberach* 1984, Bd. 11, 4164.

86 Vgl. die »Meldungen« vom 3. 9. 1942, 10. 9. 1942, 28. 9. 1942 usw.

87 Die verlorene Schlacht bei Stalingrad stellte die entscheidende Wende im Krieg Deutschlands und seiner Verbündeten gegen die Alliierten dar. *Innenpolitisch* leitete dieses Ereignis eine umfassende Krise des gesamten faschistischen Systems ein, die im militärischen, wirtschaftlichen und sozialen Bereich schwere Erschütterungen zur Folge hatte. Die *militärische Krise* war hauptsächlich verursacht durch die empfindliche Schwächung des personellen und materiellen militärischen Kräftepotentials: Allein in den beiden Monaten Dezember 1942 und Januar 1943 hatte das deutsche Heer Ausfälle in Höhe von 502 000 Mann (vgl. *Hubatsch* 1963, 1481 f.). An Material brachte die Schlacht von Stalingrad den Verlust nahezu einer gesamten Jahresproduktion an Lastkraftwagen (50 000) und an Personenwagen (30 000) mit sich. Strategisch bedeutete sie darüber hinaus den Verzicht auf die rüstungswirtschaftlich bedeutenden Erz- und Kohlevorkommen des Donezgebiets und längerfristig auch die Aufgabe der ernährungswirtschaftlich wichtigen landwirtschaftlichen Reichtümer der Ukraine. In der Sitzung der Zentralen Planung vom 26. Januar 1943 erklärte Speer vor den anwesenden Industriellen und Staatsbeamten, daß die »Lage im Osten [...] auf die Rüstungsproduktion im Reich außerordentliche Rückwirkungen gehabt« habe und daß der Krieg es nunmehr erfordere, »daß wir alles auf die Frontbedürfnisse abstellen« (zit. nach *Bleyer* 1970, 33). Die praktische Konsequenz daraus bestand in einer forcierten »Umgestaltung der Wirtschaft« im Sinne einer »totalen Kriegswirtschaft«. Im Zuge der Konzentration aller Kräfte auf die Steigerung der Rüstungsproduktion wurde die Konsumgüterproduktion weiter gedrosselt, eine Reihe von kriegswirtschaftlichen unrentablen Betrieben ganz geschlossen oder verlagert (vgl. *Bleyer* 1966, 903). Durch diese »Umordnung« konnten die führenden Konzerne ihre ökonomischen und politischen Machtpositionen weiter ausbauen. Speers Äußerung vom April 1942, daß die anstehenden Aufgaben »nur von Männern gelenkt werden [können], die aus der Industrie selbst hervorgegangen« sind (zit. nach *Bleyer* 1966, 899), wurde im Laufe der Jahre 1942 und 1943 als Programm realisiert. Den Organen der Wirtschaftsverwaltung und ihrer Leiter wurden ausgesprochene Hoheitsaufgaben übertragen. Über den Rüstungsrat, die Reichsvereinigungen einzelner Industriezweige, über ein verzweigtes System von Industrieringen

und Ausschüssen steuerten die führenden Generaldirektoren der größten deutschen Konzerne die Wirtschaftspolitik und nutzten das öffentlich propagierte Konzept einer »wehrhaften Wirtschaft« zur Ausdehnung ihrer Wirtschaftsimperien und zur Steigerung der Profite. Die Gunst der Kriegssituation kalkulierend, wurde das »Wolfsgesetz des Kapitalismus« von einem führenden Großindustriellen mit den Worten, daß man »ohne Rücksicht den (wirtschaftlich) Schwächeren [...] beseitigen und ersetzen« müsse, zum Programm erhoben (*Kehrl* Anfang 1943 in der Verbandszeitschrift *Stahl und Eisen*, 1943, H. 9, 186). Der wirtschaftlichen und politischen Machterweiterung der Monopole aber stand auf der anderen Seite die Vernichtung der ökonomischen Existenzbasis eines Großteils der kleinen und mittleren Unternehmen sowie die rapide Schmälerung des materiellen und sozialen Besitzstandes der Bevölkerungsmehrheit gegenüber. Eine Verschärfung der sozialen Konflikte, Unruhe im Mittelstand, zunehmende Unzufriedenheit unter den Arbeitern über Versorgungs- und Arbeitsbedingungen waren die Folgen, die durch propagandistische Verschleierungen nur mehr schwer aufgefangen werden konnten. *Außenpolitisch* bewirkte die Niederlage bei Stalingrad den beschleunigten Verfall der faschistischen Koalition und eine Stärkung der Alliierten. In einer Botschaft des amerikanischen Präsidenten Roosevelt zum 25. Jahrestag der Roten Armee wird indirekt die *Signalwirkung* dieser Schlacht angesprochen.

88 *Boberach* 1984, Bd. 12, 4751.

89 Vgl. *Deutschland im Zweiten Weltkrieg* 1979, Bd. 3, 194. S. auch *Kühnl* 1979, 177; *Streit* 1978.

90 »Meldung« vom 8. 2. 1943: *Boberach* 1984, Bd. 12, 4761.

91 *Boberach* 1984, Bd. 12, 4762.

92 Vgl. *Steinert* 1970, 328.
Ein Dokument sei hier auszugsweise für den Tenor aller zitiert: »wenn es nicht wahr ist«, hieß es in einem dieser Briefe, »was man uns versprach, dann wird Deutschland verloren sein. Denn in diesem Fall kann kein Wort mehr gehalten werden. Oh, diese Zweifel, diese furchtbaren Zweifel, wenn sie doch behoben wären« (*Letzte Briefe aus Stalingrad* o. J., 23).

93 *Goebbels Tagebücher 1942/43*, 282; vgl. auch *Steinert* 1970, 342.

94 Zit. nach *Steinert* 1970, 341.

95 Vgl. *Steinert* 1970, 342.

96 Vgl. *Steinert* 1970, 342.

97 Vgl. *Sywottek* 1976, *Schreiner* (1939) 1981.

98 Vgl. hierzu die Ausführungen im Schlußteil dieser Arbeit. Insbesondere die Seiten 98 ff.

99 Vgl. die Angaben bei *Ohlendorf*, in: *Boberach* 1965 (Anhang), 533 ff.

100 *Brecht* 1967, Bd. 20, 272.

101 Über massenpsychologische Effekte, sozialkritische Implikationen und propagandistische Wirkungsmöglichkeiten des »Pseudokommunismus« im Kriegserlebnis notierte Brecht im *Arbeitsjournal*: »die kriegsseligkeit. bei der kleinbürgerlichen jugend ist es oft der pseudokommunismus, der in den riesigen volksheeren der großen bürgerlichen kriege auftritt. die große aufgabe im nationalen maßstab, das gigantische kollektiv, die ökonomische gesichertheit, die öffentliche diffamierung der profite, die körperliche arbeit, der kontakt mit der maschinerie, die hygiene usw. – im deutschen fall wäre es lohnend, einmal ernsthaft die sozialistischen elemente aufzuspüren, die der nationalsozialismus pervertiert zum operieren brachte. nicht anders ist sein erfolg bei massen zu

erklären« (*Brecht, Arbeitsjournal*, Eintragung vom 26. 3. 1947). Wichtige Aspekte der von Brecht geforderten Untersuchung hat Bloch bereits in seinem in 1. Auflage 1935 in Zürich erschienenen Buch *Erbschaft dieser Zeit* beleuchtet. Vgl. insbesondere die Kapitel »Inventar des revolutionären Scheins« und »Zur Originalgeschichte des Dritten Reiches« (*Bloch* 1962, 70 ff. und 126 ff.). Zu den faschismustheoretischen resp. propagandatheoretischen und ästhetischen Positionen von Brecht, Bloch und Benjamin vgl. *Emmerich* 1977, 223–290.

102 *Boberach* 1984, Bd. 10, 3639.

103 *Boberach* 1984, Bd. 10, 3639.

104 Meldungen vom 22. 6. 1942, *Boberach* 1984, Bd. 10, 3852. Die gleiche Tendenz kommt in den »Meldungen« vom 29. 6. und 9. 7. 1942 zum Ausdruck (vgl. *Boberach* 1984, Bd. 10, 3882 und 3923 f.).

105 *Steinert* 1970, 305.

106 Vgl. hierzu *Boberach* 1965, 228, 230, 231 sowie *Steinert* 1970, 284.

107 *Boberach* 1984, Bd. 11, 3986.

108 *Boberach* 1984, Bd. 9, 3505.

109 Zit. nach *Steinert* 1970, 286.

110 *Boberach* 1984, Bd. 9, 3393.

111 *Kuczynski* 1964, Bd. 6, 292.

112 Daß diese Gerüchte typische schichtenspezifische Merkmale aufwiesen, hat Dröge gezeigt: »Die Konfiszierungsgerüchte werden vor allem von Arbeitern, unteren Angestellten und Beamten kolportiert. Die Inflationsgerüchte kreisen vor allem in der Mittelschicht mit geringem oder mittlerem Kapitalvermögen. Der Kapitalbesitz und das Einkommen, allgemein: *die wirtschaftliche Lage* der Kommunikanten steuert die allgemeine Interessenlage und motiviert die Gerüchtinhalte [...]« (*Dröge* 1970, 146).

113 *Kuczynski* 1964, Bd. 6, 295.

114 *Dröge* 1970, 132.

115 Vgl. *Boberach* 1984, Bd. 11, 4164.

116 Vgl. *Boberach* 1984, Bd. 11, 4165. Die Gerüchte hätten in »zahlreichen Städten geradezu zu einer allgemeinen Angstpsychose vor feindlichen Luftangriffen geführt, die sich naturgemäß stark auf die Betrachtung der sonstigen militärischen Ereignisse und der allgemeinen Lage überhaupt auswirken« (Ebda).

117 Zit. nach *Dröge* 1970, 131.

118 Vgl. *Hano* 1963, 64.

119 Vgl. dazu *Dröge* 1970, 132 f. sowie in dieser Arbeit die Darstellung der Kritik an den politischen Repräsentanten des Nationalsozialismus.

120 Zit. nach *Steinert* 1970, 363.

121 Vgl. *Eichholtz* 1967, 151.

122 *Goebbels Tagebücher 1942/43*, 83.

123 *Goebbels Tagebücher 1942/43*, 78.

124 *Goebbels Tagebücher 1942/43*, 78.

125 Zit. nach *Steinert* 1970, 321.

126 Noch in einer Rede Görings am 3. 10. 1942 war versprochen worden, daß die Ernährung der deutschen Bevölkerung aus der »Kornkammer Ukraine« demnächst als gesichert angesehen werden könne. – Zur Resonanz dieser Rede vgl. *Boberach* 1984, Bd. 11, 4291 ff.

127 *Brecht* 1967, Bd. 20, 273.

128 Zit. nach *Heise* 1961, 1438; vgl. auch einen Bericht aus der Reichsstatthalterei Posen vom 16. 7. 1941, in dem es u. a. heißt: »[...] Es besteht in diesem Winter

die Gefahr, daß die Juden nicht mehr sämtlich ernährt werden können. Es ist ernsthaft zu erwägen, ob es nicht die humanste Lösung ist, die Juden, soweit nicht arbeitseinsatzfähig sind, durch irgendein schnellwirkendes Mittel zu erledigen. Auf jeden Fall wäre dies angenehmer, als sie verhungern zu lassen [...]« (zit. nach *Kennzeichen J* 1979, 174).

129 Vgl. *Bleyer* 1970, 11.

130 *Boberach* 1984, Bd. 7, 2338; vgl. auch die Meldung vom 1. August 1940, in der sich die Bevölkerung gegen NSV-Aktivitäten in Belgien und Frankreich ausspricht, s. *Boberach* 1984, Bd. 5, 1440.

131 So wurden z. B. die aus den besetzten Gebieten requirierten Waren in einer Weise unter die Bevölkerung verteilt, die einer geringen Zahl von Personen relativ große Mengen zukommen ließ; die Medienpublizistik verbreitete dann den Eindruck, als ob breite Bevölkerungsschichten an den Zuteilungen partizipiert hätten – Leserbriefe aus den Kreisen der »Bedachten« halfen diesen Eindruck zu verstärken. Diese Art Täuschungsmanöver rief aber in der Bevölkerung zugleich Erwartungen hervor, die – da sie immer seltener erfüllt werden konnten – im Gegensatz zu der von den Propagandisten beabsichtigten Wirkung nicht nur in potenzierte Unzufriedenheit, sondern auch in potenziertes Mißtrauen umschlagen: die Enttäuschung beschränkte sich nicht allein auf die Entbehrungen, sondern traf auch vermehrt die Täuscher.

132 *Goebbels Tagebücher 1942/43*, 282.

133 Eine in den »Meldungen« kolportierte Episode illustriert diese Desillusionierung. Ihr zufolge replizierte ein »Volksgenosse« auf die Mitteilung, in England würde wieder einmal rationiert: »Nachtigall, ick hör dir trapsen« (*Boberach* 1965, 264).

134 *Mason* 1975, 38.

135 Vgl. zu diesem Umschlag die Analyse der Propagandastrategien zum »Totalen Krieg« auf den Seiten 92–95 dieser Arbeit.

136 *Mason* 1975, XXI.

137 *Mason* 1975, XXI.

138 Vgl. *Mason* 1975, XX.

139 *Mason* 1975, XXI.

140 *Mason* 1975, 16. Die europäischen Revolutionen der Jahre 1917–1919 hatten die Planer des nächsten Krieges gelehrt, die innenpolitischen Grenzen des militärischen Expansionismus zu erkennen.

141 *Mason* 1975, 7.

142 *Eichholtz* 1967, 148 f.

143 In den »Meldungen« vom Dezember 1939 wird berichtet, »daß sich in der Bevölkerung das Gerücht verbreitet, daß die beiden Weihnachtsfeiertage und der Neujahrstag in diesem Jahr als Werktage begangen würden.« Das Gerücht habe »unter der Arbeiterschaft große Beunruhigung hervorgerufen [...]. Die Arbeiter sollen erklärt haben, daß man ihnen wenigstens die Weihnachtsfeiertage lassen solle, da sie ja sonst nichts hätten«, (vgl. Meldungen vom 1. 12. 1939: *Boberach* 1984, Bd. 3, 516). Schon eine Woche später wird das Gerücht reichsweit bekannt und ruft »erhebliche Nörgelei« in der Bevölkerung hervor (vgl. »Meldungen« vom 6. 12. 1939). Schließlich wird die Meldung vom Rundfunk ausdrücklich als falsch bezeichnet, womit das Gerücht verebbt (vgl. »Meldungen« vom 15. 12. 1939).

144 Vgl. *Eichholtz* 1967, 160.

145 Zur Regelung der Arbeitszeit im faschistischen Deutschland und deren politischen und ökonomischen Implikationen vgl. auch *Kramer* 1975, 55 ff.
146 Vgl. *Eichholtz* 1967, 153.
147 Ministerialdirektor Mansfeld, zit. nach *Eichholtz* 1967, 154.
148 Zit. nach *Eichholtz* 1967, 157. Vgl. auch *Mason* 1975, 169.
149 Vgl. Ebda.
150 *Reichsgesetzblatt* I, 1940, 1205: Verordnung über die Wiedereinführung der Mehrarbeitszuschläge vom 3.9. 1940.
151 *Eichholtz* 1967, 162.
152 *Kuczynski* 1964, Bd. 6, 302.
153 *Völkischer Beobachter* vom 11. November 1942.
154 Zur zahlenmäßigen Entwicklung ausländischer Zwangsarbeiter vgl. *Kuczynski* 1964, Bd. 6, 278; *Demps* 1973.
155 Vgl. die »Meldungen aus dem Reich« vom 26. 3., 13. 4., 14. 5. und 4. 6. 1942. (*Boberach* 1984, Bd. 9, 3526 ff.; Bd. 10, 3614; Bd. 10, 3734 f. und Bd. 10, 3798).
156 »Meldungen aus dem Reich« vom 10. 2. 1941. (*Boberach* 1984, Bd. 6, 1986).
157 »Meldungen aus dem Reich« vom 15. 2. 1943.
158 Zit. nach *Steinert* 1970, 347.
159 *Steinert* 1970, 300.
160 Vgl. *Steinert* 1970, 365.
161 Vgl. etwa die Eintragungen in *Goebbels Tagebücher 1942/43*, 277, 281, 296. Vgl. auch die Angaben bei *Steinert* 1970, 346 und *Scheel* 1970, 224.
162 »Meldungen aus dem Reich« vom 10. 9. 1942. (*Boberach* 1984, Bd. 11, 4190).
163 Vgl. *Dröge* 1970, 138 f.
164 Vgl. *Boberach* 1965, 334.
165 Vgl. *Dröge* 1970, 142.
166 *Boberach* 1984, Bd. 9, 3528.
167 Vgl. hierzu die Darstellung der antifaschistischen Propaganda bei *Steinert* 1970, 305 f., sowie *Huar* 1968.
168 Die »Behutsamkeit« der SD-Berichte gegenüber allen die NSDAP und ihre Führer betreffenden Fragen ging auf eine parteiinterne Regelung der Vorkriegszeit zurück: Heydrich hatte bereits am 8. 12. 1935 Ermittlungen in Sachen »Partei« untersagt, aber auch Goebbels und vor allem Bormanns Invektiven in dieser Richtung blieben nicht ohne Wirkung (vgl. *Steinert* 1970, 367 f.). Für die »Gauberichte« mußten solche Anweisungen nicht eigens getroffen werden. Meinungen und Gerüchte, die sich gegen die NSDAP und deren Repräsentanten richteten, wurden von selbst spätestens auf mittlerer Ebene gebremst (vgl. *Dröge* 1970, 229). Diese Zurückhaltung der politischen »Hoheitsträger« sollte sich mit Beginn der allgemeinen Krise verändern. Die Niederlage von Stalingrad nämlich hatte auch den »überzeugten« Nationalsozialisten die militärische und politische Ausweglosigkeit vor Augen geführt. In Zeiten des Erfolges hatten sie die Berichte aus dem eigenen Verantwortungsbereich weitgehend beschönigend abgefaßt. In der Krisensituation aber registrierten sie die Kritik des Volkes an der Führung mit besonderer Akribie. Psychologisch wird dieses Vorgehen aus dem Wunsch verständlich, die eigene Verantwortung auf die höchsten Befehlsinstanzen zu verschieben und die Anklagen der Bevölkerung zur eigenen Entlastung zu nutzen. Diesen Zusammenhang erhellt ein Bericht der Gauleitung Westfalen-Süd, deren Empörung über die öffentliche Kritik am Führer im Sprachgestus deutlich verrät, daß die Kol-

porteure aus dem benannten Entlastungsmotiv die Volksmeinung nur allzu gern aufgriffen. In dem Bericht hieß es, »daß in Eisenbahnwagen der Führer als Massenmörder von Stalingrad bezeichnet wurde, ohne daß der Täter sofort verhaftet oder schwer verprügelt worden wäre. Ebenso werden Äußerungen berichtet, die den Führern in der Partei die Schuld am Kriege und allem damit verbundenen Elend zuschreiben«. Über Äußerungen wie »[I]m vorigen Winter [hat] Brauchitsch [...] gehen müssen, diesmal sei doch der Führer verantwortlich! Wer geht nun?«, ereifern sich die Berichterstatter: »Leider finden solche Gemeinheiten nicht sofort die notwendige massive Entgegnung. Ein Zeichen, wie verbürgerlicht und schlapp weite Kreise der Parteigenossenschaft sind [...]«. (Auszüge aus Berichten der Gauleitungen und anderen Dienststellen. Zeitraum 14.2. bis 20.2. 1943, zit. nach *Steinert* 1970, 339f.).

169 Zur »Auflösung des Hitlermythos« vgl. *Kershaw* 1980, 149ff. Die negative Färbung des »Führerbildes« wird greifbar in zahlreichen Gerüchten und Flüsterwitzen. Gerüchte von errichteten Galgen, an denen Hitlerbilder hängen, kursieren. Politische Witze wie der folgende Überbietungswitz machen die Runde: »Bei uns in Köln«, erzählt ein Rheinländer einem Berliner, »fliegen noch Stunden nach einem Bombenangriff die Scheiben aus den Fenstern«. – »Das ist gar nichts«, erwidert der andere, »bei uns in Berlin fliegen nach jedem Bombardement noch wochenlang die Führerbilder aus den Fenstern«. Zu den Gerüchten vgl. *Steinert* 1970, 387ff.; zu den Antihitlerwitzen vgl. die Sammlungen von *Gamm* 1966; *Vandrey* 1967; *Hirche* 1964; *Dor/Federmann* 1969.

170 Vgl. z.B. *Boberach* 1965, 318. Auch nachdem die Propaganda im Zuge einer verstärkten Mobilisierung aller Kräftereserven zu einer »offeneren Nachrichtenpolitik« übergegangen war, blieb der Verdacht, unvollständig bzw. falsch informiert zu werden, bestehen: »wenn die Propaganda in dieser Weise spreche und schreibe«, hieß es z.B. in den Meldungen vom 28. Januar 1943, dürfe man gar nicht daran denken, wie es wirklich aussehe« (*Boberach* 1984, Bd. 12, 4721).

171 Vgl. hierzu u.a. *Boberach* 1965, 337.

172 Vgl. *Boberach* 1965, 302, 337f.

173 Vgl. *Dröge* 1970, 137.

174 Vgl. »Meldungen aus dem Reich« vom 3.7. und 14.7. 1941.

175 Zit. nach *Dröge* 1970, 95.

176 Vgl. *Steinert* 1970, 319.

177 Vgl. die Reden A. Hitlers vom 30. September 1942 und vom 8. November 1942, abgedruckt in: *Domarus* 1965, Bd. II, 2. Halbband, 1913ff. und 1933ff.

178 Vgl. *Hano* 1963, 29.

179 *Dröge* 1970, 193.

180 *Dröge* 1970, 193.

181 Die systemtheoretische Analyse Dröges nämlich klammerte das Problem einer politischen Qualifizierung der Gerüchtkommunikation weitgehend aus.

182 *Steinert* 1970, 310.

183 *Boberach* 1984, Bd. 10, 3641.

184 *Boberach* 1984, Bd. 12, 4484.

185 *Dröge* 1970, 107f.

186 Auch diese »Erklärung« kam nicht ohne Realitätsbezug aus: der gerüchtweise bekanntgewordene Beitritt der Generäle von Seydlitz und Paulus zum NKFD wurde als »Beweis« genutzt. Vgl. hierzu auch *Dröge* 1970, 103.

187 *Boberach* 1984, Bd. 11, 4084f.

188 *Boberach* 1984, Bd. 7, 2563.
189 *Boberach* 1984, Bd. 11, 4084.
190 Ebda.
191 Vgl. ebda.
192 *Boberach* 1984, Bd. 11, 4085.
193 Ebda.
194 *Boberach* 1984, Bd. 11, 4084.
195 Dies ist zum Teil für regionale Gebiete (s. u. a. *Thevoz* 1974 für Pommern; *Vollmer* 1957 für Württemberg 1934–1936) oder formelle gesellschaftliche Gruppen, z. B. Kirchen (*Boberach* 1971).
Breite Verwendung finden diese Materialien naturgemäß auch in der Widerstandsforschung (vgl. *Mann* 1980; ders. 1977; s. u. a. auch *Bludau* 1973; *Steinberg* 1973$^2$).
196 Vgl. *Mason* 1975.
197 Vgl. hierzu die Ausführungen zur Psychologisierung der Ideologiekritik im ersten Teil dieser Arbeit.
198 Auf dem 2. Internationalen Kongreß »Kritische Psychologie« vom 4.–6. Mai 1979 wurden diese Fragen diskutiert (vgl. *Braun* u. a. 1980). Eine Anwendung der Kategorie der Kritischen Psychologie auf das Verhalten von Einzelnen, Gruppen oder Massen im Faschismus liegt bisher noch nicht vor. Angekündigt ist eine Arbeit von Ute Holzkamp-Osterkamp bei Kühnl (*Kühnl* 1979). Die methodologische Stoßrichtung läßt sich teilweise erschließen aus der Kritik des Freudo-Marxismus (*Braun* 1979), der Kritik des »Dogmatismus-Konzepts« (*Keiler* u. a. 1978) sowie aus der *Einführung in die Politische Psychologie* (*Braun* 1978).
199 *Huar* 1968.
200 *Scheel* 1968.

## *II. Strategien nationalsozialistischer Meinungsformierung als Versuch der Manipulation unaufgelöster Widersprüche*

1 »Die Not, nicht die Tugend, zwang die Hitlerbewegung zu dieser riesigen Propaganda«, schreibt Münzenberg 1937, »denn sie stand vor der nicht leichten Aufgabe, die großen Massen der Besitzlosen als Anhänger für die Bewegung zu gewinnen, trotzdem ihre elementaren Lebensinteressen den wahren Zielen der Hitlerbewegung diametral entgegengesetzt waren und sind.« *Münzenberg* (1937) 1972, 180 f.; vgl. auch *Adorno* 1971, 39; *Kühnl* 1971, 85; *Kühnl* 1979, 110 f.; *Hennig* 1977, 149; *Opitz* 1974 a, 176; *Hörster-Philipps* 1978, 169.
2 Ob das Kriterium »Massenbewegung« konstitutiv für einen genetischen Faschismusbegriff ist, gilt in der Faschismusdiskussion als umstritten. Das Gewicht der Argumente für (vgl. *Kühnl* 1969, 149; *ders.* 1971, 119 ff. 130 ff.) oder gegen (vgl. *Opitz* 1974, 579 ff.; *ders.* 1974 a, 176 f.) das Kriterium »Massenbewegung« tangiert auch die Funktionsbestimmung von Propaganda. U.E. kann die Durchsetzung des sozialen Herrschaftsinhalts faschistischer Politik in der Hauptsache auch terroristisch, also »über den Köpfen« und nicht nur »durch den einzelnen hindurch« (Horkheimer) erfolgen. Die vermittels Propagandawirkungen verstärkte, strukturell aber immer schon gegebene Unsicherheit und Verzerrung der Interessenartikulation der Bevölkerung (zum Problem der

»Echtheit« von Massenwünschen vgl. *Heise* 1964, 326f.) kann in einem solchen Fall durchaus als quantité négligeable behandelt werden. Das kann aber auf keinen Fall heißen, daß die Möglichkeiten von Konsensherstellung in der Faschismusanalyse vernachlässigt werden dürfen.

Der Hinweis, die Errichtung der faschistischen Diktatur in Deutschland sei mit einer Massenbewegung einhergegangen, unterstellt nicht, daß der Nationalsozialismus als Massenbewegung siegt, oder gar, daß seine Politik die seiner Massenanhängerschaft war. Die Faschismuserrichtung mit Unterstützung einer kleinbürgerlichen Massenbewegung hing in Deutschland vielmehr mit der relativen Stärke der Arbeiterbewegung zusammen, die einer putschistischen Errichtung der Rechtsdiktatur entschiedeneren Widerstand entgegengesetzt hätte (Vgl. die historischen Erfahrungen mit Kapp-Putsch, Stinnes-Plan, Cuno-Streik). Die quasi-legale »Machtübernahme« der NSDAP konnte die Arbeiterbewegung aufgrund ihrer inneren Spaltung, falscher taktischer und strategischer Einschätzungen bei der KPD (»Sozialfaschismus«) wie bei der SPD (»Organisierter Kapitalismus«; mittelstandstheoretische Faschismusdeutung; »Politik des kleineren Übels«) und der nur vereinzelt zustande gekommenen Aktionseinheit nicht verhindern (Vgl. hierzu zusammenfassend die Thesen von *Peukert* 1980, 77ff.). Ein weiterer Grund für die faschistische Diktaturerrichtung mit Hilfe einer Massenbewegung ergibt sich aus der realativen Schwäche der staatlichen (militärischen und polizeilichen) Gewaltapparate, die sich dem bei einem »Staatsstreich« zu erwartenden Widerstand nicht gewachsen gezeigt hätten (Vgl. dazu *Kühnl* 1975, 91 und die Aufzeichnungen des Botschafters a.D. Obt über das »Kriegsspiel« der Reichswehrführung von Ende November 1932: 169; siehe auch *Kühnl* 1979, 107).

3 Zum Begriff und zur Theorie des Kleinbürgertums vgl. die Beiträge in *Haupt* 1978; zu mittelstandstheoretischen Faschismusdeutungen s. den Überblick bei *Kühnl* 1979, sowie *Heimel* 1977, insbes. 181f. Zur Sozialstruktur der NSDAP und ihrer Wähler vgl. *Weber* 1969; *Tyrell* 1969; *Kater* 1971; eine auf das Problem »Autonomie/Ambivalenz« der NSDAP zugespitzte Darstellung des bisherigen Forschungsstandes bietet *Hennig* 1977, 154–226.

4 Vgl. *Winckler* 1970, 18; s. auch *Hagemann* 1970, 11ff.

5 *Bracher* (1962) 1974, 110 spricht von einer »neue[n] Ära der Massenlenkung«. – »Das Neue, was die Nationalsozialisten in das deutsche Parteileben brachten«, so beurteilte ein zeitgenössischer Beobachter den Propagandaaufwand der NSDAP am Ende der Weimarer Republik, »war: der Wahlkampf hörte bei ihnen nie auf. Wenn man nach der Intensität des Betriebs urteilen darf, muß man sagen: es ist wirklich ein Feuer, daß sie treibt. Es sind nicht die Versammlungswellen, die sie übers Land schwemmen. Es ist ein unaufhörlich rollendes Meer. Es gibt kein Dorf, keinen Weiler und Anbau, wohin ihre Agitatoren nicht vordringen.« (*Olden* 1936, 208). Vgl. auch: *Münzenberg* (1937) 1972, 173; *Balle* 1963, 9; *Grieswelle* 1972, 2: *Burden* 1967, 97.

6 *Hörster-Philipps* 1977, 121 (Hervorhebungen nicht im Original).

7 Zum Kontinuitätsproblem der NS-Außenpolitik vgl. *Hildebrand* 1971, 9ff.; *Fischer* 1979. Die unterschiedlichen Positionen innerhalb der Geschichtswissenschaft der Bundesrepublik referiert *Mommsen* 1979, 38ff. Zur politischen Rechtsentwicklung im deutschen Sozialliberalismus zur Zeit der Weimarer Republik vgl. *Opitz* 1973,

8 Vgl. *Opitz* 1973, 272ff.

9 *Hildenbrand* 1971, 21. »Da die Aufrechterhaltung des kapitalistischen Systems

aber die zentrale Aufgabe nicht nur des faschistischen sondern auch des bürgerlichen Staates ist, liegt das Spezifikum faschistischer Herrschaft also nicht in ihrer sozialen Funktion, sondern in den besonderen Formen der Herrschaftssicherung« (*Voigt* 1974, 463f.). Die neuen Formen der Herrschaftssicherung macht das *Projekt Ideologie Theorie* zum Dreh- und Angelpunkt seiner Re-Interpretation des Faschismusbegriffs: So war »der Faschismus nicht Revolution des Ideologischen; nicht Revolution der gesellschaftlichen Grundlage, aber doch Revolution in der Organisation des (Er)-Lebens dieser Grundlage, Revolutionierung nicht der Herrschaft, aber doch der Herrschaftssicherung.« (PIT (*Haug*) 1980a, 74). Den Zusammenhang von Herrschaftsform faschistischer Regime und monopolkapitalistischen Interessen betont auch Lüdtcke: »Diese ideologischen Suggestionen und manipulativen Indoktrinationen leisten Pseudo-Moblisierung zugunsten der expansiven Interessen der dominierenden Kapitalgruppen (und der mit ihnen auf unterschiedliche Weise verbundenen Teile der traditionellen wie funktionalen Machteliten, vor allem der Armee und der höheren Beamtenschaft)« (*Lüdtcke* 1976, 213f.).

10 Vgl. *Kühnl* 1980, 30.

11 Vgl. *Hörster-Philipps* 1977, 77ff.; *Ruge* 1980, 65f. *Stegmann* 1976, 56.

12 Neuartig waren weniger die Inhalte (vgl. *Petzold* 1980) als vielmehr die Anwendung von Massenpropaganda für eine bürgerliche Politik.

13 *Negt/Kluge* 1972, 277f.

14 Vgl. hierzu S. 108f. dieser Arbeit, sowie *Scheel* 1969, 1285; am konsequentesten wurde die NS Meinungs-Formierung aus dieser Perspektive bisher von *Günther* 1935 analysiert. Die Fragestellung bei Günther reduziert sich jedoch auf den Irrationalismus der spätbürgerlichen Philosophie und deren Fortsetzung bei den konzeptiven Ideologen des »Dritten Reiches«, ohne auf Massenpropaganda einzugehen.
Für diejenigen Propagandastudien, die die Frage nach der gesellschaftlichen Funktion ausklammern bzw. sie formalistisch auf »Machteroberung« verkürzen, stellt sich die Geschichte des Nationalsozialismus nach wie vor als Produkt des »Führers« dar, der einmal als »pseudoreligiöser Fanatiker« die Wirklichkeit im Sinne seiner ideologischen Behauptungen (veränderte) (*Grieswelle* 1972, 194) oder, anders akzentuiert, als »reiner Macchiavellist [...] seiner libidinösen Stimulation und seinem magischen Weltbild folgend ohne ideologische Dogmatisierungsversuche ausschließlich das Dogma der Macht vertrat« (*Vondung* 1971, 211).

15 S. dazu *Bracher* u.a. (1962) 1974, Bd. I, 119ff., 247ff., 269ff., 279ff.; *Paterna* u.a. 1969, 37ff.

16 Vgl. *Gossweiler* 1963; *ders.* 1966, 152–162; *Ch. Bloch* 1970; *Weissbecker* 1970, 418ff.

17 Dem Pessimismus der spätbürgerlichen Philosophie und Kulturkritik versuchte der Nationalsozialismus mit Hilfe einer Mobilisierungsdemagogie in einem dem Drang nach Expansion entsprechenden Aktivismus zu verwandeln, der zugleich den »revolutionären« Charakter der Weltanschauung des deutschen Faschismus beweisen sollte (Vgl. *Weissbecker* 1970; *Haug* 1967).

18 Negt/Kluge sprechen von einer »Konkurrenz zwischen traditionellen Sozialisationsagenturen wie Familie, Schule einerseits und andererseits gesellschaftlich organisierter Erziehung in Form von Jungvolk, HJ, Arbeitsdienst, Wehrmacht und Parteiorganisationen.« Sie heben zudem hervor, daß die traditionellen Agenturen nicht intakt blieben; außerdem hätten Widersprüche, die

einen permanenten Wechsel von Beeinflussungsformen hervorriefen, nicht einheitlich gelöst werden können (Vgl. *Negt/Kluge* 1972, 278). Zur NS-Familienpolitik vgl. *Meusel* 1936, 753–779; *Weber-Kellermann* 1974; *Bolognese-Leuchtenmüller* 1980; Zur Nazifizierung der Bildungsinstitution Schule vgl. *Flessau* 1979.

19 *Münzenberg* (1937) 1972, 186.

20 Vgl. *Horn* 1980, 331 f.; *Calic* 1968.

21 Vgl. hierzu allgemein *Milatz* 1965; *Weber* 1969. Zusammenfassend *Bracher* 1969, 199.

22 Vgl. *Voigt* (1974) 455; *Terveen* 1959, 29.

23 Angaben über den Einsatz, Schulung und Resonanz von Rednern bei *Grieswelle* 1972. Vgl. insbes. die Ausführungen über die »Dritte Phase 1929–1933«, 29 ff. Einen umfassenden Überblick über Funktion und Aufbau der NS-Rednerorganisation nach 1933 vermittelt *Epping* 1954, 56 ff. Vgl. auch *Bytwerk* 1981.

24 Vgl. *Mosse* 1979, 282 f.

25 Vgl. *Lepsius* 1966, 23 f.

26 Allgemeine Hinweise über Technik und Grad der Erfassung bei *Kühnl* 1971, 154 ff.; *Bracher* 1969, 195 ff. legte für den Erfolg der NSDAP vor 1933 noch den Hauptakzent auf die »wirkungsvollen Propagandisten«. *Winkler* 1972, 166 ff. hebt für den Prozeß der »allmählichen Eroberung der mittelständischen Interessenverbände« eher auf den instrumentellen Charakter der NS-Agitation hinsichtlich der Gruppenkommunikation ab; *Poppinga* 1975, 214 ff. zeigt, wie sich der Einfluß auf das politische Verhalten der Bauern über die Unterwanderung der berufsständischen Organisationen vollzog; *von Saldern* 1979 belegt für den »alten Mittelstand« im »Dritten Reich«, daß der Nationalsozialismus bei der Ämterbesetzung in den Berufsstandsorganisationen auf die »politisch Zuverläsigen« und »politisch Loyalen« angewiesen war (183).

27 Vgl. *Winkler* 1972; *Lepsius* 1966, 22 f.

28 Zu den Entwicklungen in den einzelnen Berufsgruppen vgl. *Eilers* 1963; *Runge* 1965; *Mommsen* 1966; *Bleuel/Klinnert* 1967; *Hess* 1968; *Faust* 1973; *Parlow* 1974; *Jens* 1977; *Lüdtke* 1977; *Wuttke-Groneberg* 1980.

29 Vgl. z.B. *Mommsen* 1966, 13 f.; *Sauer* (1962) 1974, 19. Zu ambivalenten Einstellungen der Funktionsträger aus den »traditionellen Oberschichten« gegenüber der NSDAP s. *Hennig* 1977, 228 ff.

30 Vgl. *Schumacher* (1937) 1978, 307. Vgl. dazu auch anschaulich die Lokalstudien über Northeim (*Allen* 1966), Münster (*Die Machtergreifung der Nationalsozialisten* 1979), Bietigheim (*Burkhardt* 1980) und Braunschweig (*Roloff* 1980). Während die politische Ideengeschichte des »antidemokratischen Denkens« in der Weimarer Republik breit erforscht wurde, parteien- und verbandssoziologische Untersuchungen über die wichtigsten Organisationen vorliegen, ist die Geschichte und Funktion des Vereinswesens in den Sozialwissenschaften bisher stark vernachlässigt worden. (Vgl. *Siewert* 1978, 65; *Kröll* 1980a). Hinsichtlich der Verankerung soziokultureller Normen und eines handlungsrelevanten Meinungsklimas spielt die lokale Vereinskultur eine nicht zu unterschätzende Rolle (Vgl. *Kröll* 1980b).

31 *Broszat* 1969, 33 u. 35.

32 Kleinbürgerliche und mittelständische Schichten waren schon unmittelbar nach dem ersten Weltkrieg für antisemitische Propaganda besonders anfällig: »Kleinere und mittlere Eigentümer in Stadt und Land (also kleinere Unterneh-

mer, Kaufleute, Handwerksmeister, Mittel- und Großbauern), Teile der Beamtenschaft, aktive und demissionierte Offiziere und Unteroffiziere, aber auch Hochschullehrer und Studenten sowie Angehörige der freien Berufe (Rechtsanwälte und Ärzte) waren es vor allem, welche für die antisemitische Hetze potentiell zugänglich waren.« (*Mohrmann* 1972, 112).

33 Vgl. *Massing* 1959; *Mohrmann* 1972; *Hallgarten/Radkau* 1974.

34 Zum Begriff »Thematisierungsfunktion« sowie zu neueren Tendenzen der »Agenda-Setting-Forschung« vgl. *Weiss* 1980.

35 Zu dieser Typologie der Presse vgl. *Entman/Paletz* 1980.

36 Bei diesem vom »Projekt Ideologie Theorie« in die Faschismusdiskussion eingeführten Begriff (vgl. z.B. PIT 1980a, 134; PIT 1980b, 225 und passim) bleibt m.E. ungeklärt, inwieweit die »Selbstartikulation« des »Volkes« schon vor der manipulativen Instrumentalisierung durch die NS-Propagandisten etwas »Fremdbestimmtes« darstellt.

37 Vgl. die Daten zur Struktur der nationalsozialistischen Oligarchie in Hennigs kritischem Forschungsbericht. Hier: *Hennig* 1977, 186. Vgl. auch die Sozialdaten der Vertrauensmänner des SD bei: *Boberach* 1965. 593 sowie den Hinweis bei *Gamm* 1962, 93, daß die »erste Wahl« der Jugendlichen in die »aristokratische« Wehrmacht und die »schneidige« SS gingen.

38 Zur Rolle der NSV bei der sozialen Massenbetreuung durch die NSDAP vgl. *Schäfer* 1956, 62f. Zu ideologischen Effekten der Sammel- und Opferpraxis vgl. PIT (*Elferding*) 1980b, 199–226.

39 Zur Funktionsanalyse der »primären, praktisch-tätigen Ideologisierung« und der »sekundären Ideologisierung« innerhalb der Arbeitswelt vgl. PIT (*Friemert*) 1980b, 227–254 sowie *Friemert* 1972, 258–275.

40 Nach *Schmeer* 1953, 17ff. gehörten zum NS-Feierjahr die folgenden Anlässe und Daten: Das »Fest der Volksgemeinschaft«: Der Nationale Feiertag des deutschen Volkes am 1. Mai; Hitlers Geburtstag am 20. April; Die Feiertage der Jugend: Einreihung der Zehnjährigen in das DJ – Verpflichtung der Jugend – Aufnahmefeier der NSDAP; Der Heldengedenktag; Der »Ehrentag des Bauerntums«: Das Erntedankfest des deutschen Volkes; Sommer- und Wintersonnenwende – Deutsche Weihnacht; Der Muttertag; Die Parteigründungsfeier am 24. Februar; Der »Tag der Machtergreifung« am 30. Januar; Der Kult der »Gefallenen der Bewegung« am 9. November; Der Reichsparteitag in Nürnberg. Vgl. *Gamm* 1962, 157; *Vondung* 1971, 74f.

41 Vgl. *Stern* 1978, 84.

42 Zu Organisation und Ablauf der Reichsparteitage vgl. *Burden* 1967; *Schmeer* 1953, 264–286. Zur technischen Inszenierung der Massenveranstaltung berichtet einer der Verantwortlichen in seinen *Erinnerungen*: *Speer* 1969, 63ff. Eine Untersuchung der *Organisation des Ideologischen im Reichsparteitagsfilm* legte das PIT (*Laugstien*) 1980b, 307–336 vor: interessant ist hierin vor allem der Versuch, das spezifisch Faschistische aus der »Anordnung« des ideologischen Materials im Vergleich zu dem Film »Kuhle Wampe« herauszuarbeiten.

43 Vgl. PIT (*Behrens*) 1980a, 104. Die Teilnehmer an den Reichsparteitagen spielten ihrerseits in ihren Alltagszusammenhängen die Rolle von »Meinungs-Formierern». Diese Rolle ist nun freilich nicht identisch mit der von »Meinungsführern« (opinion leaders) wie sie aus der Massenkommunikationsforschung bekannt sind (Vgl. hierzu vor allem die klassischen Untersuchungen von *Katz/Lazarsfeld* 1962 und *Berelson/Lazarsfeld/Mcphee* 1954). Ihre öffentliche Stel-

lung war, wie wir an kursierenden »Bonzengerüchten« belegen konnten, häufig ein Hemmnis für Beeinflussungsprozesse in der interpersonalen und der Gruppenkommunikation. Die Orientierungen an Informationen und am Verhalten dieser »Meinungs-Formierer« trugen dann auch eben den Charakter einer *zwanghaften* Mimesis, es sei denn, die »Hoheitsträger« genossen Ansehen und Autorität, die sie sich in traditionellen Alltagsbeziehungen erworben hatten.

44 Leni Riefenstahl, die Regisseurin von »Triumph des Willens«, des offiziellen Parteitagsfilms von 1934, beschrieb in ihrem Buch *Hinter den Kulissen des Reichsparteitagsfilms* (1935) Aspekte ihrer Arbeit, an denen deutlich wird, wie Aufnahmetechniken dieses »Dokumentarfilms« von Propagandaintentionen geleitet waren.

Diese bestanden laut *Völkischem Beobachter* vom 1.9.1934 darin, »Ordnung und Geschlossenheit und die Zielstrebigkeit der nationalsozialistischen Bewegung« zu zeigen, ein »Dokument der einmütigen Gefolgschaftstreue zum Führer und damit zu Deutschland zu sein und der ganzen Welt den Friedenswillen des deutschen Volkes, verkörpert im Führer, in ausdrücklichster Weise vor Augen zu führen« (Zit. nach: *Courtade/Cadars* 1975, 56). Die Realisation dieser Absichten setzte aufwendige Vorbereitungen voraus: »Um neue filmische Wirkungen zu erzielen, werden in großzügigster Weise mit Unterstützung der Stadt Nürnberg Brücken, Türme und Bahnen gebaut, wie es bisher noch nie für einen Film gemacht werden konnte. So wird z.B. an einem 38 Meter hohen Eisenmasten im Luitpoldhain ein Aufzug gebaut, der elektrisch betrieben, den Operateur in wenigen Sekunden auf diese Höhe bringt [...] Oder am Adolf-Hitler-Platz wird in der Höhe des ersten Stockwerks der Häuserfront entlang eine 20 Meter lange Fahrbahn gebaut, um die vorbeimarschierenden Truppen mit der bewegten Kamera von oben aufzunehmen [...] Unser Arbeitsstab ist allmählich auf 120 Mann gewachsen. Ich zähle in Nürnberg 16 Kameraleute und 16 Hilfsoperateure mit 30 Apparaturen zum Stab. Daneben die vier Tonapparaturen, die Beleuchter, 22 Autos mit ihren Chauffeuren, außerdem die SA- und SS-Wachen, die Feldjäger. Dazu 16 Wochenschau-Operateure, die mit ihren großen Erfahrungen eine wertvolle Unterstützung für den Film bedeuteten« (*Riefenstahl* zit. nach: *Courtade/Cadars* 1975, 56f.). Wie wenig Akteure und Massenpublikum bei diesen Kongressen »original« auftraten zeigt die Tatsache, daß propagandistisch mißlungene Selbstdarstellungen zuweilen im Atelier mit den »Politikdarstellern« nachgestellt wurden (Vgl. *Speer* 1969, 75; *Leiser* 1978, 124).

45 Zu dieser Interpretation vgl. PIT (*Laugstien*) 1980b, 314 und 332.

46 Neben dem Reichsparteitag diente diesem Zweck noch der 30. Januar (Tag der Machtübertragung), der 24. Februar (Parteigründungstag), der 20. April (Hitlers Geburtstag), der 9. November (Marsch auf die Feldherrnhalle).

47 Dieses »staatswürdige Engagement« war das reale Substrat, das der propagandistisch vielfach praktizierten »Verleihung einer Scheinwürde« (*Brückner* u.a. 1976, 38) Glaubwürdigkeit zukommen ließ. Real blieb die gesellschaftliche Rolle z.B. der Frauen unverändert. Sie wurde, wie Dörte Winkler nachwies (*Winkler* 1977, 33ff. u. 42ff.), durch die antisemitische Ideologie des NS sogar noch verschlechtert. Die Verdrängung von Frauen aus dem Berufsleben zu Beginn des »Dritten Reiches« diente u.a. einer statistischen Verbesserung der Arbeitslosenquoten. Gleichzeitig stand sie im Dienste der »Lebensraumstrategie«, der die Bevölkerungspolitik untergeordnet war. Die Frauen wurden aus

dieser Perspektive zu bloßen »Gebärmaschinen« denaturiert. Mason hat den Doppelcharakter der NS-Frauenpolitik, der in einer staatlichen Scheinaufwertung bei gleichzeitiger gesellschaftlicher Diskriminierung bestand, prägnant herausgearbeitet und gezeigt, worauf die Integrationswirkung dieser Politik beruhte: »Man versuchte systematisch, nicht den Status oder die charakteristischen Lebensverhältnisse der Frau selbst, sondern die Einstellung der Frau zu diesem Status, ihr Rollenbewußtsein, zu ändern. Plackerei, Knauserei und Sparen, Angst, Verzicht und die Enge eines um den Haushalt kreisenden Lebens: alle diese Begleiterscheinungen eines Lebens als Hausfrau blieben unverändert, wurden jedoch jetzt durch zahllose Komplimente aus dem Mund der politischen Führer verherrlicht; sie wurden mit dem Siegel maximaler öffentlicher Wichtigkeit versehen und, soweit es die Härten des Gebärens betraf, mit Hilfe einer frenetischen, verfälschenden Rhetorik in die Sphären eines mystischen Erlebnisses mit quasireligiösen Zügen erhoben. Die Propagandamaschinerie und die Sozialbehörden schienen die Probleme der verheirateten Frau ernstzunehmen; das hatte es vorher kaum gegeben. So trügerisch, beleidigend, verlogen und überspitzt diese Aufmerksamkeit zum großen Teil auch immer gewesen sein mochte, so richtete sich die Kampagne, die das Natürliche und den Alltag adelte und die mit finanziellen Erleichterungen verbunden war, dennoch an reale Frustrationen und Entbehrungen der Hausfrauen [...]. Das Mutterkreuz in Gold, Silber und Bronze, die Bilder des mit kleinen Kindern posierenden Führers waren nur die markantesten Zeichen eines reaktionären Programmes, das, angesichts der konservativen Selbsteinschätzung vieler deutscher Frauen und der wenig attraktiven Arbeitsbedingungen für arbeitende Frauen, schlüssig konzipiert war und energisch verwirklicht wurde« (*Mason* 1976, 147f.).

48 Vgl. *Sauer* 1975, 140; *Stern* 1978, 85 spricht lediglich von 50000.

49 Obwohl die berufsständischen Organisationen im NS eine Aufwertung erfuhren, wirkte sich die staatliche Mittelstandspolitik sehr unterschiedlich auf die einzelnen Kreise der Betroffenen aus (Vgl. *Poppinga* 1975, 211); einer ideologischen und materiellen Hofierung des Großgrundbesitzes stand die propagandistische Ablenkung auf Scheinziele bei den kleineren und mittleren Landwirten gegenüber. Festpreissystem, Kontingentierungsvorschriften, Erbhofrecht, Entschuldungs- und Kreditkonditionen (Vgl. hierzu im einzelnen *von Saldern* 1979, 67ff.) zielten auf einen effektiven gesamtwirtschaftlichen output, wobei die propagandistischen Versprechungen der Jahre vor 1933, den gesamten Berufsstand zu konsolidieren, weitgehend uneingelöst blieben: »Der Nationalsozialismus ist durch die Notwendigkeit, die Zustimmung mindestens eines Teils der Mittelschichten zu erlangen, gezwungen worden, ihnen wieder eine gesunde wirtschaftliche Position zu verschaffen, indem er die kleinsten und damit am meisten verarmten Gruppen der Mittelschichten vernichtete« (*Neumann* (1942) 1977, 338). Was die *Stimmung unter den Bauern* anbelangte, so läßt sich eine generelle Aussage nur schwer treffen: neben Klagen über eingeschränkte Kreditmöglichkeiten, Benachteiligung der nicht-erbberechtigten Kinder, Ungleichbehandlung von großen und kleineren landwirtschaftlichen Betrieben, stehen Lageberichte, die zeitweise eine größere Zufriedenheit unter der Landbevölkerung attestieren gegenüber (Vgl. die aufgrund von Berichten der Regierungspräsidenten und Staatspolizeileitstellen gewonnene Einschätzung bei *von Saldern* 1979, 174f.). Wie die NS-Propaganda Unbehagen und Widerstand gegen einzelne gesetzliche Regelungen ihrer Mittelstandspolitik in

die geistige Vorbereitung auf den Krieg einzubauen verstand, zeigt sich an der Erbhofregelung: Was man den zweiten, dritten Söhnen der Klein- und Mittelbauern per Gesetz nahm, versprach man ihnen für die Zukunft. Die Schlagworte vom »Volk ohne Raum«, »Eroberung des Ostens mit Schwert und Pflug« konnten so selbst bei den Betrogenen auf fruchtbaren Boden fallen, das »schlechte Gewissen« der Erstgeborenen entlasten und dabei gleichzeitig den Konflikt mit den Großagrariern entschärfen (Vgl. zum letzten Gesichtspunkt *Stegmann* 1977, 335).

50 Goebbels in: *Heiber* 1971, Bd. 1, 332.

51 Hitler in: *Domarus* 1965, Bd. II, 1. Halbband 1939–1940, 1182.

52 Hitler in: *Domarus* 1965, Bd. I, 261. Vgl. auch *Stern* 1978, 84; *Achten* 1979, 282ff. Zur Rede Hitlers am 1. Mai 1933 vgl. PIT (*Bosch*) 1980a, 107–134.

53 PIT (*Behrens*) 1980a, 81–106.

54 Ebd. 105.

55 Ebd. 106.

56 Ebd.

57 Vielleicht bestand es für manche Arbeiter ja nur im erzwungenen Absehen von einem konspirativen Ausflug in die Wuhlheide an diesem einen Tag? (Zur konspirativen Tradition dieser Berliner Ausflugslandschaft vgl. *Bohse/Wuttke-Groneberg* 1980, 56ff.). Die Einschätzung der »Volksgemeinschaftsdarstellung« anläßlich der Maifeiern war, folgt man den Berichten der »sopade«, bei der Mehrzahl der Arbeiter negativ – bzw. entwickelte sich immer negativer. Sie durchschauten den demagogischen »Volksgemeinschaftsgeist«. Auch im Witz fand diese Haltung vielfachen Ausdruck. Ein Beispiel: »Weißt du, welche Lieder am 1. Mai gesungen werden? – Die Arbeiter singen: »Was frag ich viel nach Geld und Gut, wenn ich zufrieden bin [...]« Die Unternehmer singen: »Gold und Silber lieb ich sehr [...]«. Die Amtswalter: »So leben wir, so leben wir, so leben wir alle Tage« und die Gewerbetreibenden: »Es kann doch nicht immer so bleiben hier unter dem wechselnden Mond!« Nach den Sopade-Berichten bildete dieser Witz das Tagesgespräch des ersten Mai 1935 in Magdeburg und wurde zum Inhalt der Pausengespräche in den Betrieben (Vgl. *Deutschlandberichte* 1935, 417). Zu distanzierenden Haltungen von großen Teilen der Arbeiterschaft gegenüber dem »Feiertag der nationalen Arbeit« vgl. weiterhin: *Deutschlandberichte* 1935, 656f., 794; 1936, 721–723, 736f.; 1937, 809f.; *Mason* 1975, Dok. 106, 649f.

58 Vgl. *Beier* 1975, 36ff.

59 Vgl. hierzu *Deutschlandberichte* 1938, 464ff.; 1939, 762ff.

60 Über den Effekt dieser Formen von Beteiligung schreibt Peter Brückner: »Die Beteiligung der Bevölkerung war durch demonstrative appellatorische Öffentlichkeiten geregelt: man erinnere sich an die überall befindlichen Lautsprecher, die rituelle Durchbrechung des beruflichen, des schulischen und des sonstigen Alltags, die Stimme von Hitler, an Aufmärsche und feierliche Treffen. Dadurch wurde sicher ein Stück Unmittelbarkeit der Beteiligung ›am Ganzen‹ für den Mann auf der Straße, für *die Leute*, wiederhergestellt« (*Brückner* u. a. 1976, 23).

61 Vgl. *Negt* 1976, 23.

62 Im Protokoll der Goebbelsschen Ministerkonferenz vom 21. Januar 1943 heißt es dazu: »Der Minister Goebbels verweist auf das Beispiel der nationalsozialistischen Kampfzeit und sagt, daß, wenn wir vor der Machtübernahme von dem Wotanglauben oder der Auflösung der Deutschnationalen Partei, der Kas-

sierung der Sozialdemokraten und der Einsperrung der Kommunisten gesprochen hätten und von dem Kampf gegen die Kirchen, sicherlich uns niemand gewählt hätte« (*Boelcke* 1967, 324). Die verdeckte Lancierung der politischen Ziele konnte dabei aber zugleich den herrschaftstechnischen Erfolg der Meinungs-Formierung beeinträchtigen: Beispielsweise mochte die Logik des »si vis pacem para bellum« die Wiedereinführung der Wehrpflicht und Aufrüstung noch halbwegs gerechtfertigt erscheinen lassen; die für die Führung eines »Totalen (Angriffs-) Krieges« erforderlichen Einstellungsänderungen waren angesichts der durchgängigen »Friedensbeteuerungen« nur schwerlich einsichtig zu machen. Die Risiken der demagogischen Massentäuschung nach dem Muster »Säbelrasseln und Friedensbeteuerungen« (*Scheel* 1970, 64; vgl. auch *Hörster-Philipps* 1978, 237.) hat Hitler in einer Rede vor der deutschen Presse am 10. November 1938 benannt. In ihr wird auch deutlich, wie sehr es der NS-Führung darauf ankam, die »prägende Matrize« als die vom Volk selbst gewünschte erscheinen zu lassen:

»Die Umstände haben mich gezwungen, jahrzehntelang fast nur vom Frieden zu reden. Nur unter der fortgesetzten Betonung des deutschen Friedenswillens [...] war es mir möglich, dem deutschen Volk Stück für Stück die Freiheit zu erringen und ihm die Rüstung zu geben, die immer wieder für den nächsten Schritt notwendig war. Es ist selbstverständlich, daß eine solche jahrzehntelang betriebene Friedenspropaganda auch ihre bedenklichen Seiten hat; denn es kann nur zu leicht dahin führen, daß sich in den Gehirnen vieler Menschen die Auffassung festsetzt, daß das heutige Regime an sich identisch sei mit dem Entschluß und Willen, den Frieden unter allen Umständen zu bewahren. [...] Der Zwang war die Ursache, warum ich jahrelang nur vom Frieden redete. Es war nunmehr notwendig, das deutsche Volk psychologisch umzustellen und ihm langsam klar zu machen, daß es Dinge gibt, die, wenn sie nicht mit friedlichen Mitteln durchgesetzt werden können, mit Mitteln der Gewalt durchgesetzt werden müssen. Dazu war es aber notwendig, dem deutschen Volk bestimmte außenpolitische Vorgänge so zu beleuchten, daß die innere Stimme des Volkes selbst langsam nach der Gewalt zu schreien begann.« (Hitler in: *Domarus* 1962, Bd. I, 974.)

63 Nur die »Volksreden« Hitlers wurden beispielsweise im *Völkischen Beobachter* veröffentlicht. Vgl. *Arendt* 1955, 566.

64 Auszüge bei *Terveen* 1959, 34–43;

65 Die Maßnahmen reichten von allgemeinen Aufforderungen, über schriftliche Anweisungen an die Hausbesitzer (vgl. etwa *Deutschlandberichte* 1934, 100; 1937, 486) bis zu Beflaggungsverpflichtungen durch die Blockwarte. Zuweilen wurden die Anweisungen »mit der Warnung verbunden, wer diesmal nicht flaggt, werde als Staatsfeind der Polizei überstellt werden und verliere obendrein die Arbeit« (*Deutschlandberichte* 1939, 453). Kershaws These von der Schaffung des »Führer-Mythos« durch Erwartungen der Bevölkerung und Propagandaprojektionen müßte im Kontext solcher Berichte überprüft werden (Vgl. *Kershaw* 1980, 22).

66 »Wer das Opfer in diesem Kampf ablehnt, lehnt Deutschland ab, wer Deutschland ablehnt, hat in dieser Gemeinschaft nichts mehr zu suchen (A. Hitler zit. nach: *Deutschlandberichte* 1936, 1263). Die brutale Drohung wurde in vielen Fällen wahrgemacht. Um Spenden zu erzwingen, wurde ein abgestuftes System von Zwangsmethoden angewendet: Kontrollieren der Sammellisten, Kontrollieren der Spender durch Türplaketten, Eingehen von schriftlichen Spenden-

verpflichtungen, Betriebsappelle, »Freiwilliger« Abzug der Spenden vom Lohn mit der Drohung, im Weigerungsfalle seinen Arbeitsplatz zu verlieren, öffentliche Anprangerung und Stigmatisierung durch eine Rubrik *Winterhilfswerk-Verweigerer* in den Zeitungen usw. Vgl. im einzelenen *Deutschlandberichte* 1934, 519–523; 1935, 178 f., 195–201 (besonders anschauliche Beispiele für den Zwang und Terror des Sammelbetriebs), 1422, 1429; 1936, 618; 1938, 77 f., 81–81.

Zu Beschwerden über das »Sammelunwesen« generell: *Deutschlandberichte* 1935, 856–865, 1437–1442; 1936, 622–628

67 Vgl. *Gamm* 1962, 92. Über die Maifeier in Berlin heißt es in einem Sopade-Bericht: »Im großen und ganzen bot sich dasselbe Bild wie im Vorjahre. Der Zwang zum Antreten war allgemein. Die Absperrung auf dem Tempelhofer Feld war noch schärfer als vor einem Jahr. Wer erst einmal auf dem Tempelhofer Feld selbst angelangt war, konnte nicht mehr herunter. Aber schon auf dem Anmarsch haben sich nach bekannter Übung wieder große Massen verdrückt [...]« (*Deutschlandberichte* 1935, 414). Die Beteiligung von kompletten Betriebsbelegschaften kam häufig nur durch die Drohung zustande, den Arbeitern würde bei Nichtbeteiligung der Lohn für diesen Tag einbehalten. Viele versuchten dennoch auf dem Weg zur Kundgebung zu »entkommen«. Aus Zwickau bspw. wurde berichtet: »Wer an der Kundgebung nicht teilnahm, erhielt von dem Unternehmer keine Bezahlung dieses Tages. Ohne jede Musikbegleitung mußten die Belegschaften des morgens antreten und wurden durch die Meister und Betriebsobleute abgezählt und nach dem Hindenburgplatz zur Kundgebung geführt. Während dieses Marsches hörte man fortgesetzt den Ruf »Nachrücken, nachrücken!!« An jeder Bedürfnisanstalt waren die Leute ausgetreten, um dann das Weite zu suchen [...]« (*Deutschlandberichte* 1935, 415 f.).

68 Zur Organisierung des Pogroms durch Reichspropagandaleitung und SS vgl. die bei *Kaul* 1965, 36 ff. zitierten Dokumente. Zur langfristigen Vorbereitung sowie zu einzelnen Übergriffen vgl. *Deutschlandberichte* 1938, 1186–1204; *Kershaw* 1979, 281–348.

69 Vgl. *Schreiner* (1939) 1981, 123.

70 *Deutschlandberichte* 1935, 166. – Zu den Erträgen des WHW vgl. PIT (*Elferding*) 1980b, 209 f.; *Deutschlandberichte* 1936, 1263 f.; 1937, 718 f.

Zum Einsatz der »Pflichtjahrmädels« vgl. *Winkler* 1977, 58. Über den fragwürdigen Beitrag zur Überwindung des Arbeitskräftemangels durch das erst 1938 eingeführte »Pflichtjahr« urteilt Mason: »Die Notlage der Landwirtschaft war unbestreitbar, doch waren es nicht in erster Linie ungeschulte junge Frauen, die dort gebraucht wurden; und diese wurden effektiv aus der Industrie abgezogen, der es aber selbst an weiblichen Arbeitskräften mangelte. Die Maßnahme war unpopulär, die Vorschriften ließen viele Ausnahmen und Auswege zu, und die organisatorischen Schwierigkeiten erwiesen sich als beträchtlich. Das Pflichtjahr kann also keineswegs als zahlenmäßig bedeutsamer Beitrag zur Überwindung des Arbeitskräftemangels gewertet werden.« (*Mason* 1975, 143).

71 Vgl. z.B. *Deutschlandberichte* 1935, 168–170; 1938, 113.

72 Zu Klagen über die »organisierte Wegelagerei« vgl. u.a. *Deutschlandberichte* 1935, 857 f.; 1938, 97–100.

73 Vgl. z.B. *Deutschlandberichte* 1935, 1424.

74 Vgl. *Deutschlandberichte* 1934, 522.

75 Die Übersetzung der Abkürzung WHW in »Wir hungern weiter« durch den Volksmund trifft – nimmt man sie als verkürzte Chiffre des Bewußtseins von der Fortexistenz sozialer Gegensätze im NS – durchaus den Kern der distanzierenden Einstellungen. – Zu Klagen über *Unzulänglichkeiten* des WHW vgl. *Deutschlandberichte* 1934, 521 f.; 1935, 174, 1435; 1936, 620 f. Zu Abwehrhaltungen gegen *Kontrollpraktiken* vgl. *Deutschlandberichte* 1935, 173, 195–201; 1938, 101, 106–110. Beschwerden über *Ungleichbehandlung* finden sich u. a. in den Berichten 1935, 173 f., 1435; 1937, 741 f.; 1938, 83 f., 102, 113. Vgl. auch die laufende Rubrik der Sopade-Berichte »*Korruption*« bzw. »Korruption und Mißwirtschaft« und »Unterschlagungen«: 1934, 235 f.; 1935, 89–91, 173, 487–489; 1936, 241–243, 1151 f.; 1937, 535–538, 1609.

76 Über skeptisch-distanzierte Einstellungen von Arbeitern zur »Schönheit der Arbeit« geben die *Deutschlandberichte* sporadisch Auskunft: 1936, 886 f.; 1938, 173–175.

77 PIT (*Friemert*) 1980b, 250.

78 Zum ersteren führt Eiber – nachdem er den geringen Erfolg der »Schönheit der Arbeit« – Aktionen und die zwar werbewirksameren, von Arbeitern aber wegen geringer Löhne weniger nutzbaren KdF-Fahrten konstatiert hat – in seiner aufschlußreichen Regionalstudie aus: »Nach wie vor traute man den Arbeitern nicht. Deshalb baute die DAF ein Spitzelsystem in den Betrieben auf und errichtete [1936, J.B.] eine faschistische Werkspolizei, die ›Werkscharen‹. Für die Arbeiter, die sich trotz Propaganda und sozialer Verbesserungen nicht in die ›Betriebs‹- und ›Volksgemeinschaft‹ einordnen wollten, blieb die Drohung mit dem Verlust des Arbeitsplatzes, in schwereren Fällen Schutzhaft und das ganze Instrumentarium des NS-Terrors« (*Eiber* 1979, 86).

79 *Winkler* 1977, 58. Auch hier zeigte sich also schon der bei der Frauenarbeitspflicht im Krieg dann vollends offenbar werdende »Klassencharakter der faschistischen Frauenpolitik« (*Bajohr* 1979, 265).

80 Zur wirtschaftlichen Lage der Arbeiterklasse zwischen 1933–1936 vgl. *Mason* 1975, 60 ff. Zusammenfassend zur wirtschaftlichen Lage der Lohnabhängigen und der Mittelschichten vgl. *Hörster-Philipps* 1978, 170 f. sowie die Dok. 179–194.

81 *Deutschlandberichte* 1937, 746.

82 Vgl. *Keil* 1948, Bd. II, 519 f.

83 *Goebbels Tagebücher 1942/43*, 425.

84 *Hadamowsky* 1933.

85 Vgl. hierzu etwa die Analyse des »Kampfs um die Straße« bei *Weyergraf* 1978, 1 ff. Prototypisch sind auch die gewaltsamen Auftritte des »Gaues Großberlin« unter Goebbels und deren »Würdigung« im *Angriff*. Vgl. *Heiber* (1962) 1965.

86 Um die politische Zerstörung des demokratischen Staates und seiner gesellschaftlichen Institutionen nicht als Willkürakt erscheinen zu lassen, produziert bzw. nutzt der NS Vorwände, die entweder dem eigenen Terror als Antwort (a) auf fremden Terror oder (b) als Vollzug des Volkswillens erscheinen lassen: Die Kommunisten werden verhaftet, nachdem die Nationalsozialisten den Reichstag angesteckt haben (a); Die Juden werden verfolgt, nachdem die Nationalsozialisten ihnen die Synagogen abbrannten und ihre Geschäfte plünderten (b). Die Gewerkschaften werden aufgelöst, nachdem ihre Mitglieder auf Geheiß der ADGB-Führung am »Tag der nationalen Arbeit« teilnehmen.

87 Vgl. *Hörster-Philipps* 1977, 169.

88 Vgl. z.B. die Einrichtung »Versorgungsanstalt deutscher Bühnen«, die als Novum eine Alters- und Hinterbliebenen-Pflichtversicherung für die gesamte Berufsgruppe der Theaterschaffenden schuf (Vgl. *Euler* 1979, 103); Zum alten Mittelstand vgl. *von Saldern* 1979.

89 »Waren die Erfolge«, so resümiert Eibner die Einstellungsdifferenzen der Arbeiter hinsichtlich der Hauptthemen der NS-Propaganda, »auf den Gebieten, in denen die Arbeiter die Haltlosigkeit der Propaganda an der Realität ihres Alltags erkennen konnten, gering, so waren Fortschritte in der nationalsozialistischen Verhetzung auch bei Arbeitern nicht zu übersehen.

Erklären läßt sich dies damit, daß auch von Arbeitern der Versailler Vertrag als ungerecht abgelehnt und die Wiederherstellung der internationalen Gleichberechtigung Deutschlands als positiv beurteilt wurde. Mit der faschistischen Kriegspropaganda hatte das nichts gemein. Der NS verfolgte weitergehende Ziele. Diese Differenz wird deutlich in den wiederholten Berichten über die Angst der Bevölkerung vor einem neuen Krieg«. (*Eiber* 1979, 105). Vgl. hierzu auch die Erklärung des »Feldphänomens« in Brechts *Arbeitsjournal* (*Brecht* 1973). Zur Differenz von faschistischer Kriegsethik und Nationalismus der Gesellschaftlichen Psychologie der Massen vgl. auch diese Arbeit S. 2.

90 Zur Periodisierung der Konsolidierungs- und Krisenperioden vgl. *Peukert* 1980, 83.

91 *Mason* 1975, 167. Defensivpositionen der Propaganda werden schon im Frühjahr 1938 zur Wahl zum Großdeutschen Reichstag deutlich. In einem vertraulichen Merkblatt für alle Redner und »Schriftleiter« bei Presse, Film, und Rundfunk vom 21.3.1938 hießt es u.a.: »Es ist in allen Versammlungen und Kundgebungen dem Volke klarzumachen, daß der Aufbau und die Lösung bestimmter Probleme immer einer gewissen Zeit bedürfen. Es geschehen keine Wunder, es muß alles durch Pflichteifer und Arbeit erst geschaffen werden. Sind große Probleme in Angriff genommen, so muß man hierbei auch die notwendige Zeit der Vorbereitung berücksichtigen. Der Führer vertritt keine Illusionspolitik, sondern weiß, daß er mit der Forderung nach vier Jahren auch diese Zeit nötig hat, um die dem Volk bekannten Probleme zu lösen.«

92 Während Presseerzeugnissse – insbesondere die Zeitschriftenpresse – infolge Papiermangels schon seit 1940 zurückgegangen waren (vgl. *Boelcke* 1967, 36f.), wurden 1943 und danach vor allem für den Film als »nationalsozialistisches Führungsmittel, (das) so ungeheuer tief in die breiten Massen des Volks hineingreift« (Goebbels in einer Rede vor »Filmschaffenden« in Berlin am 28. Februar 1942, abgedruckt bei *Terveen* 1959, hier: 35), große Summen zur Verfügung gestellt. Der Film wurde allerdings mehr als Zerstreuungsmittel denn als Formierungsmedium verstanden (vgl. z.B. *Broszat* u.a. 1977, 636). Eine Ausnahme bildeten erst die »Durchhaltefilme«, z.B. der am 4. März 1943 uraufgeführte Harlanfilm »Der große König«. Einer der teuersten Spielfilme dieser Art war der am 1. Juni 1943 von Goebbels in Auftrag gegebene, aber erst am 30. Januar 1945 in der Festung La Rochelle uraufgeführte Film *Kolberg*. – Nach Harlans Angaben kostete die Herstellung 8 1/2 Millionen Mark. Neben berühmten Schauspielern (Heinrich George, Kristina Söderbaum, Paul Wegener, Kurt Meisel, Horst Kaspar) wirkten 187000 Soldaten mit; 6000 Pferde wurden für die Schlachtaufnahmen von der Wehrmacht abgestellt. (Vgl. *Harlan* 1966, 180ff.).

93 Vgl. Kap. I dieser Arbeit, die Seiten 48ff.

94 Siehe dazu unten die Hinweise der unterschiedlichen publizistischen Darstellungen der Mobilisierungsfolgen in der Massen- und Prestigepresse.
95 Vgl. dazu *Boberach* 1965, 349ff. und 356; *Huar*, 32ff.
96 Vgl. *Boberach* 1965, 34f.
97 Zur Verstärkung des allgemeinen Terrors im ersten Halbjahr 1943 vgl. *Deutschland im Zweiten Weltkrieg* 1979, 239–254. So stieg beispielsweise die Anzahl der Verhaftungen durch die Gestapo auf 241968; das waren ein Drittel mehr als im Halbjahr davor. Von April bis Juni 1943 wurden 1591 Menschen durch den Henker hingerichtet (ohne Massenmorde in den Vernichtungslagern). Die von der Strafjustiz ergangenen Urteile bezogen sich am häufigsten auf die Delikte »Verstöße gegen die Arbeitsdisziplin«, auf »Wehrkraftzersetzung« und Verstöße gegen die Kriegswirtschaftsverordnung.
98 Wir beziehen unsere Belege in erster Linie aus den Goebbelsschen Tagebüchern, den »Protokollen der Ministerkonferenzen« im Propagandaministerium und auf die »Tagesparolen des Reichspressechefs«. Zu den Fundstellen siehe die folgenden Anmerkungen.
99 *Goebbels Tagebücher 1942/43*, 218.
100 *Goebbels Tagebücher 1942/43*, 223.
101 Ebda.
102 Vgl. in diesem Sinne die Ausführungen Goebbels' in der Ministerkonferenz am 4. Januar 1943: *Boelcke* 1967, 316f.
103 *Boelcke* 1967, 302.
104 *Boelcke* 1966, 546.
105 *Boelcke* 1967, 302.
106 Hinsichtlich der Bedeutung der ausländischen Rundfunksendungen für die Meinungsbildung in Deutschland kommt Dröge durch Auswertung der SD-Berichte zu folgender Einschätzung: »Die Abhörfrequenzen schwankten bis etwa 1942, um fortan kontinuierlich zuzunehmen. Das ist wohl vor allem auf den Vertrauensschwund zur eigenen Publizistik zurückzuführen« (*Dröge* 1970, 159).

Auslandssender wurden seit Beginn des »Dritten Reiches« gehört. Mit drohender Kriegsgefahr wurden vermehrt insbesondere die ausländischen Rundfunksendungen in deutscher Sprache zur Information und Urteilsbildung von vielen Deutschen genutzt: Vgl. *Deutschlandberichte* 1939, 585–592 und 832ff. sowie zu einzelnen Sendern die Angaben der *Deutschlandberichte* 1934–1940, passim. Diesen »Hörgewohnheiten« begegnete der NS-Staat mit der »Verordnung über außerordentliche Rundfunkmaßnahmen« vom 1. September 1939 (Vgl. im einzelnen *Latour* 1963). In der Einleitung zu dieser Verordnung hieß es: »Im modernen Krieg kämpfen die Gegner nicht nur mit militärischen Waffen, sondern auch mit Mitteln, die das Volk seelisch beeinflussen und zermürben sollen. Eines dieser Mittel ist der Rundfunk. Jedes Wort, das der Gegner herübersendet, ist selbstverständlich erlogen und dazu bestimmt, dem deutschen Volke Schaden zuzufügen« (Zit. nach *Scheel* 1970, 276). Diese Verordnung bildete die Grundlage für zahlreiche Urteile gegen sogenannte »Rundfunkverbrecher«. Daten zu strafrechtlichen Folgen des Feindsenderhörens in: *Deutschland im Zweiten Weltkrieg* 1979, 241f.

Die beiden wichtigsten Sender waren die BBC und der »Deutsche Volkssender«. Zur Bedeutung der BBC vgl. *Wittek* 1962; zum »Deutschen Volkssender« *Kraushaar* 1964; *Huar* 1968, 71–79; *Scheel* 1970, 180–184.

107 Vgl. u. a. Goebbels Eintrag im Tagebuch vom 29. Januar 1942. Nach einem Besuch bei seiner Mutter notiert er: »Ich kann wieder von ihr sehr viel lernen; vor allem, daß das Volk meistens viel primitiver ist, als wir uns das vorstellen. Das Wesen der Propaganda ist deshalb unentwegt die Einfachheit und die Wiederholung [...] (*Goebbels Tagebücher 1942/43*, 62). Zum Primitivitätsverdikt vgl. auch *Goebbels* (1934) 1943a, 157; *Goebbels* 1943b, 201; *Hitler* 1930, 197, 375 und passim; *von Borresholm* 1949, 205; *Fraenkel/Manvell* 1960, 112f. und 261; *Heiber* 1962, 62; *Boelcke* 1966, 311, 375; *Hundhausen* 1975, 146, 151.

108 Zit. nach *Bramsted* 1971, 370; vgl. auch die Tagebucheintragung vom 9. April 1943 (*Goebbels Tagebücher 1942/43*).

109 Grundzüge der Beschwichtigungsrhetorik lassen sich in der Wahl der Bilder und Vergleiche, mit denen Goebbels an NS-Journalisten die sich vertiefende Skepsis an der Möglichkeit eines »deutschen Sieges« auszureden versucht, dingfest machen. Unter dem Datum des 10. November 1942 heißt es in den Protokollen der Ministerkonferenzen u. a.: »Der Minister vergleicht die heutige allgemeine Lage mit der Situation einer Fußballmannschaft, die in der ersten Halbzeit mit ganzer voller Kraft gespielt hat und ein Ergebnis 4 : 0 Tore erreichte. Nach der Pause ist es nunmehr der anderen Mannschaft gelungen, ein überraschendes Tor zu schießen, was die eigenen Reihen etwas verblüfft hat. Nunmehr kommt es darauf an, diese kurze Krise zu überwinden und psychologisch dabei keine Fehler zu machen!« (*Boelcke* 1967, 300).

Jede Mitverantwortung am »offenbaren Versagen« der Propaganda wird von Goebbels zurückgewiesen (vgl. *Goebbels Tagebücher 1942/43*, 220) und die Schuld anderen angelastet.

110 Vgl. z. B. die Kritik am Wehrmachtsbericht: *Boelcke* 1967, 293, 302f.; *Bramsted* 1971, 370.

111 *Boelcke* 1967, 303.

112 Dazu waren politische Alternativen noch nicht gruppenübergreifend formulierbar.

113 Der aus der Attitüden- und Kognitionsforschung stammende Begriff der *meinungs-* bzw. *einstellungskonträren Agitation* bezeichnet folgendes, in der experimentellen Sozialpsychologie vielfach überprüftes Phänomen: Menschen, die zu meinungskonträrem Verhalten, zu meinungskonträren Rollen gezwungen werden, ändern unter extremen Bedingungen ihre Meinung total, in jedem Fall aber partiell. Ein militanter Nichtraucher beispielsweise, der ein halbes Jahr lang Vorträge über die Vorzüge des Rauchgenusses halten muß, wird nach dieser Zeit sicher ein liberaleres Urteil über seinen Gegenstand haben, als zu Beginn. Im Zusammenhang der Faschismusforschung wird dieser Effekt allgemein bei der Erklärung des *Mitläufertums* relevant: einer, der nicht aus Überzeugung, sondern Opportunismus in der NSDAP mitmacht, ist ununterbrochen Handlungs- und Identifikationszwängen ausgesetzt, die ihn zu meinungskonträrer Agitation verpflichten; er wird damit sukzessive mindestens vom passiven zum aktiven »Mitläufer«. Der Effekt der »meinungskonträren Agitation« kann aber auch in umgekehrter politischer Richtung wirksam werden. Beim oben beschriebenen Vorgang ist das der Fall. Im Sinne einer Auflösung »nationalsozialistischer Anschauungen« wird meinungskonträre Agitation beispielsweise wirksam, wenn Publikationen wie die »Meldungen aus dem Reich«, die inhaltlich dem offiziellen Selbstverständnis der Propagandisten immer häufiger widersprechen, in Kreisen der Nazianhänger selbst verbreitet

werden. Erforschung und Auswertung kritischer »Volksmeinung« vermag also unter bestimmten Voraussetzungen überzeugungskonträr zu wirken. Möglichkeiten und Grad der Veränderungen sind von der Stärke der Verankerung der ursprünglichen Einstellung abhängig. Zum Problem der »meinungskonträren Agitation« vgl. *Cranach* u. a. 1969, 343–377; *Hiebsch/Vorwerg* 1975, 145 f.

114 *Goebbels Tagebücher 1942/43*, 303, Eintragung vom 17.4.43.

115 *Goebbels Tagebücher 1942/43*, 340.

116 Vgl. Goebbels Tagebücher 1942/43, 340.

117 Vgl. *Boberach* 1965, XXVII.

118 Vgl. z.B. *Bramsted* 1971, 369; *Stokes* 1975, 248.

119 Vgl. z.B. *Boelcke* 1966, 546; *Boelcke* 1967, 333.

120 *Boelcke* 1967, 305.

121 Ebd. 293.

122 Ebd. 302.

123 Ebd. 293.

124 Vgl. *Hundhausen* 1975, 146f.

125 *Hundhausen* 1975, 187.

126 *Boelcke* 1967, 299.

127 *Boelcke* 1967, 302.

128 Vgl. *Boelcke* 1967, 311 und 319.

129 *Boelcke* 1967, 290, 292.

130 Vgl. *Huar* 1968, 6; *Mason* 1975, 1–16. *Steinert* 1970, 386; Vgl. auch die Goebbels-Rede vom 18.2.43 (*Heiber* 1972, 202).

131 Auf den »solidarischen« Effekt der »Gemeinsamkeit im Verbrechen« weist *Kühnl* 1979, 177 hin.

132 *Goebbels Tagebücher 1942/43*, 242. »Was uns betrifft«, hieß es später in einem Leitartikel im *Reich*, »so haben wir die Brücken hinter uns abgebrochen. Wir können nicht mehr, aber wir wollen auch nicht mehr zurück.« (*Das Reich* vom 14. November 1943).

133 Vgl. *Boberach* 1984, Bd. 11, 4287 und Bd. 12, 4696ff.

134 *Goebbels Tagebücher 1942/43*, 230; Eintragung vom 18. Dezember 1942. Vgl. auch ebd. 105.

135 *Boelcke* 1967, 305.

136 *Boelcke* 1967, 304.

137 *Boelcke* 1967, 309.

138 *Boelcke* 1967, 290.

139 *Boelcke* 1967, 315. Zur Technik der Übertreibung der »Feindziele« vgl. auch ebd. 310f.

140 Vgl. hierzu die Zusammenstellung der Goebbelsschen Propagandaprinzipien bei *Hundhausen* 1975, 186–190; *DOOB* 1950, 419–442.

141 *Goebbels Tagebücher 1942/43*, 197.

142 Die Zunahme antifaschistischer Aktivitäten ist gleichzeitig als Ausdruck der verschärften Krisensituation wie als Motor des sich wandelnden Stimmungsprozesses zu begreifen. In einem Rundschreiben vom 18. Dezember 1942 hatte Bormann festgestellt, daß »die alten Gegner sich wieder gefunden« hätten. Diese Annahme entsprach den Inhalten der Berichte vieler sogenannter »Hoheitsträger« der NSDAP in den ersten Monaten des Jahres 1943. Auch in ihnen wurde die Tendenz vom Erstarken der »alten Kräfte« konstatiert. Die Regierungspräsidenten aus Bayern z. B. meldeten, daß sich »die alte Opposition wieder hervorwage« (zit. nach *Steinert* 1970, 347). Eine genaue Differenzierung

der Oppositionskräfte kann hier nicht vorgenommen werden, lediglich auf die wichtigsten Gruppen und die einschlägige weiterführende Literatur sei hingewiesen: Der breitere Wirkungsradius der Hitlergegner erstreckte sich auf verschiedene Gruppen. Steinert führte dazu aus: Die Ausdehnung des Widerstandes »traf nicht nur auf den politischen Katholizismus und Protestantismus zu, sondern auf das konservative Bürgertum, die Großindustrie und selbst die Armee, Vertreter der Rechten und Mitte also, mit deren Hilfe Hitler die Macht errungen und auf deren ›know how‹ er immer noch nicht ganz hatte verzichten können« (*Steinert* 1970, 320). Während die Autorin diesen Kräften eine besondere Bedeutung zuschreibt, dezimiert sie Aktionen und Erfolge des Widerstandes aus der Arbeiterbewegung (Vgl. ebd.). Zu einer konträren Einschätzung kommen die Autoren der *Geschichte der deutschen Arbeiterbewegung* 1968, Kapitel XI, 103 ff. Eine den gegenwärtigen Stand der Regionalstudien zusammenfassende Gesamtdarstellung zum Widerstand der Arbeiter steht noch aus. Zum Widerstand der SPD allgemein vgl. *Grasmann* 1976; zur KPD vgl. *Mammach* 1974. Zu den wichtigsten Regionalstudien vgl. die Bibliographie von *Hochmuth* 1973 (Bibliothek des Widerstandes) sowie zu neueren Untersuchungen *Hüttenberger* 1980, 181 ff. Zum Widerstand der Kirchen vgl. *Scholder* 1977; *Boberach* 1971. Zum militärischen Widerstand vgl. *Ritter* 1965; *Finker* 1978. Zum Widerstand der Jugend vgl. *Klönne* 1957; *Petry* 1968. Die neueste Überblicksdarstellung zum Widerstand bietet *Roon* 1979; einen informativen Einblick in den gegenwärtigen Diskussionsstand hinsichtlich Ergebnissen und Perspektiven der Forschung über die »Gegner des Nationalsozialismus« vermittelt die Dokumentation einer Arbeitstagung, an der Wissenschaftler und aktive Widerstandskämpfer beteiligt waren (*Kleßmann* u.a. 1980).

143 *Goebbels Tagebücher 1942/43*, 389.

144 Vgl. *Boelcke* 1967, 318.

145 Intern wird das Prinzip der »Offenheit in der Nachrichtengebung« als Trick eingestanden: »Ich habe nach und nach den Eindruck, daß [Offenheit] ein sehr guter Trick ist. Man kann im Kriege gewisse Erfolge durch Schweigen erreichen, man kann aber auch gewisse Erfolge durch sehr freimütiges und offenes Reden erreichen. Da das Schweigen das allgemein Übliche ist, fällt das Reden etwas aus der Regel heraus und wirkt deshalb umso sensationeller und überzeugender«. (*Goebbels Tagebücher 1942/43*, 273).

146 Vgl. *Boelcke* 1967, 316.

147 *Boelcke* 1967, 316.

148 Zit. nach *Scheel* 1970, 207.

149 Vgl. *Scheel* 1970, 200.

150 Vgl. *Boelcke* 1967, 317.

151 Ebd.

152 Ebd.

153 *Boelcke* 1967, 319.

154 *Boelcke* 1967, 318.

155 *Bleyer* 1970, 10.

156 Vgl. *Förster* 1967; *Sywottek* 1976.

157 *Ludendorff* 1935; die erste Auflage dieses Buches erreichte bereits eine Höhe von 100 000 Exemplaren (Vgl. *Moltmann* 1964, 17).

158 *Bleyer* 1970, 15.

159 Durch eine verstärkte Beschlagnahmung von Nahrungsmitteln in den besetzten Gebieten z.B. gelang es, die Versorgung der deutschen Bevölkerung insge-

samt auf einem relativ hohen Niveau zu halten, so daß, wie Kuczynski feststellte, »die Situation 1943 gegenüber 1942 eher besser war, und daß die Rationen in diesem Jahr teilweise wieder erhöht werden konnten. Ende 1943 waren die Arbeiter im allgemeinen nicht schlechter genährt als im ersten Kriegsjahr« (*Kuczynski* 1964, Bd. 6, 292). Für die betroffenen Gebiete hatte das eine weitere Verschärfung der »Entvölkerungspolitik«, die Zunahme von Hunger und Krankheit, ein Anwachsen der Zwangsverschleppungen und die forcierte Anwendung der faschistischen »Vernichtung durch Arbeit« zur Folge. Bei der Zwangsrekrutierung ausländischer Zivilarbeiter und beim Arbeitseinsatz von Kriegsgefangenen waren die Menschenverluste »so ungeheuer, daß es keineswegs übertrieben ist, anzunehmen, daß die Faschisten etwa vierzehn Millionen ausländische Arbeiter und Kriegsgefangene zusammentreiben mußten, um im Mai 1944 die Zahl von rund sieben Millionen Beschäftigten in Deutschland zu erreichen«. (*Kuczynski* 1964, Bd. 6, 278).

160 Goebbels zit. nach *Bleyer* 1970, 50.
161 Zit. nach *Bleyer* 1970, 33.
162 Vgl. hierzu *Kuczynski* 1964, Bd. 6, 275 ff.; *Demps* 1973, 830–843.
163 Vgl. *Bleyer* 1970, 67.
164 *Bleyer* 1970, 58.
165 Ebd. 59.
166 *Kuczynski* 1964, Bd. 6, 282.
167 *Boberach* 1965, 348.
168 *Boberach* 1965, 356.
169 *Boberach* 1984, Bd. 12, 4720.
170 Vgl. *Huar* 1968, 33 f.
171 Vgl. *von Saldern* 1979, 125.
172 Vgl. *Schweitzer* 1970, 130.
173 *Boberach* 1965, 369. Zum Versuch, diesen Vorwurf zu entkräften vgl. Goebbels' Rede vom 18.2.43 (*Heiber* 1972, Bd. 2, 185).
174 *Sündermann* 1973, 235 f.
175 *Boelcke* 1967, 329.
176 Vgl. *Boelcke* 1967, 330.
177 Vgl. *Boelcke* 1967, 332.
178 *Boelcke* 1967, 333.
179 *Boelcke* 1967, 333.
180 *Boelcke* 1967, 333.
181 Vgl. *Boelcke* 1967, 333; s. auch *Huar* 1968, 40.
182 *Boelcke* 1967, 333.
183 Vgl. *Huar* 1968, 40.
184 Vgl. hierzu B. Hinz' Interpretation des Triptychons »Arbeiter, Bauern und Soldaten« von Hans Schmitz-Wiedenbrück (*Hinz* 1974, 77 f.).
185 Vgl. *Huar* 1968, 39 f. – Schon am 24. Januar fragte der *Völkischer Beobachter*: »Hast Du genug getan?« Am 29. Januar hieß es in einem Artikel: »Die Gedanken des ganzen deutschen Volkes verweilen bei den Männern von Stalingrad. Ihre Treue fordert unsere Treue. Ihr verpflichtendes Beispiel ist ein Anruf an die Nation, den Kampf noch entschlossener, noch stärker an Herz und Seele fortzuführen [...]. Der Kampf unserer Soldaten verpflichtet die Heimat zu höchster Leistung und Mobilisierung aller Kräfte für den Sieg.«
186 Zit. nach *Huar* 1968, 41.
187 Im Film »Der große König« (Regie: Veit Harlan; Uraufführung: 4. März

1943), der die Geschichte Friedrichs des Großen im Schlesischen Krieg zum Inhalt hat, wird die Abwendung der Niederlage als das große »Mirakel des Hauses Brandenburg« inszeniert: Mit dem Ausscheren Rußlands aus der antipreußischen Koalition wendet sich der Kriegsverlauf zugunsten Preußens. Im Zusammenhang der Niederlage bei Stalingrad sollen derartige Parallelen eine irreale Hoffnung auf den Zerfall der Anti-Hitler-Koalition entfachen. (Zu den Entstehungsbedingungen und den »schwierigen« Geschichtsfälschungen dieses Films vgl. *Harlan* 1966, 130ff.; zur Propagandafunktion vgl. *Courtade/Cadars* 1975, 74ff.).

188 Vgl. die *Tagesparole* vom 2. Februar 1943. – In der *Tagesparole* vom Tag darauf hieß es: »So sehr die Zeitungen in diesen Tagen eine heroische Haltung zeigen werden, so sehr ist es erwünscht, keine Worte der Trauer anzustimmen. Die Wunden, die das Opfer von Stalingrad in viele deutsche Familien schlägt, werden vernarben. Der heldenhafte Kampf von Stalingrad wird jedoch alle Zeiten überdauern. Das würdig zu gestalten, ist die Aufgabe der deutschen Presse. Heute haben die Zeitungen den Griffel der Weltgeschichte zu führen und Stalingrad zum Mythos zu machen, der allen kommenden Generationen unseres Volkes Kraft geben und Verpflichtung sein wird.« (*Tagesparole* vom 3.2.1943; vgl. auch *Hano* 1963, 21).

189 Zit. nach *Hano* 1963, 22.

190 Vgl. die Interpretation der Goebbelschen Sportpalastrede.

191 *Bloch* (1943) 1970, 326.

192 Vgl. *Huar* 1968, 9.

193 Vgl. die Analysen von *Diederich* u.a. 1976; *Hirsch* 1960.

194 *Sündermann* 1973, 241.

195 Vgl. zum Rußlandbild in der Bevölkerung: *Boberach* 1965, 286ff. Zur Einstellung der Bevölkerung zur Propaganda über den Bolschewismus *Boberach* 1965, 421ff.

196 *Boelcke* 1967, 340.

197 *Thate* 1954, 38f.

198 Vgl. als eines von vielen Beispielen Goebbels' Leitartikel »Die harte Lehre« in: *Das Reich* vom 7.2.1943. Darin heißt es u.a.: »Hinter der roten Armee marschieren schon die Liquidationskommandos, hinter ihnen naht der Massenterror und hinter ihm die Hölle. Es muß das mit aller Deutlichkeit gesagt werden, vor allem denen gegenüber, die noch immer kein Einsehen haben wollen und sich mit der billigen Tagesweisheit herausreden, daß nichts so heiß gegessen werde, wie es gekocht wird.« Vgl. auch die ähnlich lautenden Passagen der Sportpalastrede vom 18.2.1943 (*Heiber* 1972, 178f.).

199 Zur Analyse der Elemente von Pseudoklassenkampf vgl. unten S. 105ff.

200 So sinngemäß eine Äußerung Goebbels' auf dem Nürnberger Parteitag 1934.

201 *Goebbels Tagebücher 1942/43*, 477.

## *III. Dialektik des pseudoklassenkämpferischen Inhalts der nationalsozialistischen Meinungsformierung als Folge des unaufgelösten Klassenkonflikts – Goebbels' Rede zum »Totalen Krieg«*

1 Goebbels' Rede im Sportpalast vom 18. 2. 1943. In: *Heiber* 1972, Bd. 2, 203.

2 Vgl. *Moltmann* 1964, 29.

3 Vgl. *Hagemann* 1948, 465.
4 Vgl. *Moltmann* 1964, 42.
5 *Boelcke* 1967, 341.
6 *Weinbrenner* 1939, 3.
7 Goebbels' Sportpalastrede vom 18. 2. 1943, herausgegeben von der Reichspropagandaleitung der NSDAP, zit. aus *Fiddikow* 1943, hier 3.
8 Goebbels in: *Heiber* 1972, Bd. 2, 173f.
9 Goebbels in: *Heiber* 1972, Bd. 2. 173f.
10 Zur Funktionsbeschreibung dieser Kundgebungsarchitektur vgl. *Pit* (*Wenk*) 1980b, 265f.
11 Vgl. *Moltmann* 1964, 29.
12 *Fiddikow* 1943, 31.
13 *Fiddikow* 1943, 7.
14 *Fiddikow* 1943, 26.
15 Vgl. *Marcuse* 1936, 140ff.; vgl. auch *Neumann* (1942) 1977, 117ff.
16 *Fiddikow* 1943, 28.
17 *Horkheimer* (1939) 1967, 54.
18 *Horkheimer* (1936b) 1968, Bd. 2, 35.
19 Vgl. ebd., 38. Dort heißt es genauer: »Die Massen sollen in sich gehen, sie sollen moralischer, genügsamer, ergebungsvoller werden [...]. Die bürgerlichen Tugenden [...] werden von der Kanzel aus mit der Gottesfurcht dem Volke eingeschärft. Zur Anforderung an die Masse, daß sie die adäquate Befriedigung ihrer Triebe sich versage und nach innen wende, gehört gleichsam als Trost, als Kompensation, die fortwährend erneuerte Überzeugung, daß jene, die den Verzicht nicht leisten, verworfen sind [...]. Die Menschenverachtung der Reformatoren gibt sich auch den eigenen Anhängern eindeutig zu erkennen [...].«
20 *Horkheimer* (1936b) 1968, Bd. 2, 35.
21 *Horkheimer* (1936a) 1968, Bd. 1, 298.
22 *Horkheimer* (1936b) 1968, Bd. 2, 33f.
23 *Horkheimer* (1936b) 1968, Bd. 2, 45f. Vgl. auch *Horn* 1969, 324.
24 *Horkheimer* (1936b) 1968, Bd. 2, 46.
25 *Horkheimer* (1936b) 1968, Bd. 2, 47. Vgl. auch *Marcuse* 1965b, 66.
26 *Abendroth* 1967, 470.
27 Vgl. *Marcuse* 1965b, 94.
28 Vgl. z.B. Ernst Jünger, der gegen den »unrealen Betrieb« und gegen seine »grotesken Erbauungsformen« Front macht und die herrschende Kulturpropaganda als »unerträgliche[n] Luxus« bezeichnet, den man sich in einem »Geschichtsabschnitt, in dem alles abhängt von einer ungeheuren Mobilmachung und Konzentration der Kräfte, die zur Verfügung stehen«, nicht mehr leisten könne. (Zit. nach: *Marcuse* 1965b, 95.)
29 Zur gesellschaftlichen Bedeutung der Umfunktionierung historischen Vokabulars vgl. *Winckler* 1970, 82, 91 und passim.
30 Vgl. *Horkheimer* (1936b) 1968, Bd. 2, 66 und 68.
31 *Fiddikow* 1943, 6.
32 *Fiddikow* 1943, 6.
33 *Fiddikow* 1943, 31.
34 Vgl. *Gutermann/Löwenthal* 1966, 25; *Adorno* 1971, 49.
35 *Fiddikow* 1943, 14. Die Brechtsche Methode der Wiederherstellung der Wahrheit angewendet, hörte sich das etwa so an: hier kämpfte derjenige Teil der

deutschen Bevölkerung, dem nichts gehört als seine Arbeitskraft, für die Interessen jener, die ihn ausbeuten [...] Sie verteidigen die Beibehaltung eines Zustandes, der selbst den Ersatz für ihre materiellen Entbehrungen beseitigt, seine Familien zerstört, seine Frauen in die Fabriken treibt und seine Kinder zu Spitzeln und Kanonenfutter macht [...] (Vgl. *Brecht* 1967, Bd. 20, 191 ff.).

36 *Fiddikow* 1943, 15.

37 *Fiddikow* 1943, 15.

38 *Vondung* 1971, 104 ff.

39 *Soziologische Exkurse* 1967, 169.

40 Die Notwendigkeit, vor den Massen moralisch zu argumentieren, wurde von den Propagandisten im internen Kreis wiederholt hervorgehoben. Vgl. z.B. Hitler im Gespräch mit Rauschning: »Es wird mir nicht schwer fallen, meiner Politik einen moralischen Anstrich zu geben und die Motive meiner Gegner als Heuchelei zu entlarven. Für die Masse sind moralische Gemeinplätze unentbehrlich und nichts ist verkehrter, als wenn ein Politiker auch nach außen als der amoralische Übermensch erscheinen will.«
(*Rauschning* 1940, 256). Vgl. auch *Ach/Pentrop* 1977, 88, 101.

41 *Regius* (d.i. M. Horkheimer) 1934, 137.

42 Vgl. *Marcuse* 1965a, Bd. 1, 17 f., 25.

43 *Regius* (d.i. M. Horkheimer) 1934, 138.

44 Vgl. *Kershaw* 1980.

45 *Fiddikow* 1943, 22.

46 *Boelcke* 1967, 339.

47 *Fiddikow*, 1943, 22.

48 *Regius* (d.i. Max Horkheimer) 1934, 8.

49 Vgl. *Laboor* 1961; s. auch *Broszat* in: *Bayern in der NS-Zeit*, 1981, Bd. IV, 705.

50 Es erscheint m.E. als gerechtfertigt, hier mit der auf Sozialpsychologie verweisenden Kategorie des Ressentiments zu operieren; auch wenn der NS, solange er gezwungen war, seinen Charakter als Mittelstandsbewegung, als Partei der »kleinen Leute« hervorzukehren, tatsächlich in der Öffentlichkeit antikapitalistisch auftrat. Ressentiment meint, daß die darin zum Ausdruck kommenden Erfahrungen die Ursachen des sozialen Elends verzerrt widerspiegeln und den Weg zur Überwindung durch solidarisches, politisches Handeln versperren. Im Gegensatz zum denunziatorischen »Neidbegriff«, wie er in bürgerlichen Sozialtheorien (z.B. *Schoeck* 1966) auftaucht und für die Propagandaanalyse zur Erklärung von Ausdrucksformen des Klassenkampfes adaptiert wurde (vgl. *Thate* 1954, 60 ff.) signalisiert der Ressentimentbegriff die grundsätzliche Anerkennung des Protestes.

51 Vgl. *Thate* 1954, 80 f.

52 Zur Erklärung der ideologischen Funktion des Rassismus/Antisemitismus vgl. *Projekt Ideologie Theorie* 1980a (*Haug*), 59 ff. Neben bekannten Einsichten, daß derjenige, der der Rassentheorie anhängt, »auch die bessere Rasse innerhalb seiner Rasse, nämlich die Hierarchie der herrschenden Klasse und der Machtelite« anerkennen muß, ist vor allem die Analyse der ideologischen Transformationsarbeit Hitlers hervorzuheben. Der Hitlersche Antisemitismus habe das »›völkische Gemengsel‹ kohärent« gemacht, »von demokratischen Verbindungen, d.h. von allen Artikulationen mit Gleichheit« gesäubert und einen Eingriff in die »Soziale Frage von rechts« ermöglicht (67).

53 Vgl. den Abdruck des NSDAP-Programms von 1920 bei *Hörster-Philipps* 1978, 29–33.

54 Zit. nach *Ruge* 1980, 145 f.
55 Ebd., 146.
56 Heuss zit. nach: *Fabry* (1969) 1979, 52 f.
57 Ebd., 53.
58 Zit. nach: *Ruge* 1980, 151 f.
59 Vgl. *Stegmann* 1972, 351 ff.; *Gossweiler* 1980, 112.
60 Der sozialistischen Arbeiterbewegung gegenüber mußte man den politischen Sozialismusbegriff zu entwerten versuchen, dem Kleinbürgertum »sozialistische« Gedanken dagegen nahebringen. Beides funktionierte nur unter der Bedingung einer radikalen Entspezifizierung seiner bisherigen Bedeutung. Einen Einblick in die vielfältigen Erklärungsvarianten gibt *Münzenberg* 1972, 242–244.
61 Äußerungen Hitlers in einem »Tischgespräch« vom 8. April 1942. (*Picker* 1965, 261 f.).
62 Zit. nach *Gossweiler* 1980, 119.
63 Zit. nach *Gossweiler* 1980, 119.
Die prinzipielle Resistenz der Arbeiterschaft schloß natürlich nicht aus, daß Arbeiter sich unter dem Druck der Weltwirtschaftskrise der NSDAP und ihren Unterorganisationen anschlossen. Ihr Anteil aber kann – folgt man den Tyrellschen Berechnungen (*Tyrell* 1969) oder neueren Schätzungen zur Wählerfluktuation zwischen 1928 und 1932, wonach rund 600 000 ehemalige SPD-Wähler, aber 8,7 Millionen Wähler der bürgerlichen Parteien sich der NSDAP zuwandten (Vgl. *Wacker* 1980, 451) – für den propagandistischen Massenerfolg nicht gerade als relevant bezeichnet werden. Ein Blick auf die Motive für den Eintritt kann diese Aussage noch erhärten. Theodor Geiger kommentierte diesen Vorgang Anfang der dreißiger Jahre wie folgt: »Die besoldeten [!] und zum großen Teil kasernierten Kampfgarden der Partei haben in nicht geringer Zahl erwerbslose Arbeiter angeworben, auch ehemalige Rotfrontkämpfer aufgenommen. [...] Diese Erscheinungen sagen nichts über die Haltung der Arbeiterschaft aus. Der Arbeitslose sucht sein Brot, wo er es findet, seine Handlungsweise pflegt begreiflicherweise oft mehr durch die Not als durch Überzeugung bestimmt zu sein.« (Zit. nach *Wacker* 1980, 453 f.) Vergegenwärtigt man sich diesen Sachverhalt, so wird die Aussage vom weltanschaulichen Idealismus ebenso zur Phrase wie die Angaben Hitlers, mit den oben genannten massenpsychologischen Mitteln »sei es ihm gelungen [...], viele gute Elemente der Arbeiterbevölkerung für die Bewegung zu gewinnen [...]« (*Picker* 1963, 262.)
64 Vgl. *Gossweiler* 1980, 120 f.
65 Vgl. *Kühnl* 1966, 78.
66 Ebd. 72.
67 Ebd. 72.
68 Vgl. ebd. 67.
69 Vgl. ebd. 67 ff.
70 Vgl. hierzu eine Reihe aufschlußreicher Schlüsseldokumente: Denkschrift Hitlers für Industrielle vom 22. Oktober 1922 (Auszüge abgedruckt in: *Hörster-Philipps* 1978, 35 ff., voller Wortlaut bei *Tyrell* 1969, 45–55); Rede A. Hitlers vor den Mitgliedern des »Hamburger Nationalklubs von 1919« am 28. Februar 1926 (Auszüge abgedruckt in: *Hörster-Philipps* 1978, 60 f.); *Der Weg zum Wiederaufstieg*, Denkschrift Hitlers, angefertigt für Emil Kirdorf im August 1927 (Vollständiger Text bei *Turner* 1972, 47–59); Rede Hitlers vor dem Düs-

seldorfer Industrie-Klub am 27. Januar 1932 (Gekürzter Wortlaut in: *Klöss* 1967, 55–74).

71 Pointiert merkte dazu in einer »im schönsten und fruchtbarsten Sinne summarischen Arbeit« (Bloch) J. Schumacher an: »An allem Übel ist nur der Jude schuld, und der ist geborener Bolschewist. Hat man diesen kaltgestellt, so sind die äußeren Juden und Bolschewisten schuld«. (*Schumacher* (1937) 1978, 60). Der Propaganda aber war es, wie Kershaw in seiner detaillierten Regionalstudie über »Antisemitismus und Volksmeinung« bilanziert, zu keiner Zeit gelungen »den traditionell noch stark vorhandenen, aber überwiegend nur latenten und passiven Antisemitismus zum Kristallisationskern eines allgemeinen Radikalismus und ideologischen Aktivismus zu machen.« (*Kershaw* 1979, 345).

72 *Fiddikow* 1943, 11.

73 *Boelcke* 1967, 337.

74 Vgl. auch *Bohse* 1973, 226.

75 Vgl. hierzu z.B. Goebbels' Leitartikel in: *Das Reich* vom 31. 5. 1942; 23. 8. 1942; 18. 10. 1942 und 15. 11. 1942. Im Artikel vom 31. 5. 1942 hieß es unter der Überschrift »Wofür?« u.a.: »[...] Heute weiß jeder deutsche Soldat, Arbeiter und Bauer, wofür wir kämpfen und arbeiten. Das ist ein Krieg für Thron und Altar, es ist ein Krieg für Getreide und Brot für einen vollgedeckten Mittags- und Abendtisch [...], ein Krieg um Rohstoffe, um Gummi, um Eisen und Erze.«

76 *Boelcke* 1967, 341.

77 *Boelcke* 1967, 331.

78 *Fiddikow* 1943, 9.

79 Ebd., 13.

80 Ebd., 10.

81 Ebd., 12.

82 Ebd., 13.

83 Ebd., 9.

84 Ebd., 11.

85 Ebd., 9.

86 Vgl. *Boberach* 1984, Bd. 14, 5532ff.

87 Ebd., 5533.

88 Vgl. *Kershaw* 1979, 343ff.

89 Vgl. *Kühnl* 1979, 177.

90 *Fiddikow* 1943, 17.

91 Ebd., 30.

92 Ebd., 21.

93 Vgl. *Bleyer* 1970, 19.

94 *Fiddikow* 1943, 21.

95 Vgl. *Löwenthal/Gutermann* 1966, 37.

96 *Fiddikow* 1943, 21.

97 *Moltmann* 1964, 37.

98 *Müller* 1964, 7.

99 Ebd., 143.

100 *Moltmann* 1964, 37.

101 *Benjamin* 1963, 48.

102 *Haug* 1971, 171.

103 *Brecht* 1967, Bd. 20, 226.

104 *Fiddikow* 1943, 19.

105 Ebd., 25.
106 *Bleyer* 1970, 104.
107 Ebd., 140.
108 Ebd., 109.
109 Vgl. hierzu *Broszat,* in: *Bayern in der NS-Zeit* 1977, Bd. I, 16. S. neuerdings auch die wirkungsgeschichtliche Analyse des »Führermythos« von Kershaw (*Kershaw* 1980).
110 *Fiddikow* 1943, 29.
111 Vgl. *Voigt* 1975, 231–260.
112 Nach Angaben von Hans Domizlaffs, dem »wichtigsten Theoretiker der Markenwerbung in Deutschland« (Voigt), soll Goebbels dessen Buch *Propagandamittel der Staatsidee* fast auswendig gekannt haben. (Vgl. *Voigt* 1975, 240).
113 *von Borresholm* 1949, 115.
114 *Voigt* 1975, 250. Vgl. auch *Berning* 1964, 83 und *Bramsted* 1971, 280ff.
115 Zit. nach *Hamerski* 1960, 292.
116 *von Schirach* 1938, 22.
117 Zit. nach *Stern* 1978, 106.
118 Zit. nach *Bracher/Sauer/Schulz* (1962) 1974, Bd. 3, 366. Eine subtile Ehrenrettung Schmitts unternimmt *Maschke* 1980, 204ff.
119 Vgl. *Weißbecker* 1973, 118.
120 *Kühnl* 1971, 88.
121 *Kühnl* 1971, 87.
122 Zur Entstehung dieses »modernen« und keineswegs »archaischen« Gesetzes vgl. *Mason* 1974, 322–351.
123 Vgl. *von Saldern* 1979, 216.
124 *Kühnl* 1971, 88f.
125 Vgl. *Kershaw* 1980, 44.
126 *Heise* 1964, 205.
127 *Heller* 1978, 141.
128 Vgl. *Fromm* 1980, 252.
129 *Adorno* (1951) 1971, 50.
130 *Fromm* 1936, 110ff.
131 Vgl. ebd.
132 *Westphal* 1965, 34.
133 Vgl. dazu *Wacker* 1979, 125f.
134 *Fiddikow* 1943, 31.
135 Ebd., 8.
136 Ebd., 29. Vgl. auch die Seiten 7, 14, 17, 18, 20, 21, 26, 27, 30.
137 *Fiddikow* 1943, 22.
138 Vgl. Brechts Satire: Das Bankkonto des Führers.
139 Goebbels zum »Führergeburtstag« 1943, zit. nach *Bramsted* 1971, 308.
140 *Reich* 1933, 46.
141 *Schnell* 1978, 31.
142 Ebd.
143 Aufschlußreich auch für die Vorgänge rhetorischer (Massen-)Kommunikation sind hier die in Kelmans klassischer Untersuchung herausgearbeiteten sozialen Komponenten im Prozeß der Überredung. (Vgl. *Kelman* 1961, 57–78).
144 Verhalten im Sinne der Compliance liegt beispielsweise vor, wenn man über einen Witz des Chefs lacht, ohne ihn eigentlich witzig zu finden. Compliance

(= Nachgeben) »beruht auf unserer Motivation, von einem Kommunikator belohnt zu werden oder zumindest Bestrafung zu vermeiden.« (*Stroebe* 1980, 295).

145 Identifizierung beruht nach Kelman auf dem Wunsch, eine akzeptable Rollenbeziehung zum Kommunikator herzustellen. Im Vordergrund steht also die Beziehungsebene, während die Inhaltsseite des Kommunikationsvorgangs sekundär bleibt. Verliebtheit in den Lehrer als Motiv des Lernens wäre ein analoges Beispiel aus dem pädagogischen Bereich. Die über Identifizierung zustandegekommenen Einstellungsänderungen sind entsprechend labil: bei veränderten Beziehungen können auch die unkritisch übernommenen Meinungen hinfällig werden.

146 Vgl. *Kershaw* 1980, 111ff.

147 Maßstab der Internalisierung ist die Glaubhaftigkeit des Kommunikators. »Die Beibehaltung der einmal übernommenen Ansichten geschieht dann auch unabhängig von der weiteren Beziehung zum Kommunikator« (*Stroebe* 1980, 294).

148 *Fiddikow* 1943, 30.

149 Vgl. z.B. die klassischen Experimente von *Asch* 1951 und 1956.

150 Vgl. *Milgram* 1963 und 1965.

151 Vgl. die Angaben Kap. III, S. 44ff.
Vgl. auch die in Goebbels' Tagebuch kolportierte Aussage des Sprechers des OKW Oberst Martin, zur »Glaubwürdigkeit« der NS-Regierung. Martin hatte erklärt, »daß das deutsche Volk der deutschen Nachrichtenpolitik gar nichts mehr glaube. Wir wären absolut in Mißkredit geraten und könnten uns noch so sehr anstrengen, die Glaubwürdigkeit der Regierung sei endgültig dahin.« (*Goebbels Tagebücher 1942/43*, 354.

152 Zur Definition des Begriffs vgl. *Cancik* 1980, 38.

153 Vgl. *Zielfelder* 1975, 185.

154 Zit. nach *Heiber* 1972, 204ff.

155 Vgl. *Stern* 1978, Kap. 10, 83–88, 90.

# LITERATUR


Abel, Karl-Dietrich (1968): Presselenkung im NS-Staat. Eine Studie zur Geschichte der Publizistik in der nationalsozialistischen Zeit, Berlin.

Abendroth, Wolfgang (1966): Das Unpolitische als Wesensmerkmal der deutschen Universität. In: Nationalsozialismus und die deutsche Universität. Universitätstage 1966, Berlin.

– (1967): Antagonistische Gesellschaft und politische Demokratie. Aufsätze zur politischen Soziologie, Neuwied und Berlin.

– (1974): Zur Rolle des Antikommunismus heute. In: Das Argument 87 (1974), 634–645.

Abendroth, Wolfgang, u. a.: Wie Faschismus entsteht – und verhindert wird. Materialien vom Antifaschistischen Kongreß Mannheim, Frankfurt (Main).

Ach, Manfred und Pentrop, Clemens (1979): Hitlers »Religion«. Pseudoreligiöse Elemente im nationalsozialistischen Sprachgebrauch, (Irmin-Edition 3) München.

Achten, Udo (1979): Illustrierte Geschichte des 1. Mai, Oberhausen.

Ackermann, Nathan W. und Jahoda, Marie (1950): Anti-Semitism and Emotional Disorder, New York.

Adam, Uwe-Dietrich (1979): Judenpolitik im Dritten Reich. Königstein/Ts.

Adorno, Theodor W. (1936): Metakritik der Erkenntnistheorie, Stuttgart.

– (1942): Reflexionen zur Klassentheorie. In: Gesammelte Schriften 8, Frankfurt (Main) 1972, 373–391.

– (1946): Anti-Semitism and Fascist Propaganda. In: Ders., Gesammelte Schriften, Bd. 8, Frankfurt (Main) 1972, 397–407.

– (1951): Die Freudsche Theorie und die Struktur der faschistischen Propaganda. In: Ders., Kritik. Kleine Schriften zur Gesellschaft, Frankfurt (Main) 1971, 34–66. Zuerst in englischer Sprache unter dem Titel: Freudian Theory and the Pattern of Fascist Propaganda. in: Roheim, G. (Hrsg.), Psychoanalysis and the Social Sciences. Vol. 3, New York 1951, 279 ff.- Deutsche Übersetzung zuerst in: Psyche 24 (1970), 486 ff.

– (1951 a): Minima Moralia. Frankfurt (Main) 1969.

– (1955): Zum Verhältnis von Soziologie und Psychologie. In: Sociologica I. Aufsätze. Max Horkheimer zum sechzigsten Geburtstag, Frankfurt (Main) 1955, 11–45.

– (1959): Starrheit und Integration. In: Psychologische Rundschau 10 (1959), H. 4, 292–294.

– (1959 a): Was bedeutet: Aufarbeitung der Vergangenheit. in: Ders., Eingriffe, Frankfurt (Main) 1963.

– (1960): Meinung, Wahn, Gesellschaft. In: Ders., Eingriffe. Neun Kritische Modelle, Frankfurt (Main) 1963, 147–172.

– (1962): Sociologica II. Reden und Vorträge, Frankfurt (Main).

– (1963): Eingriffe, Frankfurt (Main).
– (1964): Moments musicaux. Neu gedruckte Aufsätze 1928 bis 1962, Frankfurt (Main).
– (1966): Negative Dialektik, Frankfurt (Main).
– (1966a): Postscriptum. In: KZfSS 18 (1966), H. 1, 37–42.
– (1968): Einleitung in die Musiksoziologie, Reinbek.
– (1969): Dissonanzen. Göttingen.
– (1969a): Stichworte, Frankfurt (Main).
– (1969b): Einleitungsvortrag zum 16. Deutschen Soziologentag 1968. In: Spätkapitalismus oder Industriegesellschaft?, Stuttgart.
– (1971): Kritik. Kleine Schriften zur Gesellschaft, Frankfurt (Main).
– (1973): Studien zum autoritären Charakter, Frankfurt (Main).
Adorno, Theodor W. und Horkheimer, Max (1944): Dialektik der Aufklärung. Philosophische Fragmente, Amsterdam 1955.
Adorno, Theodor W. und Jaerisch, Ursula (1968): Zum sozialen Konflikt heute. In: Gesellschaft, Recht und Politik, Wolfgang Abendroth zum 60. Geburtstag. Neuwied und Berlin.
Adorno, Theodor W., u.a. (1950): The Authoritarian Personality, New York.
– (1953): Der autoritäre Charakter, Bde I und II. Amsterdam 1968. (Gekürzte Fassung der Bände I–III und V der »Studies in Prejudice«).
Agnoli, Johannes (1968): Zur Faschismus-Diskussion I und II. In: Berliner Zeitschrift für Politologie, 9 (1968), H. 2 und 4, 24–32 und 32–39.
Aich, Thomas (1947): Massenmensch und Massenwahn. Zur Psychologie des Kollektivismus, München.
Arendt, Hannah (1955): Elemente und Ursprünge totaler Herrschaft, Frankfurt (Main).
Arnault, Jacques (1974): Die Arbeiterklasse der USA. Frankfurt (Main).
Aronson, Shlomo (1966): Heydrich und die Anfänge des SD und der Gestapo 1931–1935. Phil. Dissertation, Berlin.
Asch, Solomon E. (1951): Effects of group pressure upon the modification and distortion of judgments. In: Guetzkow (Hrsg.), Groups, Leadership and Men, Pittsburgh 1951, 177–190.
– (1956): Studies of independence and submission to group pressure I. A minority of one against a unanimous majority. In: Psychological Monographs 70 (1956). Nr. 417.
Autorenkollektiv Wissenschaftspsychologie (1975): Materialistische Wissenschaft und Psychologie, Köln.
Balle, Hermann (1963): Die propagandistische Auseinandersetzung des Nationalsozialismus mit der Weimarer Republik und ihre Bedeutung für den Aufstieg des Nationalsozialismus, Diss. Erlangen–Nürnberg.
Baran, Paul A. (1966): Marxismus und Psychoanalyse. In: Ders., Unterdrückung und Frotschriftt. Essays, Frankfurt (Main).
Bauermann, Rolf und Rötscher, Hans-Jochen (1972): Dialektik der Anpassung, Frankfurt (Main).
Bayern in der NS-Zeit s.: Broszat, Martin, u.a.
Beier, Gerhard (1975): Das Lehrstück vom 1. und 2. Mai 1933, Frankfurt (Main).
Benjamin, Walter (1963): Das Kunstwerk im Zeitalter seiner technischen Reproduzierbarkeit, Frankfurt (Main).
Benz Wolfgang (Hrsg.) (1980): Rechtsradikalismus: Randerscheinung oder Renaissance?, Frankfurt (Main).

Berelson, Bernard R., Lazarsfeld, Paul F., McPhee, William N. (1954): Voting. A Study of Opinion Formation in a Presidential Campaign, Chicago und London.
Berghahn, Volker R. (1967): Meinungsforschung im »Dritten Reich«. Die Mundpropaganda-Aktion der Wehrmacht im letzten Kriegshalbjahr. In: Militärgeschichtliche Mitteilungen (1967), 83–119.
Bergler, Reinhold und Six, Bernd (1972): Stereotype und Vorurteile. In: C. F. Graumann (Hrsg.), Handbuch für Psychologie Bd. 7, 2. Halbband, Göttingen, 1371–1432.
Bergmann, Joachim, u. a. (1969): Herrschaft, Klassenverhältnis und Schichtung. In: Spätkapitalismus oder Industriegesellschaft?, Stuttgart.
Berlin, Jörg, u. a. (Hrsg.) (1978): Was verschweigt Fest? Analysen und Dokumente zum Hitler-Film von J. C. Fest Köln.
Berlin, Jörg (1978): Neofaschismus in der Bundesrepublik. In: Blätter für deutsche und internationale Politik, H. 5 (1978), 528–554.
Bernfeld, Siegfried, u. a. (1970): Psychoanalyse und Marxismus, Frankfurt (Main).
Berning, Cornelia (1964): Vom Abstammungsnachweis zum Zuchtwart. Vokabular des Nationalsozialismus, Berlin.
Bettelheim, Bruno und Janowitz, Morris (1950): Dynamics of Prejudice, New York.
Bettelheim, Charles (1974): Die deutsche Wirtschaft unter dem Nationalsozialismus, München.
Beyer, Wilhelm Raimund (1971): Die Sünden der Frankfurter Schule, Frankfurt (Main).
Billig, Michael (1981): Die rassistische Internationale. Zur Renaissance der Rassenlehre in der modernen Psychologie, Frankfurt (Main).
Bisky, Lothar und Froedrich, Walter (1971): Massenkommunikation und Jugend. Zur Theorie und Praxis der Massenkommunikation und ihren Einflüssen auf die sozialistische Persönlichkeitsbildung und Bewußtseinsentwicklung Jugendlicher, Berlin (DDR).
Bleuel, Peter und Klinnert, Ernst (1967): Deutsche Studenten auf dem Weg ins Dritte Reich. Ideologien-Programme-Aktionen 1918–1935, Gütersloh.
Bleyer, Wolfgang (1967): Totaler Krieg und totale Monopolmacht. Der staatsmonopolistische Verschmelzungsprozeß zwischen Monopolorgangen und faschistischem Staat im Zweiten Weltkrieg. In: ZfG 6 (1967), 896–913.
– (1970): Staat und Monopole im totalen Krieg. Der staatsmonopolistische Machtapparat und die »totale Mobilisierung« im ersten Halbjahr 1943, Berlin (DDR).
Bliersbach, Gerhard (1980): Projektionsfläche Strauss. In: Psychologie heute 7 (1980), H. 3, 20–34.
Bloch, Charles (1970): Die SA und die Krise des NS-Regimes 1934, Frankfurt (Main).
Bloch, Ernst (1962): Erbschaft dieser Zeit. Erweiterte Ausgabe, Frankfurt (Main).
– (1970): Der Nazi und die tragische Maske. In: Ders., Politische Messungen, Pestzeit, Vormärz, Frankfurt (Main), 326–330.
– (1972): Vom Hasard zur Katastrophe. Politische Aufsätze 1934–1939. Mit einem Nachwort von Oskar Negt, Frankfurt (Main).
Ernst Bloch zum 90. Geburtstag s. Horster, Detlev u. a.
Bludau, Kuno (1973): Gestapo – geheim! Widerstand und Verfolgung in Duisburg 1933–1945, Bonn–Bad Godesberg.
Boberach, Heinz (Hrsg.) (1965): Meldungen aus dem Reich. Auswahl aus den geheimen Lageberichten des Sicherheitsdienstes der SS 1939–1944, Neuwied und Berlin.

– (1971): Berichte des SD und der Gestapo über Kirchen und Kirchenvolk in Deutschland 1934–1944, Mainz.
– (1984): Meldungen aus dem Reich 1938–1945. Die geheimen Lageberichte des Sicherheitsdienstes der SS. Vollständige Texte aus dem Bestand des Bundesarchivs Koblenz. Bde 1–17, Herrsching.
Boelcke, Willi A. (Hrsg.) (1966): Kriegspropaganda 1939–1941. Geheime Ministerkonferenzen im Reichspropagandaministerium, Stuttgart.
– (1967): »Wollt Ihr den totalen Krieg?« Die geheimen Goebbels-Konferenzen 1939–1943, Stuttgart.
Bohse, Jörg (1973): Elemente von Pseudoklassenkampf in Goebbels' Rede zum »Totalen Krieg«. In: Rhetorik Ästhetik Ideologie. Aspekte einer kritischen Kulturwissenschaft, Stuttgart.
– (1976): Die heimliche Mythologie von der »Autoritären Persönlichkeit«. Zur Kritik der sozialpsychologischen und propagandaanalytischen Faschismusstudien der ›Frankfurter Schule‹ (unveröff. Manuskript), Tübingen.
– (1983): Geschichten vom einverständigen und vorauseilenden Gehorsam. Anmerkungen zu Bertolt Brechts »Furcht und Elend des Dritten Reiches». In: Programmheft des Landestheaters Württemberg–Hohenzollern (LTT), Tübingen.
– (1987): Inszenierte Kriegsbegeisterung. In: Hofgeismarer Protokolle, 36–57.
Bollmus, Reinhard (1970): Das Amt Rosenberg und seine Gegner. Studien zum Machtkampf im nationalsozialistischen Herrschaftssystem, Stuttgart.
Bonss, Wolfgang (1980): Kritische Theorie und empirische Sozialforschung. Anmerkungen zu einem Fallbeispiel. In: E. Fromm. Arbeiter und Angestellte am Vorabend des Dritten Reichs, Stuttgart.
Bonss, Wolfgang und Honneth, Axel (Hrsg.) (1982): Sozialforschung als Kritik. Zum sozialwissenschaftlichen Potential der Kritischen Theorie, Frankfurt (Main).
Borresholm, Boris von (1949): Dr. Goebbels nach Aufzeichnungen aus seiner Umgebung, Berlin.
Bracher, Karl Dietrich (1962): Stufen der Machtergreifung, Bd. 1 des Sammelwerks von Bracher/Schulz/Sauer. Die Nationalsozialistische Machtergreifung, Frankfurt (Main)–Berlin–Wien.
– (1964): Die Auflösung der Weimarer Republik, Villingen.
– (1969): Die deutsche Diktatur. Entstehung, Struktur, Folgen des Nationalsozialismus, Köln–Berlin.
Bramsted, Ernest K. (1971): Goebbels und die nationalsozialistische Propaganda 1925–1945, Frankfurt (Main).
Brandt, Gerhard (1981): Ansichten Kritischer Sozialforschung 1930–1980. In: Institut für Sozialforschung, Gesellschaftliche Arbeit und Rationalisierung. Neuere Studien aus dem Institut für Sozialforschung in Frankfurt am Main, Leviathan Sonderheft 4. 1981, Opladen.
Braun, Karl-Heinz (1978): Einführung in die Politische Psychologie. Zum Verhältnis von gesellschaftlichem und individuellem Subjekt, Köln.
– (1979): Kritk des Freudo-Marxismus. Zur marxistischen Aufhebung der Psychoanalyse, Köln,
– (1980): Kapitalistische Krise, Arbeiterbewußtsein, Persönlichkeitsentwicklung, Köln.
Brecht, Bertolt (1967): Gesammelte Werke, Bd. 20, Frankfurt (Main).
– (1973): Arbeitsjournal, 2 Bde, Frankfurt (Main).
Broszat, Martin (1969): Der Staat Hitlers, München.

– (1970): Soziale Motivation und Führerbindung des Nationalsozialismus. In: VfZ 18 (1970), 392–409.
– (1973): Soziale und psychologische Grundlagen des Nationalsozialismus. In: Deutschland. Wandel und Bestand. Eine Bilanz nach hundert Jahren, hrsg. von Edgar Joseph Feuchtwanger, München.
– (1976): Forschungen zum Verhältnis von NS-Regime und Gesellschaft. Widerstand und Verfolgung in Bayern 1933–1945. In: Vierteljahreshefte für Zeitgeschichte 24 (1976).
Broszat, Martin, u. a. (Hrsg.) (1977): Bayern in der NS-Zeit, Bd. I, Soziale Lage und politisches Verhalten im Spiegel vertraulicher Berichte, München–Wien.
– (1979–1981): -, Bd. II–IV, Herrschaft und Gesellschaft im Konflikt, Teil A–C, München–Wien.
Brückner, Peter (1972): Zur Sozialpsychologie des Kapitalismus, Frankfurt (Main).
– (1980): Das Abseits als sicherer Ort. Kindheit zwischen 1933 und 1945. Berlin.
Brückner, Peter, u. a. (1976): Faschistische Öffentlichkeit. Diskussionsbeiträge und Stellungnahmen von P. Brückner, W. Gottschalch, E. Knödler-Bunte, O. Münzberg und O. Negt. In: Ästhetik und Kommunikation 7 (1976), H. 26.
Buchheim, Hans (1965): Die SS – das Herrschaftsinstrument, Befehl und Gehorsam. In: Ders. (Hrsg.), Anatomie des SS-Staates, Bd. 1, Freiburg-Olten.
Burden, H. (1967): Die programmierte Nation. Die Nürnberger Reichsparteitage, Gütersloh.
Burke, Kenneth (1967): Die Rhetorik in Hitlers »Mein Kampf« und andere Essays zur Strategie der Überredung, Frankfurt (Main).
Burkhardt, Bernd (1980): Eine Stadt wird braun. Die nationalsozialistische Machtergreifung in der Provinz. Eine Fallstudie, Hamburg.
Cagin, B. A. (1974): Der subjektive Faktor, Köln.
Calic, Edouard (1968): Ohne Maske. Hitler-Breiting: Geheimgespräche 1931, Frankfurt (Main).
– (1982): Reinhard Heydrich. Schlüsselfigur des Dritten Reiches, Düsseldorf.
Christie, Richard (1956): Some abuses of psychology. Psychological Bulletin 53 (1956), 439–451.
– (1956a): Eysenck's treatment of the personality of communists. Psychological Bulletin 53 (1956), 411–430.
Christie, Richard und Cook, P. A. (1958): A guide to published literature relating to the authoritarian personality through 1956. Journal of Psychology 45 (1958), 171–199.
Clemenz, Manfred (1968): Theorie als Praxis? Zur Philosophie und Soziologie Theodor W. Adornos. In: Neue Politische Literatur (1968), 178–194.
– (1972): Gesellschaftliche Ursprünge des Faschismus, Frankfurt (Main).
– (1973): Ist der spätkapitalistische Staat faschistisch? In: Kursbuch 31 (1973), 1–27.
Corino, Karl (Hrsg.) (1980): Intellektuelle im Bann des Nationalsozialismus, Hamburg.
Coustade, Francis und Cadars, Pierre (1975): Geschichte des Films im Dritten Reich, München.
Cramer, Erich (1979): Hitlers Antisemitismus und die »Frankfurter Schule«. Kritische Faschismus-Theorie und geschichtliche Realität, Düsseldorf.
Cranach, Mario von, u. a. (1969): Zur Analyse des Bumerang-Effektes. Größe und Richtung der Änderung sozialer Einstellungen als Funktion ihrer Verankerung

in Wertsystemen. In: Martin Irle, u.a. (Hrsg.), Texte aus der experimentellen Sozialpsychologie, Neuwied und Berlin.
Czichon, Eberhard (1967): Wer verhalf Hitler zur Macht?, Köln.
– (1968): Der Primat der Industrie im Kartell der nationalsozialistischen Macht. In: Das Argument 47 (1968), 168–192.
Dahmer, Helmut (1971): Psychoanalyse und historischer Materialismus. In: Psychoanalyse als Sozialwissenschaft, Frankfurt (Main).
– (1973): Libido und Gesellschaft. Studien über Freud und die Freudsche Linke, Frankfurt (Main).
Damus, Renate (1969): Habermas und der ›heimliche Positivismus‹. In: SoPo Nr. 4, 1969, 22–46.
Daniel, Claus (1981): Theorien der Subjektivität. Einführung in die Soziologie des Individuums, Frankfurt (Main).
Demps, Laurenz (1973): Zahlen über den Einsatz ausländischer Zwangsarbeiter in Deutschland im Jahre 1943. In: ZfG 21 (1973), 830–843.
Deppe, Frank (1971): Das Bewußtsein der Arbeiter. Studien zur politischen Soziologie des Arbeiterbewußtseins. Mit einem Anhang von Helga Deppe-Wolfinger über »Gewerkschaftliche Jugendbildung und politisches Bewußtsein«, Köln.
Deutschland-Berichte der Sozialdemokratischen Partei Deutschlands (Sopade) 1934–1940. Neu herausgegeben und mit einem Register versehen von Klaus Behnken, Frankfurt (Main) 1980.
Deutschland im Zweiten Weltkrieg, Bd. 3 (1979): Der grundlegende Umschwung im Kriegsverlauf (November 1942 bis September 1943). Herausgegeben von einem Autorenkollektiv unter Leitung von Wolfgang Schumann, Köln.
Diederich, Rainer, u.a. (1976): Die Rote Gefahr. Antisozialistische Bildagitation 1918–1978, Berlin.
Diederich, Rainer und Grübling, Richard (1979): Sozialismus als Reklame. Zur faschistischen Fotomontage. In: Hinz, B. (1979), 123–136.
Dimitroff, Georgi (1935): Die Offensive des Faschismus und die Aufgaben der Kommunistischen Internationale im Kampf für die Einheit der Arbeiterklasse gegen den Faschismus. In: VII. Weltkongreß der Kommunistischen Internationale. Referate. Aus der Diskussion. Schlußwort. Resolutionen. Mit einem Vorwort von Max Schäfer, Frankfurt (Main) 1971, 74–138.
Dombrowski, Wolf (1979): Zwei rechts, zwei links – Erwiderung auf den Jan Peters Artikel aus der Sicht der Grünen Liste Umweltschutz Niedersachsen. In: Neofaschismus. Die Rechten im Aufwind, hrsg. von der GEW Berlin, Berlin.
Domarus, Max (1965): Hitler. Reden und Proklamationen 1932–1945. Bd. I, Triumph, erster und zweiter Halbband; Bd. II, Untergang, erster und zweiter Halbband, München.
Domarus, Wolfgang (1977): Nationalsozialismus, Krieg und Bevölkerung. Untersuchungen zur Lage, Volksstimmung und Struktur in Augsburg während des Dritten Reiches, München.
Doob, Leonard W. (1950): Goebbels' Principles of Propaganda. In: Public Opinion Quartely 1950, 419–442.
Dor, Milo und Federmann, Reinhard (1973): Der politische Witz, München.
Dröge, Franz (1970): Der zerredete Widerstand. Zur Soziologie und Publizistik des Gerüchts im 2. Weltkrieg, Düsseldorf.
Drobisch, Klaus (1960): Der Freundeskreis Himmler. In: ZfG (1960), H. 8, 304–328.

Dubiel, Helmut (1978): Wissenschaftsorganisation und politische Erfahrung. Studien zur frühen Kritischen Theorie, Frankfurt (Main).
Dudek, Peter und Jaschke, Hans-Gerd (1981): Revolte von Rechts. Anatomie einer neuen Jugendpresse, Frankfurt (Main).
– (1982): Jugend rechtsaußen. Analysen, Essays, Kritik, Bensheim.
Duncker, Hermann (1972): Der Marxsche Leitfaden zum Geschichtsstudium. In: Ders., Einführung in den Marxismus, Frankfurt (Main).
Eiber, Ludwig (1979): Arbeiter unter der NS-Herrschaft. Textil- und Prozellanarbeiter im nordöstlichen Oberfranken 1933–1939, München.
Eichholtz, Dietrich (1967): Zur Lage der deutschen Werktätigen im ersten Kriegsjahr 1939/40. In: Jahrbuch für Wirtschaftsgeschichte, 1967, Teil I.
Eichholtz, Dietrich und Gossweiler, Kurt (1968): Noch einmal. Politik und Wirtschaft 1933–1945. In: Das Argument 47 (1968), 210–227.
Eichholtz, Dietrich und Schumann, Wolfgang (1969): Anatomie des Krieges, Berlin (DDR).
Eilers, R. (1963): Die nationalsozialistische Schulpolitik, Köln–Opladen.
Eisler, Hans (1964): Arbeiter-Sänger und Musiker in Deutschland. In: Sinn und Form, Sonderheft Hans Eisler (1964) 136–151, Berlin (DDR).
Emmerich, Wolfgang (1977): ›Massenfaschismus‹ und die Rolle des Ästhetischen. Faschismustheorie bei Ernst Bloch, Walter Benjamin, Bertolt Brecht. In: Antifaschistische Literatur, Bd. 1, hrsg. von Lutz Winckler, 223–290, Kronberg/Ts.
Engels, Friedrich (1972): Herrn Eugen Dührings Umwälzung der Wissenschaft, MEW 20, 5 ff. Berlin (DDR).
– (1972): Anteil der Arbeit an der Menschwerdung des Affen, MEW 20, 444 ff. Berlin (DDR)
Entmann, Robert M. und Paletz, David L.: Eliten, Massenmedien und Meinungsklima. In Media Perspektiven 9 (1980), 605–612.
Epping, Heinz (1954): Die NS-Rhetorik als politisches Kampf- und Führungsmittel, Ihre organisatorische Entwicklung, Bedeutung und Wirkung, Diss. Münster.
Erdmann, Knut, u. a. (1979): Mobilmachung. Die Habsburger Front. Bonn–Berlin.
Erikson, Erik H. (1971): Kindheit und Gesellschaft, Stuttgart.
Ertel, Suitbert (1972): Erkenntnis und Dogmatismus. In: Psychologische Rundschau 13 (1972), 241–269.
Eyferth, Klaus (1959): Starrheit und Integration. Ein Vergleich der typologischen Forschungen von E. R. Jaensch und Th. W. Adorno. In: Psychologische Rundschau 10 (1959), 159 ff.
Eysenck, H. J. und Coulter, T. (1972): The personality and attitutdes of working class British communists and fascists. In: Journal of Social Psychology 87 (1972), 59–93.
Fabry, Philip W. (1979): Mutmaßungen über Hitler. Urteile von Zeitgenossen, Königstein/Ts (Unveränderter Nachdruck des erstmals 1969 erschienenen Werkes).
Faschismus – Getto – Massenmord. Dokumentation über Ausrottung und Widerstand der Juden in Polen während des Zweiten Weltkrieges, hrsg. vom Jüdischen Historischen Institut Warschau, Frankfurt (Main) 1960.
Faschismus in Deutschland, Faschismus der Gegenwart (1980). Mit Beiträgen von Eichholtz, Gossweiler, Ruge u. a., Köln.
Faschismusforschung (1980) [2]. Positionen, Probleme, Polemik, hrsg. von Dietrich Eichholtz und Kurt Gossweiler, Köln.

Faust, Anselm (1973): Der nationalsozialistische Deutsche Studentenbund. Studenten und Nationalsozialismus in der Weimarer Republik, Bd. 1 und 2, Düsseldorf.
Faye, Jean Pierre (1977): Totalitäre Sprachen. Kritik der narrativen Vernunft. Kritik der narrativen Ökonomie, 2 Bde, Frankfurt (Main)—Berlin.
Fiddikow (Hrsg.) (1943): Rede des Reichspropagandaleiters Reichsminister Dr. Goebbels im Berliner Sportpalast am 18. Februar 1943. Herausgegeben von der Reichspropagandaleitung der NSDAP, Hauptamt Propaganda, o. O.
Fleming, Gerald (1982): Hitler und die Endlösung. »Es ist des Führers Wunsch ...«, Wiesbaden.
Flessau, Kurt-Ingo (1979): Schule der Diktatur. Lehrpläne und Schulbücher des Nationalsozialismus, Frankfurt (Main).
Filmästhetik und Faschismustheorie (1981). Eine Kontroverse am Beispiel Syberberg. Mit Beiträgen von Burkhard Rahe, Reinhard Kühnl und Dirk Gerhard. In: Sammlung 4 (Jahrbuch für antifaschistische Literatur und Kunst), Frankfurt (Main), 119—133.
Finker, Kurt (1978): Stauffenberg und der 20. Juli 1944, Köln.
Fischer, Fritz (1979): Bündnis der Eliten. Zur Kontinuität der Machtstrukturen in Deutschland 1871—1945, Düsseldorf.
Fischer Lexikon Publizistik (1971). Hrsg. von Elisabeth Noelle-Neumann und Winfried Schulz, Frankfurt (Main).
Förster, Gerhard (1967): Totaler Krieg und Blitzkrieg. Die Theorie des totalen Krieges und des Blitzkrieges in der Militärdoktrin des faschistischen Deutschlands am Vorabend des Zweiten Weltkrieges. Militärische Studien 10 N. F., Berlin (DDR).
Fraenkel, Ernst (1974): Der Doppelstaat. Frankfurt (Main)—Köln.
Fraenkel, Heinrich und Manvell, Roger (1960): Goebbels. Eine Biographie, Köln.
Freud, Sigmund (1921): Massenpsychologie und Ich-Analyse. In: Ders., Gesammelte Werke (1940 ff.), Bd. xIII, 72—161.
Freyhold, Michaela von (1971): Autoritarismus und politische Apathie, (Frankfurter Beiträge zur Soziologie, Bd. 22) Frankfurt (Main).
Friedrich, Carl Joachim (1857): Totalitäre Diktatur, Stuttgart.
Friemert, Chup (1972): Das Amt »Schönheit der Arbeit«. In: Das Argument 72 (1972), 258—275.
– (1980): Produktionsästhetik im Faschismus. Das Amt »Schönheit der Arbeit« von 1933 bis 1939, München.
Fröhlich, Elke (1980): Gegenwärtige Forschungen zur Herrschaft- und Verhaltensgeschichte in der NS-Zeit. Das Projekt »Widerstannd und Verfolgung in Bayern 1933—1945« des Instituts für Zeitgeschichte. In: Kleßmann, Christoph, u. a. (Hrsg.), Gegner des Nationalsozialismus, Frankfurt (Main)—New York, 27—34.
Fromm, Erich (1932): Über Methode und Aufgabe einer analytischen Sozialpsychologie. Bemerkungen über Psychoanalyse und historischen Materialismus, In: Ders., Analytische Sozialpsychologie und Gesellschaftstheorie, Frankfurt (Main), 9—40.
– (1936): Sozialpsychologischer Teil der Studien über Autorität und Familie. In: Studien über Autorität und Familie, Bd. 1, Paris, 77—135.
– (1937): Zum Gefühl der Ohnmacht. In: ZfS 6 (1937), 95—119.
– (1960): Der moderne Mensch und seine Zukunft, Frankfurt (Main).
– (1963): Das Menschenbild bei Marx, Frankfurt (Main).
– (1966): Die Furcht vor der Freiheit, Frankfurt (Main).
– (1970): Analytische Sozialpsychologie und Gesellschaftstheorie, Frankfurt (Main).

– (1980): Arbeiter und Angestellte am Vorabend des Dritten Reiches. Eine sozialpsychologische Untersuchung, Stuttgart.
Funk Rainer (1978): Mut zum Menschen. Erich Fromms Denken und Werk, seine Humanistische Religion und Ethik (Mit einem Gesamtverzeichnis der Schriften von Erich Fromm), Stuttgart.
Gamm, Hans-Jochen (1962): Der braune Kult. Das Dritte Reich und seine Ersatzreligion. Ein Beitrag zur politischen Bildung, Hamburg.
– (1966): Der Flüsterwitz im Dritten Reich, München.
Gente, Hans-Peter (Hrsg.) (1970 u. 1972): Marxismus, Psychoanalyse, Sexpol, Bde 1 u. 2, Frankfurt (Main)
Gerhard, Uta (1965): Rezension von ›The Authoritarian Personality‹. In: Das Argument 32 (1965), 50–52.
Geschichte der deutschen Arbeiterbewegung in 15 Kapiteln. Hrsg. vom Institut für Marxismus-Leninismus beim Zentralkomitee der SED, Berlin (DDR) 1966.
Gesellschaft. Beiträge zur Marxschen Theorie 6 (1976). Hrsg. von H. G. Backhaus. u. a., Frankfurt (Main)
Goebbels, Josef (1929): Michael. Ein deutsches Schicksal in Tagebuchblättern, München.
– (1941): Die Zeit ohne Beispiel, München.
– (1943a): Vom Kaiserhof zur Reichskanzlei. Eine historische Darstellung in Tagebuchblättern (vom 1. Januar 1932 bis zum 1. Mai 1933), München
– (1943b): Kampf um Berlin, München.
– (1943c): Das eherne Herz, München.
– (1943d): Dreißig Kriegsartikel für das Deutsche Volk, München.
– (1960): Das Tagebuch von Joseph Goebbels 1925/26. Mit weiteren Dokumenten hrsg. von Helmut Heiber, Stuttgart.
– (1948): Goebbels Tagebücher 1942/43. Mit anderen Dokumenten hrsg. von Louis P. Lochner, Zürich.
– (1977): Goebbels Tagebücher 1945. Die letzten Aufzeichnungen. Einführung von Rolf Hochhuth, Hamburg.
Gossweiler, Kurt (1963): Die Rolle der Monopolbourgeosie bei der Herbeiführung der Röhm-Affäre, Diss. Berlin (Humboldt-Univ.).
– (1966): Die Röhmaffäre von 1934 und die Monopole. In: Monopole und Staat in Deutschland 1917–1945, 151–161.
– (1978): Faschismus und antifaschistischer Kampf. Mit einem Aufsatz von Horst Stuckmann: Rechtsentwicklung und Neofaschismus in der BRD, Frankfurt (Main).
– (1980): Faschismus und Arbeiterklasse. In: Faschismusforschung, 99–123.
Gossweiler, Kurt; Kühnl, Reinhard; Opitz, Reinhard (1972): Faschismus – Entstehung und Verhinderung. Material zur Faschismus-Diskussion (Texte zur Demokratisierung, H. 4), Frankfurt (Main).
Goth, Joachim und Rager, Günther: Manipulation – Ideologie. In: Sozialwissenschaftliche Informationen für Unterricht und Studium 3 (1974), H. 3, 83–88.
Gottschalch, Wilfried, u. a. (1972): Sozialisationsforschung. Materialien, Probleme, Kritik. Frankfurt (Main), 5. Aufl.
Grasmann, Peter (1976): Sozialdemokraten gegen Hitler 1933–1945, München.
Greffrath, Matthias (Hrsg.) (1979): Die Zerstörung einer Zukunft. Gespräche mit emigrierten Sozialwissenschaftlern, Reinbek.
Greiffenhagen, Martin (1972): Der Totalitarismusbegriff in der Regimenlehre. In: Ders., u. a., Totalitarismus, München.

Grieswelle, Detlev (1972): Propaganda der Friedlosigkeit. Eine Studie zu Hitlers Rhetorik 1920–1933, Stuttgart.
Grundlagen der marxistischen Philosophie (1960), Berlin (DDR).
Günther, Hans (1935): Der Herren eigener Geist. Die Ideologie des Nationalsozialismus, Moskau—Leningrad. Neuauflage Berlin (DDR) 1984.
Habermas, Jürgen (1961): Einleitung zu: Habermas/Friedeburg/Oehler/Weltz, Student und Politik, Neuwied und Berlin.
– (1953): Theorie und Praxis, Neuwied und Berlin.
– (1968): Technik und Wissenschaft als »Ideologie«, Frankfurt (Main).
– (1969): Protestbewegung und Hochschulreform, Frankfurt (Main).
– (1971): Theodor W. Adorno wäre am 11. September 66 Jahre alt geworden, In: Th. W. Adorno zum Gedächtnis, hrsg. von Hermann Schweppenhäuser, Frankfurt (Main).
Hadamowski, Eugen (1933): Propaganda und nationale Macht. Die Organisation der öffentlichen Meinung für die nationale Politik, Oldenburg.
Hagemann, Jürgen (1970): Die Presselenkung im Dritten Reich, Bonn.
Hagemann, Walter (1948): Publizistik im Dritten Reich. Ein Beitrag zur Methodik der Massenführung, Hamburg.
Hahn, Erich (1969): Zur Auseinandersetzung zwischen marxistischer und bürgerlicher Ideologietheorie. Eine Betrachtung zum XIV. Internationalen Kongreß für Philosophie 1968, Berlin (DDR).
– (1974): Theoretische Probleme der marxistischen Soziologie, Köln.
Hallgarten, George W. F. (1955): Hitler, Reichswehr und Industrie. Zur Geschichte der Jahre 1918–1933, Frankfurt (Main), 3. Aufl.
– (1974): Deutsche Industrie und Politik von Bismarck bis heute, Frankfurt (Main).
Hamerski, Werner (1960): »Gott« und »Vorsehung« im Lied und Gedicht des Nationalsozialismus. In: Publizistik 5 (1960), 280–300.
Handke, Horst (1966): Zur Rolle der Volkswagenpläne bei der faschistischen Kriegsvorbereitung. In: Der deutsche Imperialismus und der Zweite Weltkrieg, Berlin, 133–151.
Hano, Horst (1963): Die Taktik der Pressepropaganda des Hitlerregimes 1943–1945. Eine Untersuchung auf Grund unveröffentlichter Dokumente des Sicherheitsdienstes und des Reichsministeriums für Volksaufklärung und Propaganda, München.
Hansen, Klaus (Hrsg.) (1981): Frankfurter Schule und Liberalismus, Baden-Baden.
Hardach, Gerd und Kühnl, Reinhard (Hrsg.) (1977): Zerstörung der Weimarer Republik, Köln.
Harlan, Veit (1966): Im Schatten meiner Filme. Selbstbiografie, hrsg. und mit einem Nachwort versehen von H. C. Opfermann, Gütersloh.
Haug, Wolfgang F., u. a. (1965): Ideologische Komponenten in den Theorien über den Faschismus. In: Das Argument 33 (1965), 1–34.
– (1967): Der hilflose Antifaschismus, Frankfurt (Main).
– (1971): Kritik der Warenästhetik, Frankfurt (Main).
– (1986): Die Faschisierung des bürgerlichen Subjekts. Die Ideologie der gesunden Normalität und die Ausrottungspolitiken im deutschen Faschismus, Berlin.
Haupt, Heinz-Gerhard (Hrsg.) (1978): »Bourgeois und Volk zugleich«? Zur Geschichte des Kleinbürgertums im 19. und 20. Jahrhundert, Frankfurt (Main)—New York.
Hauser, Albert: Sozialismus in braun! o. O. o. J.

Hautsch, Gert (1974): Faschismus und Faschismus-Analysen. Zur Auseinandersetzung mit einigen Theorien und Pseudo-Theorien, Frankfurt (Main).
Heiber, Helmut (Hrsg.) (1960): Das Tagebuch des Joseph Goebbels 1925/26, Stuttgart.
– (1962): Joseph Goebbels, Berlin (Taschenbuchausgabe München 1965)
– (1971): Goebbels Reden, Bd. 1, 1932–1939, Düsseldorf.
– (1972): Goebbels Reden, Bd. 2, 1939–1945, Düsseldorf.
Heintz, Peter (1957): Zur Problematik der »Autoritären Persönlichkeit«. In: KZfSS 9 (1957), 28–49.
Heise, Wolfgang (1961): Antisemitismus und Antikommunismus 9 (1961), H. 12, 1423 ff.
– (1964): Aufbruch in die Illusion. Zur Kritik der bürgerlichen Philosophie in Deutschland, Berlin.
Heller, Agnes (1977): Aufklärung und Radikalismus. Kritik der psychologischen Anthropologie Fromms. In: Dies., Instinkt, Aggression, Charakter, Berlin.
– (1978): Das Alltagsleben. Versuch einer Erklärung der individuellen Reproduktion, Frankfurt (Main).
Hennig, Eike (1970): Industrie und Faschismus. Anmerkungen zur sowjetmarxistischen Interpretation. In: NPL (1970), H. 4, 432–449.
– (1975): Faschistische Öffentlichkeit und Faschismustheorien. Bemerkungen zu einem Arbeitsprogramm. In: Ästhetik und Kommunikation 20 (1975), 107–117.
– (1977): Bürgerliche Gesellschaft und Faschismus in Deutschland. Ein Forschungsbericht, Frankfurt (Main).
Henning, Günther, u. a. (1978): Die Gewalt der Verneinung. Kritische Theorie und ihre Folgen, Stuttgart.
Herbst, Ludolf (1982): Der Totale Krieg und die Ordnung der Wirtschaft, Stuttgart.
Hess, Gerhard (1968): Die deutsche Universität, 1930–1970, Neuwied.
Hiebsch, Hans und Vorwerg, Manfred (1975): Einführung in die marxistische Sozialpsychologie, Berlin (DDR).
Hilberg, Paul (1982): Die Vernichtung der europäischen Juden. Die Gesamtgeschichte des Holocaust, Berlin.
Hildebrand, Klaus (1971): Deutsche Außenpolitik. Kalkül oder Dogma? Stuttgart.
Hilferding, Rudolf (1968): Das Finanzkapital, Frankfurt (Main).
Hinkelammert, Franz J. (1976): Die Radikalisierung der Christdemokraten. Vom parlamentarischen Konservativismus zum Rechtsradikalismus, Berlin.
Hinz, Berthold (1974): Die Malerei im deutschen Faschismus, Kunst und Konterrevolution, München.
Hinz, Berthold, u. a. (Hrsg.) (1979): Die Dekoration der Gewalt. Kunst und Medien im Faschismus, Gießen.
Hitler, Adolf (1930): Mein Kampf. Zwei Bände in einem Band. München.
Hirche, Kurt (1964): Der »braune« und der »rote« Witz, Düsseldorf.
Hirsch, Kurt (1960): Die Blutlinie. Ein Beitrag zur Geschichte des Antikommunismus in Deutschland, Frankfurt (Main).
Hirschfeld, Gerhard und Kettenacker, Lothar (1981): Der »Führerstaat«. Mythos und Realität. Studien zur Struktur und Politik des Dritten Reiches, Stuttgart.
Hochhuth, Rolf (1977): Goebbels in seinen Tagebüchern. Einführung zu: Joseph Goebbels Tagebücher 1945. Die letzten Aufzeichnungen, Hamburg, 13–51.
Hochmuth, Ursel (1973): Faschismus und Widerstand. Ein Verzeichnis deutschsprachiger Literatur, Frankfurt (Main).
Höffken, Heinz-Werner und Sattler, Martin (1980): Rechtsextremismus in der Bun-

desrepublik Deutschland. Die »Alte«, die »Neue« Rechte und der Neonazismus, Opladen.
Höhne, Heinz (1967): Der Orden unter dem Totenkopf. Die Geschichte der SS, Gütersloh.
Hofmann, Werner (1967): Stalinismus und Antikommunismus. Zur Soziologie des Ost-West-Konflikts, Frankfurt (Main).
Hörster-Philipps, Ulrike (1978): Wer war Hitler wirklich? Großkapital und Faschismus 1918–1945. Dokumente, Köln.
Holzkamp-Osterkamp, Ute (1977): Die Übereinstimmung/Diskrepanz zwischen individuellen und gesellschaftlichen Zielen als Bestimmungsmoment der Vermittlung zwischen kognitiven und emotionalen Prozessen. In: Karlheinz Braun und Klaus Holzkamp (Hrsg.), Kritische Psychologie. Bericht über den 1. Internationalen Kongreß Kritische Psychologie vom 13.–15. Mai 1977 in Marburg, Bd. 2, Köln, 71–88.
– (1982): Faschistische Ideologie und Psychologie. In: Forum Kritische Psychologie 9. Handlungstheorie, Anthropologie, Theorie-Praxis, Faschismus (Argument Sonderband AS 72), Berlin, 155–170.
Horkheimer, Max (1936a): Autorität und Familie. In: Kritische Theorie, Bd. 1., Frankfurt (Main) 1968, 277–360.
– (1936b): Egoismus und Freiheitsbewegung. In: Ders., Kritische Theorie, Bd. 2, Frankfurt (Main), 1–81.
– (1939): Autoritärer Staat. In: Ders., Die Juden und Europa – Autoritärer Staat – Vernunft und Selbsterhaltung, Amsterdam 1967. (Jetzt auch in: Ders., Gesellschaft im Übergang. Aufsätze, Reden und Vorträge 1942–1970, Frankfurt/Main 1972 und in: Wirtschaft, Recht und Staat im Nationalsozialismus. Analysen des Instituts für Sozialforschung 1939–1942. Hrsg. von H. Dubiel und A. Söllner, Frankfurt/Main 1981, 55–79).
– (1939a): Die Juden und Europa. In: ZfS 8.1939, 115–137.
– (1954): Zur Psychologie des Totalitären. In: Offene Welt (1954), H. 30, 49–56.
Horkheimer, Max und Adorno, Theodor W. (1952): Vorurteil und Charakter. In: Frankfurter Hefte (1952), 284–291.
Horn, Klaus (1969): Politische Psychologie – Erkenntnisinteresse, Themen und Materialien. In: Gisela Kress und Dieter Senghaas (Hrsg.), Politikwissenschaft. Eine Einführung in ihre Probleme, Frankfurt (Main).
– (1970): Sozialpsychologische Aspekte des Faschismus. In: Fascism and Europe. An International Symposion. Prague 28th–29th August 1969, Vol. II, edited by the Institute of History, Czechoslovak Academy of Sciences, February 1970, 107–151.
– (1972): Psychoanalyse – Anpassungslehre oder Kritische Theorie des Subjekts. In: H. P. Gente (Hrsg.), Marxismus, Psychoanalyse, Sexpol, Bd. 2, Frankfurt (Main).
– (1974): Zur politischen Psychologie des Faschismus in Deutschland. In: R. Kühnl, Texte zur Faschismusdiskussion 1, Reinbek, 164–175.
Horn, Wolfgang (1980): Der Marsch zur Machtergreifung. Die NSDAP bis 1933, Königstein/TS.
Horster, Detlev. u. a. (1975): Ernst Bloch zum 90. Geburtstag. Es muß nicht immer Marmor sein. Berlin.
Huar, Ulrich (1968): Zu Inhalt und Methodik der Meinungsmanipulierung im staatsmonopolistischen System des Hitlerfaschismus in der Periode des grund-

den Umschwungs im zweiten Weltkrieg und ihren Wandlungen. Oec. Diss. Berlin (DDR).
Hubatsch, Walter (1963): Kriegswende 1943, Darmstadt.
Hüttenberger, Peter (1980): Bibliographie zum Nationalsozialismus (Arbeitsbücher zur modernen Geschichte 8) Göttingen.
Hund, Wulf und Kirchhoff-Hund, Bärbel (1980): Soziologie der Kommunikation. Arbeitsbuch zu Struktur und Funktion der Medien, Reinbek.
Hundhausen, Carl (1975): Propaganda. Grundlagen – Prinzipien – Materialien – Quellen, Essen.
Jäckel, Hartmut (1966): »Meldungen aus dem Reich«. Die deutsche Heimatfront 1939–1945. In: Der Monat Nr. 212 (1966), 48–57.
Jacobsen, Hans-Adolf (1959): Der zweite Weltkrieg in Chronik und Dokumenten, Darmstadt.
Jaerisch, Ursula (1975): Sind Arbeiter autoritär? Zur Methodenkritik politischer Psychologie, Frankfurt (Main).
Jay, Martin (1976): Dialektische Phantasie. Die Geschichte der Frankfurter Schule und des Instituts für Sozialforschung 1923–1950, Frankfurt (Main).
Jens, Walter (1969): Von deutscher Rede, München.
– (1973): Fernsehen – Themen und Tabus, München.
– (1977): Eine deutsche Universität. 500 Jahre Tübinger Gelehrtenrepublik, München.
– (1981): Ort der Handlung ist Deutschland: Reden in erinnerungsfeindlicher Zeit, München.
Kaiser, Peter M. (1975): Monopolprofit und Massenmord im Faschismus, In: Blätter für deutsche und internationale Politik 20 (1975), H. 5, 552–577.
Kater, Miachael H. (1971): Zur Soziographie der frühen NSDAP. In: VfZG 19 (1971), 124–158.
Katz, Elihu; Lazarsfeld, Paul F. (1962): Persönlicher Einfluß und Meinungsbildung, Berlin.
Kaul, Friedrich Karl (1965): Der Fall des Herschel Grynszpan, Berlin (DDR):
Keil, Wilhelm (1948): Erlebnisse eines Sozialdemokraten, 2 Bde, Stuttgart.
Keiler, Peter; Stadler, Michael (Hrsg.) (1978): Erkenntnis oder Dogmatismus? Kritik des »Dogmatismus« – Konzepts, Köln.
Kelman, Herbert C. (1961): Processes of opinion change. In: Public Opinion Quarterly 25 (1961), 57–78.
Kelsen, Hans (1922): Der Begriff des Staates und die Sozialpsychologie 8 (1922), H. 2, 97–141.
Kennzeichen J (1979): Bilder, Dokumente, Berichte zur Geschichte der Verbrechen des Hitlerfaschismus an den deutschen Juden 1933–1945, hrsg. v. Helmut Eschwege, Frankfurt (Main).
Kershaw, Ian (1979): Antisemitismus und Volksmeinung. Reaktionen auf die Judenverfolgung. In: Bayern in der NS-Zeit, Bd. II, München–Wien, 281–348.
– (1980): Der Hitler-Mythos. Volksmeinung und Propaganda im Dritten Reich. Mit einer Einführung von Martin Broszat, Stuttgart.
Kirscht, John P., Dillehay, John C. (1967): Dimensions of authoritarianism: a review of research and theory, Lexington.
Klaus, Georg (1971): Sprache und Politik, Berlin (DDR).
– (1972): Die Macht des Wortes. Ein erkenntnistheoretisch – pragmatischer Traktat, Berlin (DDR).

Klein, Fritz (1953): Zur Vorbereitung der faschistischen Diktatur durch die deutsche Großbourgeoisie (1929–1932). In: ZfG 1953, 872–904.
Kleßmann, Christoph (Hrsg.) (1980): Gegner des Nationalsozialismus. Wissenschaftler und Widerstandskämpfer auf der Suche nach historischer Wirklichkeit, Frankfurt (Main)–New York.
Klönne, Arno (1957): Gegen den Strom. Bericht über den Jugendwiderstand im Dritten Reich, Hannover.
Klöss, Erhard (Hrsg.) (1967): Reden des Führers. Politik und Propaganda Adolf Hitlers 1922–1945, München.
Koebner, T., R.-P. Janz und F. Trommler (1985): »Mit uns zieht die neue Zeit«. Der Mythos Jugend. Frankfurt/Main.
Kon, I. S. (1971): Soziologie der Persönlichkeit, Köln.
Kotze, Hildegard von, Krausnick, Helmut (Hrsg.) (1966): »Es spricht der Führer«. 7 exemplarische Hitlerreden, Gütersloh.
Koszyk, Kurt; Pruys, Karl H. (1969): dtv-Wörterbuch zur Publizistik, München.
Kramer, Dieter (1975): Freizeit und Reproduktion der Arbeitskraft, Köln.
Krause, Dieter (1971): Noch einmal: Was ist Ideologie? Ideologiekritik als Absage an die Aufklärung. In: Das Argument 66 (1971), 523–550.
Krause, Fritz (1975): Die Zeitschrift »Das III. Reich« – ihr Anspruch und die Wirklichkeit. In: Marxistische Blätter 13 (1975), 50–56.
Kraushaar, Luise (1964): Zur Tätigkeit und Wirkung des »Deutschen Volkssenders« (1941–1945). In: Beiträge zur Geschichte der Arbeiterbewegung, H. 1, 1964, 116–133.
Krausnick, Helmut (1977): »Kommissarbefehl« und »Gerichtsbarkeitserlaß Barbarossa« in neuer Sicht. In: Vierteljahreshefte für Zeitgeschichte 25 (1977), 682–738.
Krausnick, Helmut; Wilhelm, Hans Heinrich (1981): Die Truppe des Weltanschauungskrieges. Die Einsatzgruppen der Sicherheitspolizei und des SD 1938–1942, Stuttgart.
Kröll, Friedhelm (1980a): Rechtspolitischer Kommunalismus. Zu einem Aspekt der ideologisch-politischen Tätigkeit der CSU. In: Sozialliberalismus oder rechter Populismus. Argument Sonderband AS 51, Berlin.
– (1980b): Vereinsstruktur und ideologische Hegemonie. Forschungsaspekte. In: W. F. Haug u. K. Maase (Hrsg.), Materialistische Kulturtheorie und Alltagskultur, Argument Sonderband AS 47, Berlin.
Kuczynski, Jürgen (1964): Die Geschichte der Lage der Arbeiter unter dem Kapitalismus. Band 6: Unter dem Faschismus, Berlin.
Kühnl, Reinhard (1966): Die nationalsozialistische Linke 1925–1930, Meisenheim am Glan.
– (1966a): Das Dritte Reich in der Presse der Bundesrepublik. Kritik eines Geschichtsbildes, Frankfurt (Main).
– (1969): Deutschland zwischen Demokratie und Faschismus, München.
– (1971): Formen bürgerlicher Herrschaft (1). Liberalismus – Faschismus, Reinbek.
– (1972): Zur politischen Funktion der Totalitarismustheorien in der BRD. In: Martin Greiffenhagen, u. a.: Totalitarismus. Zur Problematik eines politischen Begriffs, München, 7–21.
– (1972a): »Linke« Totalitarismusversionen. In: ebd., 95–119.
– (Hrsg.) (1974): Texte zur Faschismusdiskussion 1, Reinbek.

– (1974a): Probleme einer Theorie über den deutschen Faschismus. In: Jahrbuch des Instituts für Deutsche Geschichte, III, Tel-Aviv.
– (1975): Der deutsche Faschismus in Quellen und Dokumenten, Köln.
– (1976): Die geistige Krise der kapitalistischen Gesellschaft, Köln.
– (1978): Aspekte der Faschismusdiskussion. Historische Aufarbeitung und aktuelle Bedeutung. In: Blätter für deutsche und internationale Politik 23, 531–549.
– (1979): Faschismustheorien. Texte zur Faschismusdiskussion 2. Ein Leitfaden, Reinbek.
– (1980): Faschismus – Ursachen und Folgen. In: Abendroth u.a., 21–30 und 44–51.
– (1980a): Über den Zusammenhang zwischen ökonomischen Krisen und politischem Verhalten. In: K.H. Braun u.a., 122–134.
Kühnl Reinhard und Karen Schönwälder (Hrsg.): Sie reden vom Frieden und rüsten zum Krieg, Köln 1986.
Laboor, Ernst (1961): Der Kampf der deutschen Arbeiterklasse gegen Militarismus und Kriegsgefahr 1927–1929, Berlin (DDR).
Lang, Jochen von (1982): Das Eichmann Protokoll. Tonbandaufzeichnungen der israelischen Verhöre, Berlin.
Lang, Michael R. (Hrsg.) (1982): »Straße frei ...«. Die neue Nazi-Internationale. Berlin.
Langer, Helmut (1973): Zielsetzung, Struktur, Inhalt und Methoden der Meinungsmanipulierung der Jugend – insbesondere der Schule und Hitlerjugend – durch den faschistischen deutschen Imperialismus vom September 1939 bis Juli 1943, Diss. Rostock.
Latour, Conrad F. (1963): Goebbels' »Außerordentliche Rundfunkmaßnahmen« 1939–1942. In: VfZ 11 (1963), 418–435.
Leiser, Erwin (1978): »Deutschland erwache«. Propaganda im Film des Dritten Reiches, Reinbek, erw. Neuaufl.
Leithäuser, Thomas, u.a. (1977): Entwurf zu einer Empirie des Alltagsbewußtseins, Frankfurt (Main).
Lenin, W.I. (1969): Die Aufgaben des Proletariats in unserer Revolution. In: Werke, Bd. 24, Berlin (DDR).
– (1970): Der Imperialismus als höchstes Stadium des Kapitalismus. In: Ders., Ausgew. Werke in 3 Bden, Bd. 1, Berlin (DDR), 763–873.
Lenk, Kurt (1962): Sinn und Unsinn der Forderung nach einer Gegenideologie. In: Gesellschaft, Staat, Erziehung. Blätter für politische Bildung und Erziehung, 3 (1962)
– (Hrsg.) (1967): Ideologie. Ideologiekritik und Wissenssoziologie, Neuwied und Berlin, 3. Aufl.
– (1970): Leben wir im postideologischen Zeitalter? In: Romain/Schwarz (Hrsg.): Abschied von der autoritären Demokratie, München.
Leppert-Fögen, Annette (1974): Die deklassierte Klasse. Studien zur Geschichte und Ideologie des Kleinbürgertums, Frankfurt (Main).
Lepsius, Rainer M. (1966): Extremer Nationalismus, Stuttgart.
Letzte Briefe aus Stalingrad, Gütersloh o.J.
Literaturwissenschaft und Sozialwissenschaften 10 (1978): Kunst und Kultur im deutschen Faschismus. Mit Beiträgen von M. Damus u.a., hrsg. von Ralf Schnell, Stuttgart.

Löwenthal, Leo und Gutermann, Norbert (1949): Prophets of Deceit. A Study of the Techniques of the American Agitator, New York. (Vollständige deutsche Fassung unter dem Titel »Falsche Propheten. Studien zur faschistischen Agitation«, zuerst in: Leo Löwenthal, Schriften 3, Zur politischen Psychologie des Autoritarismus, Frankfurt (Main) 1982, 9–159.
– (1966): Agitation und Ohnmacht, Neuwied—Berlin.
Lozek, Gerhard (1966): Genesis, Wandlung und Wirksamkeit der imperialistischen Totalitarismus-Doktrin. In: Zeitschrift für Geschichtswissenschaft (1966), 525–541.
Ludendorff, (Erich) General (1935): Der totale Krieg, München.
Lüdtke, Alf (1976): Faschismus-Potentiale und faschistische Herrschaft oder Theorie-Defizite und antifaschistische Strategie. In: Gesellschaft. Beiträge zur Marxschen Theorie 6, 194–241.
Lukàcs, Georg (1967): Geschichte und Klassenbewußtsein. Studien über marxistische Dialektik, Amsterdam.
– (1973): Die Zerstörung der Vernunft, Bde 1–3, Darmstadt und Neuwied.
Lüdtke, Alf (1977): Vom Elend der Professoren: »Ständische Autonomie und Selbstgleichschaltung 1932/33 in Tübingen«. In: M. Doehlemann (Hrsg.), Wem gehört die Universität? Gießen, 99–127.
Maas, Utz (1985): »Als der Geist der Gemeinschaft eine Sprache fand«. Sprache im Nationalsozialismus, Opladen.
Märthesheimer,. Peter, u. a. (Hrsg.) (1979): Im Kreuzfeuer– Der Fernsehfilm »Holocaust«. Eine Nation ist betroffen, Frankfurt (Main).
Maletzke, Gerhard (1972): Propaganda. In: Publizistik (1972).
Mammach, Klaus (1974): Die KPD und die deutsche antifaschistische Widerstandsbewegung 1933–1939, Frankfurt (Main).
Mann, Reinhard (1977): Widerstand gegen den Nationalsozialismus. In: Neue Politische Literatur 22 (1977), 425–442.
– (1980): Was wissen wir vom Widerstand? – Datenqualität, Dunkelfeld und Forschungsartefakte. In: Christoph Kleßmann, u. a. (Hrsg.), Gegner des Nationalsozialismus. Wissenschaftler und Widerstandskämpfer auf der Suche nach historischer Wirklichkeit, Frankfurt (Main)—New York, 35–54.
Mannzmann, Anneliese (Hrsg.) (1979): Hitlerwelle und historische Fakten, Königstein/Ts.
Mansilla, H. C. F. (1971): Faschismus und eindimensionale Gesellschaft, Neuwied und Berlin.
Marcuse, Herbert (1936): Ideengeschichtlicher Teil der Studien über Autorität und Familie. In: Studien über Autorität und Familie, Bd. 1, Paris 1936, 136–228.
– (1964): Die Gesellschaftslehre des sowjetischen Marxismus, Neuwied und Berlin.
– (1965 a): Der Kampf gegen den Liberalismus in der totalitären Staatsauffassung. In: Ders., Kultur und Gesellschaft 1, Frankfurt (Main), 17–55.
– (1965 b): Über den affirmativen Charakter der Kultur. In: Ders., Kultur und Gesellschaft 1, Frankfurt (Main), 56–101.
– (1967): Über das Ideologieproblem in der hochentwickelten Industriegesellschaft. In: Lenk (1967), 382–406.
– (1967 a): Der eindimensionale Mensch, Neuwied—Berlin 2. Aufl.
Markmann, Heinz (1951): Die Massenführung des Nationalsozialismus, Diss. Heidelberg.

Marx, Karl: Der achtzehnte Brumaire des Louis Bonaparte, MEW 8, 114 ff. Berlin (DDR).
– Zur Kritik der politischen Ökonomie, MEW 13, 7 ff. Berlin (DDR).
– Inauguraladresse der Internationalen Arbeiter-Assoziation, MEW 16, 5 ff. Berlin (DDR).
Marx, Karl und Engels, Friedrich: Die deutsche Ideologie, MEW 3, Berlin (DDR)
– Manifest der Kommunistischen Partei, MEW 4, 459 ff. Berlin (DDR).
Maschke, Günter (1980): Im Irrgarten Carl Schmitts. In: K. Corino (Hrsg.), Intellektuelle im Bann des Nationalsozialismus, Hamburg.
Mason, Timothy W. (1966): Der Primat der Politik – Politik und Wirtschaft im Nationalsozialismus. In: Das Argument 41 (1966), 473–494.
– (1968): Primat der Industrie? – Eine Erwiderung. In: Das Argument, 47 (1968), 193–209.
– (1975): Arbeiterklasse und Volksgemeinschaft. Dokumente und Materialien zur deutschen Arbeiterpolitik 1936–1939, Opladen.
– (1976): Zur Lage der Frauen in Deutschland 1930–1940. Wohlfahrt, Arbeit und Familie. In: Gesellschaft. Beiträge zur Marxschen Theorie 6, Frankfurt (Main).
Massing, Otwin (1970): Adorno und die Folgen, Neuwied–Berlin.
Massing, Paul W. (1959): Vorgeschichte des politischen Antisemitismus, Frankfurt (Main).
– (1949): Rehearsal of Destruction. New York.
Mauke, Michael (1971): Die Klassentheorie von Marx und Engels, Frankfurt (Main), 3. Aufl.
Mayer, Hans (1965): Rhetorik und Propaganda. In: Festschrift zum 80. Geburtstag von Georg Lukacs, hrsg. von Frank Benseler, Neuwied–Berlin, 119–131.
Meldungen aus dem Reich 1938–1945. Die geheimen Lageberichte des Sicherheitsdienstes der SS. Herausgegeben und eingeleitet von Heinz Boberach, Herrsching 1984.
Metz-Göckel, Sigrid (1974): Zur Konzeption und Revision von Autoritarismus und Dogmatismus. In: Zeitschrift für Pädagogik 20 (1974), 753–770.
Meusel, Alfred (1936): Die Familie in der deutschen Gesellschaftsauffassung seit 1933. In: Studien über Autorität und Familie. Forschungsberichte aus dem Institut für Sozialforschung. Bd. 2, Paris.
Meyer, Alwin und Rabe, Karl-Klaus (1980): Unsere Stunde die wird kommen. Rechtsextremismus unter Jugendlichen, Bornheim–Merten.
Meyer, Claus Heinrich (1980): Der veredelte Hitler der Siebzigerjahre. Das Dritte Reich als Markenartikel. In: Wolfgang Benz (Hrsg.), Rechtsradikalismus: Randerscheinung oder Renaissance? Frankfurt (Main), 41–59.
Meyer, Ernst Herrmann (1964): Aus der Tätigkeit der »Kampfgemeinschaft der Arbeitersänger«. In: Sinn und Form. Sonderheft Hans Eisler, Berlin (DDR), 152–160.
Milatz, Alfred (1965): Wähler und Wahlen in der Weimarer Republik, Bonn.
Milgram, Stanley (1963): Behavioral study of obedience. In: Journal of Abnormal and Social Psychology 67 (1963), 371–378.
– (1966): Some conditions of obedience and disobedience to authority. In: Human Relations 18 (1965), 57–76.
Mohrmann, Walter (1972): Antisemitismus. Ideologie und Geschichte im Kaiserreich und in der Weimarer Republik, Berlin (DDR).
Moltmann, Günter (1964): Goebbels' Rede zum totalen Krieg am 18. Februar 1943. In: VfZ, 12 (1964), 13–43.

Mommsen, Hans (1966): Beamtentum im Dritten Reich. Mit ausgewählten Quellen zur nationalsozialistischen Beamtenpolitik, Stuttgart.
– (1979): Aufstieg der NSDAP und nationalsozialistisches Herrschaftssystem. Eine Problemskizze. In: Mannzmann (1979), 14–59.
Monopole und Staat in Deutschland 1917–1945 (1973), Berlin (DDR).
Moser, Helmut (Hrsg.) (1979): Politische Psychologie. Politik im Spiegel der Sozialwissenschaften, Weinheim und Basel.
Moskwitschew, L. N. (1973): »Entideologisierung« – Illusion und Wirklichkeit, Berlin (DDR).
Mosse, George L. (1979): Ein Volk, ein Reich, ein Führer. Die völkischen Ursprünge des Nationalsozialismus, Königstein/TS.
Müller, Hans Dieter (1964): Porträt einer deutschen Wochenzeitung. In: Facsimile Querschrift durch Das Reich, hrsg. von H. D. Müller, München.
Müller, Wolfgang und Neusüß, Christel (1979): Sozialstaatsillusion. In: Sozialistische Politik 2 (1970), H. 6/7, 4-67.
(Münster) – Geschichte original am Beispiel der Stadt Münster. Die Machtergreifung der Nationalsozialisten, Münster 1979.
Münzenberg, Willi (1972): Propaganda als Waffe. Ausgewählte Schriften, hrsg. von Til Schulz, Frankfurt (Main).
Negt, Oskar (1975): Erbschaft aus Ungleichzeitigkeit und das Problem der Propaganda in: Es muß nicht immer Marmor sein. Ernst Bloch zum 90. Geburtstag, Berlin.
Negt, Oskar und Kluge, Alexander (1972): Öffentlichkeit und Erfahrung. Zur Organisationsanalyse von bürgerlicher und proletarischer Öffentlichkeit, Frankfurt (Main).
– (1981): Geschichte und Eigensinn, Frankfurt (Main).
Neofaschismus. Die Rechten im Aufwind. Hrsg. von der Gewerkschaft Erziehung und Wissenschaft (Berlin), vom »Bund politisch, rassisch und religiös Verfolgter« und von Jan Peters, Berlin 1979.
Neumann, Franz (1963): Behemoth. The Structure and Practice of National Socialism 1933–1944, New York 2. Aufl. Dt. (1977): Struktur und Praxis des Nationalsozialismus 1933–1944, Frankfurt (Main).
Noelle-Neumann, Elisabeth (1960): Die Wirkung der Massenmedien. In: Publizistik 5 (1960), 532–543.
Oesterreich, Detlef (1974): Autoritarismus und Autonomie. Untersuchungen über berufliche Werdegänge, soziale Einstellungen, Sozialisationsbedingungen und Persönlichkeitsmerkmale ehemaliger Industrielehrlinge, Bd. II, Stuttgart.
Offe, Claus (1969): Politische Herrschaft und Klassenstrukturen. Zur Analyse spätkapitalistischer Gesellschaftssysteme. In: Kress/Senghaas (Hrsg.): Politikwissenschaft, Frankfurt (Main).
Offe, Heinz (1978): Zur historischen Entwicklung der Dogmatismusforschung in der Psychologie. In: Keiler/Stadler, 15–49.
Olden, Rudolf (1936): Hitler, Amsterdam, 2. Aufl.
Opitz, Reinhard (1973): Der deutsche Sozialliberalismus 1917–1933, Köln
– (1974): Über die Entstehung und Verhinderung von Faschismus. In: Das Argument 87 (1974), 543–603.
– (1974a): Die faschistische Massenbewegung. In: R. Kühnl (Hrsg.), Texte zur Faschismusdiskussion 1, Reinbek, 176–203.
– (Hrsg.) (1977): Europastrategien des deutschen Kapitals 1900–1945, Köln.
– (1980): Rechtsentwicklung und Neofaschismus – Gefahren für Demokratie und

Frieden. In: W. Abendroth u.a., Wie Faschismus entsteht und verhindert wird, Frankfurt (Main), 59–74.
Pätzold, Kurt (1975): Faschismus – Rassenwahn – Judenverfolgung, Berlin.
Paul, Gerhard und Schoßig, Bernhard (Hrsg.) (1979): Jugend und Neofaschismus. Provokation oder Identifikation? Frankfurt (Main).
Paterna, Erich, u.a. (1969): Deutschland von 1933 bis 1939. Von der Machtübertragung bis zur Entfesselung des zweiten Weltkrieges, Berlin (DDR).
Pawelka, Peter (1977): Politische Sozialisation, Wiesbaden.
Peters, Jan (Hrsg.) (1980): Nationaler »Sozialismus« von rechts, Berlin.
Petry, Christian (1968): Studenten aufs Schafott. Die Weiße Rose und ihr Scheitern, München.
Petzold, Joachim (1980): Die Entstehung der Naziideologie. In: Faschismusforschung 1980, 261–278.
Peukert, Rüdiger (1975): Konformität. Erscheinungsformen – Ursachen – Wirkungen, Stuttgart.
Peukert, Detlev (1980): Zur Rolle des Arbeiterwiderstandes im »Dritten Reich«. In: Kleßmann, u.a. (Hrsg.), Gegner des Nationalsozialismus, Frankfurt—New York, 73–91.
Picker, Henry (1965): Hitlers Tischgespräche im Führerhauptquartier 1941–1942, Stuttgart, 2. Aufl.
Politzer, Georges (1947): La crise de la psychologie contemporaine, Paris (zuerst 1929; dt. Kritik der klassischen Psychologie, Einleitung von Thomas Leithäuser. Nachwort von Friedhelm Streiffeler, Köln 1974.).
Pollock, Friedrich: Ist der Nationalsozialismus eine neue Ordnung? In: Autoritärer Staat II, o.O., o.J. (Raubdruck), jetzt in: Horkheimer/Pollock/Neumann, u.a., Wirtschaft, Recht und Staat im Nationalsozialismus, hrsg. von Helmut Dubiel und Alfons Söllner, Frankfurt (Main).
Pomorin, Jürgen und Junge, Reinhard (1978): Die Neonazis und wie man sie bekämpfen kann, Dortmund.
– (1979): Vorwärts, wir marschieren zurück. Die Neonazis, Teil II, Dortmund.
Pomorin, Jürgen, u.a. (1980): Blutige Spuren. Der zweite Aufstieg der SS, Dortmund.
– (1981): Geheime Kanäle. Der Nazi-Mafia auf der Spur, Dortmund.
Popiolek, Kasimierz (1961): Der Einfluß der Stalingrader Niederlage auf die Stimmung in Deutschland im Lichte der polizeilichen Berichte. In: Der deutsche Imperialismus und der zweite Weltkrieg, Bd. 3, Berlin (DDR).
Poppinga, Onno (1975): Bauern und Politik, Frankfurt (Main)—Köln.
Popitz, Heinrich, u.a. (1957): Das Gesellschaftsbild des Arbeiters, Tübingen.
Poulantzas, Nicos (1973): Faschismus und Diktatur. Die Kommunistische Internationale und der Faschismus, München.
Projekt Ideologie Theorie (1979): Theorien über Ideologie. Argument Sonderband AS 40, Berlin.
– (1980a): Faschismus und Ideologie 1, Argument Sonderband AS 60, Berlin.
– (1980b): Faschismus und Ideologie 2, Argument Sonderband AS 62, Berlin.
Probleme sozialistischer Kulturpolitik am Beispiel DDR, von einem Autorenkollektiv, Frankfurt (Main) 1974
Psychologie und Faschismus (1979), Themenhefte 12–14 der Zeitschrift Psychologie und Gesellschaftskritik, Gießen.
Psychologisches Wörterbuch, hrsg. von G. Clauß, u.a., Köln 1976.

Rabe, Karl-Klaus (Hrsg.) (1980): Rechtsextreme Jugendliche. Gespräche mit Verführern und Verführten, Bornheim—Merten.
Rabinbach, Anson G. (1978): Die Ästhetik der Produktion im Dritten Reich. In: Literaturwissenschaft und Sozialwisssenschaften 10, 57—85.
Rauschning, Hermann (1940): Gespräche mit Hitler, Zürich—New York.
Regius, Heinrich (d.i. Max Horkheimer) (1934): Dämmerung, o.O.
Reich, Wilhelm (1933): Massenpsychologie des Faschismus, Kopenhagen.
– (1974): Die Massenpsychologie des Faschismus (Dritte korrigierte und erweiterte Auflage) Frankfurt (Main).
– (1970): Dialektischer Materialismus und Psychoanalyse. In: Bernfeld, u.a., Psychoanalyse und Marxismus, Frankfurt (Main).
– (1970a): Charakteranalyse, Köln.
– (1970b): Massenpsychologie des Faschismus, Kopenhagen.
Reichel, Peter (1972): Verabsolutierte Negation. Zu Adornos Theorie von den Triebkräften der gesellschaftlichen Entwicklung, Frankfurt (Main).
Reifner, U. und B.-R. Sonnen (Hrsg.) (1984): Strafjustiz und Polizei im Dritten Reich, Frankfurt (Main) u. New York.
Reimann, Bruno (1973): Psychoanalyse und Gesellschaftstheorie, Neuwied.
Reimann, Viktor (1971): Dr. Joseph Goebbels, Wien—München—Zürich.
Renzo de Felice (1976): Der Faschismus. Ein Interview von Michael A. Ledeen. Mit einem Nachwort von Jens Petersen, Stuttgart.
Ritter, Gerhard (1965): Carl Goerdeler und die deutsche Widerstandsbewegung, Stuttgart.
Roghman, Klaus (1966): Dogmatismus und Autoritarismus, Meisenheim am Glan.
Rohrmoser, Günter (1970): Das Elend der kritischen Theorie, Freiburg.
Rokeach, Milton (1960): The Open and Closed Mind, New York.
Roloff, Ernst-August (1961): Bürgertum und NS 1930—1933. Braunschweigs Weg ins Dritte Reich, Hannover,
Roon, Ger van (1979): Widerstand im Dritten Reich, München.
Rosdolsky, Roman (1968): Zur Entstehungsgeschichte des Marxschen ›Kapital‹, 2 Bde, Frankfurt (Main), 2. Aufl.
Rubinstein, S. L. (1971): Grundlagen der allgemeinen Psychologie, Berlin (DDR), 7. Aufl.
Ruge, Wolfgang (1980): Monopolbourgeoisie, faschistische Massenbasis und NS-Programmatik in Deutschland vor 1933. In: Faschismus in Deutschland, Faschismus der Gegenwart, 35—76.
Runge, Wolfgang (1965): Politik und Beamtentum im Parteistaat. Die Demokratisierung der politischen Beamten in Preußen zwischen 1918 und 1933, Stuttgart.
Saage, Richard (1977): Faschismustheorien. Eine Einführung, München.
Sanford, R. Nevitt (1973): Authoritarian Personality in Contemporary Perspective. In: J.N. Knutson (Hrsg.), Handbook of Political Psychology, San Francisco, 139—171.
Sänger, Fritz (1975): Politik der Täuschungen. Mißbrauch der Presse im Dritten Reich – Weisungen, Informationen, Notizen 1933—1939, Wien.
Saldern, Adelheid von (1979): Mittelstand im »Dritten Reich«. Handwerker – Einzelhändler – Bauern, Frankfurt (Main)—New York.
Sauer, Paul (1975): Württemberg in der Zeit des Nationalsozialismus, Ulm.
Sauer, Wolfgang (1974): Die Mobilmachung der Gewalt, Bd. III. des Sammelwerkes von Bracher/Schulz/Sauer, Die nationalsozialistische Machtergreifung, Frankfurt (Main)—Berlin—Wien.

Seebe, Eva (1961): Zur Rolle der Monopole bei der Ausbeutung der ausländischen Zwangsarbeiter. In: Der deutsche Imperialismus und der zweite Weltkrieg, Bd. 4, Berlin (DDR).
Seghers, Anna (1949): Die Toten bleiben jung, Frankfurt (Main).
Seidel, Bruno und Jenkner, Siegfried (Hrsg.): Wege der Totalitarismusforschung, Darmstadt.
Sève, Lucien (1973): Marxismus und Theorie der Persönlichkeit, Frankfurt(Main), 2. Aufl.
Shirer, William L. (1963): Aufstieg und Fall des Dritten Reiches, Bd. 1, München—Zürich.
Siewert, H.-Jörg (1978): Der Verein. Zur lokalpolitischen und sozialen Funktion der Gemeinde. In: Hans Georg Wehling (Hrsg.), Dorfpolitik, Opladen, 65–83.
Silbermann, Alfons (1977): Massenkommunikation. In: Handbuch der empirischen Sozialforschung, Bd. 10 der Taschenbuchausgabe, Stuttgart.
Slater, Phil (1977): Origin and Significance of the Frankfurt School. A Marxist Perspective, London.
Söllner, Alfons (1979): Geschichte und Herrschaft. Studien zur materialistischen Sozialwissenschaft 1929–1942, Frankfurt (Main).
Soziologische Exkurse (1967), hrsg. vom Institut für Sozialforschung, Frankfurt (Main), 3. Aufl.
Speer, Albert (1969): Erinnerungen. Frankfurt (Main)—Berlin—Wien.
Srole,L. (1956): Social Integration and Certain Corollaries. An Exploratory Study. In: American Sociological Review, 21 (1956), 709–716.
Schäfer, Hans Dieter (1981): Das gespaltene Bewußtsein. Deutsche Kultur und Lebenswirklichkeit 1933–1945, München.
Schäfer, Wolfgang (1956): NSDAP. Entwicklung und Struktur der Staatspartei des Dritten Reiches, Hannover—Frankfurt (Main).
Scheel, Klaus (1968): Die faschistische Meinungsmanipulierung in Deutschland 1944/45. Funktion, Organisation, Mittel, Methoden und »Argumentation«. Phil. Diss., Berlin (DDR).
– (1969): Meinungsmanipulierung im Faschismus. Die faschistische Propagandamaschinerie – Bestandteil des staatsmonopolistischen Herrschaftssystems in Nazideutschland. In: Zeitschrift für Geschichtswissenschaft 10 (1969), 1283–1303.
– (1970): Krieg über Ätherwellen. NS-Rundfunk und Monopole 1933–1945, Berlin (DDR).
– (1971): Dokumente über die Manipulierung der deutschen Bevölkerung für den zweiten Weltkrieg durch die Wehrmachtspropaganda. In: Zeitschrift für Militärgeschichte 10 (1971), 324–338.
Schieder, Wolfgang (Hrsg.) (1976): Faschismus als soziale Bewegung. Deutschland und Italien im Vergleich, Hamburg.
Schliwa, Harald (1968): Der marxistische Begriff der Ideologie und das Wesen und die Funktionen der Ideologie, In: Deutsche Zeitschrift für Philosophie 18 (1968), H. 9, 1037 ff.
Schirach, Baldur von (Hrsg.) (1938): Das Lied der Getreuen, Leipzig.
Schmeer, Karlheinz (1953): Die Regie des öffentlichen Lebens durch das nationalsozialistische Regime als Mittel der politischen Werbung. Phil. Diss. Münster.
Schmidt, Alfred (1974): Zur Idee der Kritischen Theorie, München.
Schmidt, Matthias (1982): Albert Speer – Das Ende eines Mythos. Speers wahre Rolle im Dritten Reich, Bern und München.

Schmidt, Ute und Fichter, Tilman (1972): Der erzwungene Kapitalismus, Berlin.
Schmidt-Egner, Peter (1980): Soziale und psychische Aspekte faschistischer Gewalt. Zur neueren Diskussion um das »Faschistische Subjekt«. In: Psychologie und Gesellschaftskritik 4 (1980), H. 413/14, 181–191.
Schnädelbach, Herbert (1969): Was ist Ideologie? In: Das Argument 50 (1969), 72–92.
Schneider, Manfred (1977): Werte – Einstellungen – Verhalten. Ein empirischer Beitrag zur Werttheorie von Rokeach im Bereich politischer Einstellungen und politischen Verhaltens, Diss. Bonn.
Schneider, Michael (1981): Holocaust und Hitler. Versuch über den noch immer unbegriffenen Alptraum der Nation. In: Ders., Den Kopf verkehrt aufgesetzt oder Die melancholische Linke, Darmstadt und Neuwied, 80–140.
Schneider, Rudolf (1981): Die SS ist ihr Vorbild. Neonazistische Kampfgruppen und Aktionskreise in der Bundesrepublik, Frankfurt (Main).
Schnell, Rudolf (1978): Die Zerstörung der Historie. Versuch über die Ideologiegeschichte faschistischer Ästhetik. In: Literaturwissenschaft und Sozialwissenschaften 10, 17–55.
Schoeck, Helmut (1966): Der Neid. Eine Theorie der Gesellschaft. Freiburg.
– (1969): Kleines Soziologisches Wörterbuch, Freiburg.
Scholder, Klaus (1977): Die Kirchen und das Dritte Reich, Bd. 1, Frankfurt (Main).
Scholze, Gerhard (1968): Zu den sozialen Grundlagen der Manipulation. In: F. Knipping (Hrsg.), Die formierte Meinung, Leipzig, 123–135.
Schreiner, Albert (1939): Vom totalen Krieg zur totalen Niederlage Hitlers. Eine kritische Auseinandersetzung mit der Wehrmachtsideologie des Dritten Reiches, Köln 1981.
Schulz, Til (1972): Willi Münzenberg und die deutsche Arbeiterbewegung. In: W. Münzenberg, Propaganda als Waffe, Frankfurt (Main). 9–25.
Schumacher, Joachim (1937): Die Angst vor dem Chaos. Über die falsche Apokalypse des Bürgertums, Frankfurt (Main) 1978.
Schweitzer, Arthur (1970): Die Nazifizierung des Mittelstandes, Stuttgart.
Stachura, Peter D. (1977): The Weimar Era and Hitler. A critical Bibliography, Oxford.
Steuble, Irmgard (1968): Faschistoide und kritisch-autonome Haltung. In: KZfSS, 20 (1968).
Staudiger, Hugo (1981): »Die positive Bedeutung der Frankfurter Schule für die Überwindung der Kritik unserer Zeit«. In: Aus Politik und Zeitgeschichte, Beilage zur Wochenzeitung Das Parlament v. 12. 12. 1981, 3.
Stegmann, Dirk (1972): Zwischen Repression und Manipulation: Konservative Machteliten und Arbeiter- und Angestelltenbewegung 1910–1919. Ein Beitrag zur Vorgeschichte der NSDAP. In: Archiv für Sozialgeschichte XII (1972), 351.
– (1973): Zum Verhältnis von Großindustrie und Nationalsozialismus 1930–1933. Ein Beitrag zur Geschichte der sog. Machtergreifung in: Archiv für Sozialgeschichte XII (1973), 399–482.
– (1976): Kapitalismus und Faschismus in Deutschland 1929–1934. Thesen und Materialien zur Restituierung des Primats der Großindustrie zwischen Weltwirtschaftskrise und beginnender Rüstungskonjunktur. In: Gesellschaft. Beiträge zur Marxschen Theorie 6, 19–91.
Stegmann, Dirk, u. a. (1978): Industrielle Gesellschaft und politisches System. Festschrift für Fritz Fischer zum 70. Geburtstag, Bonn.

Steinberg, Hans-Josef (1973): Widerstand und Verfolgung in Essen 1939–1945, Bonn–Bad Godesberg, 2. Aufl.
Steinert, Marlis G. (1970): Hitlers Krieg und die Deutschen. Stimmung und Haltung der deutschen Bevölkerung im Zweiten Weltkrieg, Düsseldorf.
Stephan, Werner (1949): Joseph Goebbels – Dämon einer Diktatur, Stuttgart.
Stern, J. P. (1978): Hitler, der Führer und das Volk, München–Wien.
Stokes, Lawrence D. (1972): The Sicherheitsdienst (SD) of the Reichsführer SS and German Public Opinion, September 1939–June 1941. Ph. D. diss., John Hopkins Univ. 1972.
– (1975): Otto Ohlendorf, the Sicherheitsdienst and Public Opinion in Nazi Germany. In: George L. Mosse (Hrsg.), Police Forces in History, London–Beverly Hills 1975, 231–261.
Streiffeler, Friedhelm (1975): Politische Psychologie. Geschichte und Themen der Theorie politischen Verhaltens, Hamburg.
Stroebe, Wolfgang (1980): Grundlagen der Sozialpsychologie I, Stuttgart.
Studien über Autorität und Familie. Forschungsberichte des Instituts für Sozialforschung, Paris 1936. 2 Bde.
Sündermann, Heinrich (1973): Tagesparolen. Deutsche Presseanweisungen 1939–1945. Hitlers Propaganda und Kriegsführung, Leoni a. Starnberger See.
Sywottek, Jutta (1976): Mobilmachung für den totalen Krieg. Die propagandistische Vorbereitung der deutschen Bevölkerung auf den Zweiten Weltkrieg, Opladen.
Terror und Hoffnung in Deutschland 1933–1945 (1980): Leben im Faschismus, hrsg. von Johannes Beck, Heiner Boehncke, Werner Heinz, Gerhard Vinnai, Reinbek.
Terveen, Fritz (1959): Die Rede von Reichsminister Dr. Goebbels vor den Filmschaffenden in Berlin am 28. Februar 1942. In: Publizistik 4 (1959), 29–47.
Thate, Wolfgang (1954): Die Rolle des Emotionalen in der nationalsozialistischen Propaganda, Diss. Berlin.
Thévoz, Robert, u. a. (Hrsg.) (1974): Pommern 1934/35 im Spiegel von Gestapo-Lageberichten und Sachakten, Köln/Berlin.
Tihanyi, János (1972): Zur faschistischen Fremdenverkehrspolitik. In: ZfG (1972), 967–973.
Tjaden-Steinhauer, Margarete (1975): Gesellschaftsbewußtsein der Arbeiter. Umrisse einer theoretischen Bestimmung, Köln.
Turner, Henry A. jr. (1972): Faschismus und Kapitalismus, Göttingen.
Tyrell, Albrecht (Hrsg.) (1969): Führer befiehl ... Selbstzeugnisse aus der Kampfzeit der NSDAP, Düsseldorf.,
Uledow, A. K. (1973): Die Struktur des gesellschaftlichen Bewußtseins. Eine soziologisch-theoretische Untersuchung. Berlin (DDR) 2. Aufl.
Unger, Aryeh L.: The Public Opinion Reports of the Nazi Party. In: Public Opinion Quarterly 29 (1965/66).
Uske, Hans (1986): Die Sprache der Wende, Berlin–Bonn.
Vacchiano, R. B., u. a. (1969): The open and the closed mind; a review of dogmatism. In: Psychological Bulletin 71 (1969), 261–273.
Vinnai, Gerhard (1973): Sozialpsychologie der Arbeiterklasse, Reinbek.
– (1974): Sind die Befunde der psychiatrischen Familienforschung generalisierbar? In: Ästhetik und Kommunikation, 5 (1974) H. 15/16, 67–71.
– (1980): Der Führer war an allem Schuld. Zur Sozialpsychologie des »Dritten Reiches«. In: Terror und Hoffnung in Deutschland 1933–1945, 458–476.

Voigt, Gerhard (1974): Bericht vom Ende der ›Sprache des Nationalsozialismus‹. In: Diskussion Deutsch H. 19 (1974), 445–464.
– ((1975): Goebbels als Markentechniker. In: Warenästhetik. Beiträge zur Diskussion, Weiterentwicklung und Vermittlung ihrer Kritik. Mit Beiträgen von W. F. Haug u.a., Frankfurt (Main).
Volk und Gesundheit (1982). Heilen und Vernichten im Natioalsozialismus. Hrsg. von der Projektgruppe »Volk und Gesundheit«, Tübingen.
Vollmer, Bernhard (Hrsg.) (1957): Volksopposition im Polizeistaat. Gestapo und Regierungsberichte 1934–1936, Stuttgart.
Vondung, Klaus (1971): Magie und Manipulation. Ideologischer Kult und politische Religion des Nationalsozialismus, Göttingen.
Wacker, Ali (1979): Zur Aktualität und Relevanz klassischer psychologischer Faschismustheorien. In: Paul/Schoßig, 105–137.
– (1980): Haben die Arbeitslosen Hitler an die Macht gebracht? Anmerkungen zum Verhältnis von Massenarbeitslosigkeit und Rechtsradikalismus. In: Terror und Hoffnung in Deutschland 1933–1945, 450–457.
Weber, Alexander (1969): Soziale Merkmale der NSDAP-Wähler. Eine Zusammenfassung bisheriger empirischer Untersuchungen und eine Analyse in den Gemeinden der Länder Baden und Hessen, Diss. Freiburg.
Weber-Kellermann, Ingeborg (1974): Die deutsche Familie. Versuch einer Sozialgeschichte, Frankfurt (Main).
Weinbrenner, Hans-Joachim (1939): Handbuch des deutschen Rundfunks 1939/40. Heidelberg—Berlin—Magdeburg.
Weiss, Hans-Jürgen (1980): Die Thematisierungsfunktion der Tagespresse. In: Media Perspektiven 9 (1980), 613–620.
Weißbecker, Manfred (1970): Nationalsozialistische Deutsche Arbeiterpartei (NSDAP) 1919–1945. In: Die bürgerlichen Parteien in Deutschland, Bd. II, Leipzig, 384–437.
– (1973): Zur Herausbildung des Führer-Kults in der NSDAP. In: Monopole und Staat, 115–126.
Wells, Harry K. (1973): Revidierte Psychoanalyse – Erich Fromm. In: Marxismus Digest 16 (1973), H. 4 90–121.
Wernecke, Klaus und Heller, Peter (1982): Der vergessene Führer. Alfred Hugenberg – Pressemacht und Nationalsozialismus, Hamburg.
Westphal, Reinhart (1965): Psychologische Theorien über den Faschismus. In: Das Argument 32 (1965), 30–39.
Wette, Wolfram (1972): Hitlerfaschismus, Kriegspropaganda und öffentliche Meinung. In: Militärgeschichtliche Mitteilungen 2 (1972), 173 ff.
Weyergraf, Bernd (1978): Aspekte faschistischer Demagogie und Volkstümlichkeit. In: Literaturwissenschaft und Sozialwissenschaften, 10 (1978), 1–16.
Wilson, Michael (1982): Das Institut für Sozialforschung und seine Faschismusanalysen, Frankfurt (Main)—New York.
Winckler, Lutz (1970): Studie zur gesellschaftlichen Funktion faschistischer Sprache, Frankfurt.
– (1973): Kulturwarenproduktion, Frankfurt (Main).
– (1983): Hitlers Rede zum 1. Mai 1933. Ein kritischer Kommentar. In: Macht der Verführung. Sprache und Ideologie des Nationalsozialismus, Stuttgart—Hohenheim.
Winkler, Arno (1980): Neofaschismus in der BRD, Berlin (DDR).
Winkler, Dörte (1977): Frauenarbeit im »Dritten Reich«, Hamburg.

Winkler, Heinrich August (1972): Mittelstand, Demokratie und Nationalsozialismus. Die politische Entwicklung von Handwerk und Kleinhandel in der Weimarer Republik, Köln.
– (1977): Vom Mythos der Volksgemeinschaft. In: Archiv für Sozialgeschichte 17 (1977), 484–490.
Winkler, Heinrich August und Schnabel, Thomas (1979): Bibliographie zum Nationalismus, (Arbeitsbücher zur modernen Geschichte 7), Göttingen.
Wippermann, Wolfgang (1975): Faschismustheorien. Zum Stand der gegenwärtigen Diskussion, Darmstadt.
Wittek, Bernhard (1962): Der britische Ätherkrieg gegen das Dritte Reich. Die deutschsprachigen Kriegssendungen der British Broadcasting Corporation, Münster.
Wolf, Heinz E. (1978): Zur Problemsituation der Vorurteilsforschung. In: Handbuch der empirischen Sozialforschung Bd. 12 der Taschenbuchausgabe, Stuttgart.
Wuttke-Groneberg, Walter (1980): Medizin im Nationalsozialismus. Ein Arbeitsbuch, Tübingen.
Wyss, Dieter (1969): Marx und Freud, Göttingen.
Zipfel, Friedrich (1960): Gestapo und Sicherheitsdienst, Berlin.
Zittel, Bernhard (1972a): Die Volksstimmung im Dritten Reich im Spiegel der Geheimberichte des Regierungspräsidenten von Schwaben. In: Zeitschrift des Historischen Vereins für Schwaben 66 (1972).
– (1972b): Die Volksstimmung im Dritten Reich, aufgezeigt an den Geheimberichten des Regierungspräsidenten von Niederbayern – Oberpfalz. In: Veröffentlichungen des Historischen Vereins für Niederbayern 98 (1972).
– (1975a): Formen und Motive des krichlichen Widerstandes im Dritten Reich aus der Sicht der Geheimberichte des Regierungspräsidenten von Unterfranken. In: Würzburger Diözesan – Geschichtsblätter 37/38 (1975).
– (1974/75): Die Volksstimmung im Dritten Reich im Spiegel der Geheimberichte des Regierungspräsidenten von Ober- und Mittelfranken. In: Jahrbuch für fränkische Landesforschung 34/35 (1974/75).
– (1975b): Die Volksstimmung im Coburger Land in der Sicht der Geheimberichte des Regierungspräsidenten von Ober- und Mittelfranken 1926–1945. In: Jahrbuch der Coburger Landesstiftung (1975).
Zoffka, Zdenek (1979): Die Ausbreitung des Nationalsozialismus auf dem Lande. Eine regionale Fallstudie, München.